西洋政治思想の文脈

西洋政治思想の文脈（'25）

©2025　木村俊道

装丁デザイン：牧野剛士
本文デザイン：畑中　猛

s-68

まえがき

　放送大学の専門科目「西洋政治思想の文脈」の印刷教材として書かれた本書では「西洋」，あるいは「ヨーロッパ」と呼ばれる地域を舞台とした政治思想の歴史を探究します。古代ギリシアから現代に至るまで，「政治」をめぐる物語が繰り返し語られてきました。その伝統は（時には上書きされ，時には忘れられながらも）古典や教養を通じて手渡されるとともに，政治という人間の営為を可能に，そして豊かにするための意識や言語，思考様式，あるいは作法などを育んできたとも考えられます。

　「政治」と聞くと，一般には権力闘争や権謀術数，利害対立などがイメージされ，あまり良くない印象を抱かれる方も多いかもしれません。しかし，政治をめぐる長い想像の歴史にはむしろ，高貴さと邪悪さの両面を併せ持つ，あるいは「天使でも悪魔でもない」複数の人間が，他者と日常的に共存していくために編み出した様々な知恵や工夫，あるいは理念や技術といったものを見出すことができるようにも思います。

　このような歴史を辿ることは，それだけで魅力的です。もっとも，「西洋」の「政治思想史」と聞いて最初に何を想像するかも人によって異なるでしょう。ある人は，プラトンやアリストテレス，あるいはホッブズ，ロック，ルソーといった哲学者や思想家の学説や肖像を思い浮かべるかもしれません。また，ある人は，これらの「偉大な著者」によって明らかにされた「真理」や，デモクラシーや自由といった現代の，あるいは「普遍」的な価値が次第に発展する過程などを想起したりするかもしれません。

　これに対して本書では，なるべく歴史を歴史として，言い換えれば

「西洋」の政治思想をその歴史の文脈に即して語り直したいと思います。ここで言う「文脈」とは，時代の流れや背景をおおまかに意味し，個々の政治的な課題や知的な系譜なども広く含みます。政治という人間の営為の可能性は，このような「歴史」が織りなす文（あや）のなかで，そして，人びとが頭の中や心の内に描いた「思想」の観点を通してこそ深く考察できるのではないか，と本書では考えています。

　このように歴史を辿り直すことによって，これまでに慣れ親しんだ風景が少し異なって見えてくるかもしれません。もっとも，その長い歴史を網羅するのは，物理的にも，筆者の乏しい力量からしても不可能です。ですので，本書の行程は限られており，古代から近代，おおよそ19世紀までの時代の舞台や背景，登場人物，古典的な作品などに目を向けつつ，いわば山中の古道沿いにある見所を幾つかめぐることに留まるでしょう。しかし，そうした山道を歩きながら，もしかすると現代の視点からは見えなくなっている，政治思想の巨大な山塊を足元に感じてもらえればと思います。

　「稽古」という言葉には「古いものを通じてものを考える」という意味があります。このような「稽古」を通じて，本書では，一定水準の学問的な思考の「型」や「わざ」を身につけることを目指しています。それにより，歴史や思想の観点から政治という人間の営為を深く理解するとともに知的な足腰を鍛え，これからの市民に求められる古典的な，そして政治的な教養を伝え，育むことができればと願っています。

　なお，本書では「古典」とされるテクストの文章をなるべく多く紹介することにしました。これによって，「古典」との対話という，政治思想の歴史が生まれ，その伝統が受け継がれてきた場面を少しでも追体験してもらえればと思います。引用頁は本文中に括弧で示しました。文献

情報については各章末にある参考文献の欄を参照してください（引用文は既存の邦訳に依拠しましたが，前後の文脈に合わせるなどして一部変更を加えたところもあります。〔　〕は筆者による挿入です。著者名や書名の表記が異なる場合は（　）で示しました）。

　本書ではまた，巻末に「参考文献一覧」を別途掲載しています。本書は，そこに挙げた優れた概説書や研究書などの蓄積，そして「古典」の翻訳がなければ書くことはできませんでした。このことを記し，深く感謝申し上げたいと思います。分量の関係で個々の論文や外国語文献などを掲載することはできませんでしたが，もしよければ，この一覧に挙げた文献を手がかりとして，西洋政治思想史の奥深い世界に分け入っていただければ幸いです。

2025年1月
木村俊道

目次

まえがき　3

1 | 西洋政治思想の探究　11

1．「政治思想史」という物語　11
2．「西洋」「政治」「思想」　14
3．政治思想史の方法　22

2 | デモクラシーの系譜　27

1．政治のはじまり　27
2．古代ギリシアのデモクラシー　29
3．歴史の空白？　35
4．西洋近代のデモクラシー　37

3 | 政治と教養　42

1．政治と教養　42
2．レトリック　44
3．プラトンの政治哲学　47
4．『国家』　52

4 | ポリスの政治学 58

1. ポリスの世界　58
2. アリストテレス　60
3. 『政治学』　66
4. 国制論　68

5 | レス・プブリカ 73

1. ポリスから帝国へ　73
2. 共和政ローマ　75
3. キケロ　79
4. レス・プブリカ　83

6 | 帝国とキリスト教 88

1. ローマ帝国　88
2. 「ローマ」の喪失　91
3. キリスト教　94
4. アウグスティヌス　96

7 | キリスト教共同体 103

1. 「中世」の「ヨーロッパ」　103
2. 12世紀ルネサンスと大学　107
3. トマス・アクィナス　109
4. 「普遍」世界の動揺　114

8 | ルネサンスと人文主義 118

1. 「ルネサンス」 118
2. 人文主義 120
3. 都市と宮廷 121
4. 北方ルネサンス 126

9 | 統治のアート 134

1. マキァヴェッリのルネサンス 134
2. 『君主論』 137
3. 『ディスコルシ』 141
4. ルネサンスから宗教改革へ 145

10 | 「リヴァイアサン」と「ビヒモス」 150

1. 内戦の政治学 150
2. 「ブリテン」と「ビヒモス」 154
3. ホッブズ『リヴァイアサン』 158

11 | 統治と寛容 165

1. 共和政の経験 165
2. 寛容論の展開 170
3. ロック『統治二論』 175

12 | アンシャン・レジームと啓蒙　180

1．「啓蒙」の世紀　180
2．モンテスキュー　186
3．ヴォルテール　192

13 | 文明社会　196

1．社交と商業　196
2．スコットランド啓蒙とアダム・スミス　201
3．ヒューム　204
4．ルソーの文明批判　207

14 | 独立・建国・革命　211

1．ルソー『社会契約論』　211
2．独立と建国　215
3．フランス革命とバーク　221

15 | 西洋近代の風景　227

1．「近代」の幕開け　227
2．トクヴィル　230
3．J. S. ミル　233
4．「文明」の政治　238

参考文献一覧　243
掲載写真一覧　258
あとがき　261
索引　263

1 │ 西洋政治思想の探究

《目標＆ポイント》　「西洋」を舞台とした政治思想史の特徴や由来を理解するとともに、それを「非西洋」において学ぶことの意義を考える。また、「政治」の論争性や「思想」の力、そして「歴史」の語り方や「古典」の読み方を再考したうえで、「西洋政治思想」という物語の探究を始める。
《キーワード》　西洋、政治、思想、歴史、ケンブリッジ学派、コンテクスト

1.「政治思想史」という物語

　政治という（あるいは、そう認識された）人間の営為を対象とする思想の歴史は古く、西洋においては、少なくとも紀元前の古代ギリシアまで遡ることができる。このことは、複数の他者との間に営まれる「政治」が、好むと好まざるとにかかわらず、人間の生に深く関わってきたことを示している。西洋で「政治」を意味する言葉、たとえば英語のpolitics は古代ギリシアのポリスに由来する。それ以降、プラトンの『国家』やアリストテレスの『政治学』をはじめとして、政治をめぐる物語が繰り返し紡がれてきた。

　このような伝統を語り伝える重要な媒介となったのが古典と教養である。1513年12月10日に書かれたニッコロ・マキァヴェッリの書簡の

図1-1　マキァヴェッリ

一節には，政治思想の伝統が手渡される場面が印象的に描かれている。

　　　「晩になると，家に帰って書斎に入ります。入り口のところで泥や汚れ
　　にまみれた普段着を脱ぎ，りっぱな礼服をまといます。身なりを整えたら，
　　古の人々が集う古の宮廷に入ります。私は彼らに暖かく迎えられて，かの
　　糧を食します。その糧は私だけのもの，そして私はその糧を食べるために
　　生まれてきたのです。私は臆することなく彼らと語り合い，彼らがとった
　　行動について理由を尋ねます。すると彼らは誠心誠意答えてくれます。四
　　時間もの間，退屈など少しも感じません。あらゆる苦悩を忘れ，貧乏への
　　怖れも死に対するおののきも消え去って，彼らの世界に浸りきるのです」
　　（「書簡」244頁）。

　ルネサンス期のフィレンツェにおいて祖国存亡の危機に直面するなか，
失脚して郊外の山荘に籠っていたマキァヴェッリは，毎晩，身なりを整
えてから「古の人々が集う古の宮廷」，すなわちギリシア・ローマの古
典の世界に浸っていた。近代政治学の嚆矢ともされる彼の『君主論』
1532は，このような古典的な教養と，「古の人々」との対話（＝稽古）
のなかから生み出されたのである。
　ところが，古代ギリシア以来の政治的な教養や，あるいは古典的な政
治学の伝統に対して，その歴史を対象化して叙述する「政治思想史」や
「政治理論史」が学問分野として成立したのはずっと後のことであった。
その最初期の例としては，19世紀におけるヘーゲルの哲学史やブルン
チュリの『一般国法学および政治学の歴史』1864，あるいはダニングの
『政治理論史』1902-20などが挙げられるが，いずれにせよ，その歴史
は浅い。日本の東京帝国大学において「政治学史」の講座が設置された
のは1924（大正13）年のことである。このように，本書が扱う「政治思
想史」という学問分野は，それ自体が歴史の産物なのである。

だとすれば，政治思想の歴史を語る前にまず，「政治思想史」という学問分野が新たに成立・展開するに至った時代の文脈が問われなければならない。どの学問分野にも，それが必要とされ，あるいは後に衰退するに至った思想史的な理由がある。だとすれば，政治思想史の場合はなおのこと，その由来を意識しておく必要があるだろう。

　これまでは古典や教養によって育まれていた政治学の一分野として，新たに「政治思想史」が誕生した一つの消極的な背景として，政治学における科学化の進展が考えられる。厳密で確実な知識が求められ，数量分析などの手法が導入されるなかで，思想や歴史に関わる分野が逆に，対象や方法が異なる一分野として意識化されたのである。しかし，より積極的な理由としては，20世紀前半の西洋におけるデモクラシー化や大衆化の進行が挙げられよう。次章でも指摘するように，とりわけ第一次世界大戦を契機として，デモクラシーは「普遍」的な理念として広く定着することとなった。ところが，西洋文明はその一方で，2度の世界大戦をはじめ，ナチス・ドイツなどの全体主義の台頭といった，自己の存在理由を揺るがす大きな危機に直面することになったのである。

　こうして，学問分野としての「政治思想史」は，とりわけ20世紀前半における西洋文明の自己喪失の危機に対抗する役目を担うことになったと考えられる。そして，とくにヨーロッパのアイデンティティを回復するための中心的なプロットになったのが，古代ギリシアから現代に至る「普遍」的なデモクラシーの理念の発展という物語であった（このような財産目録のリストには，他にも「自由」や「人権」，あるいは「文明」や「啓蒙」，「国家」なども挙げられるであろう）。このことを，半澤孝麿は『ヨーロッパ思想史における〈政治〉の位相』2003において，以下のように述べている。

「ヨーロッパにおけるヨーロッパ政治思想史は，切迫した危機を前にして，それらの脅威に対抗する自己の精神的遺産の絶対的・普遍的価値を確認しなければならなかった。自己の属する文化の政治思想史を語る行為は，同時に，文明そのものに外ならない自己の政治的伝統を擁護するための，まさに政治的行為であった。〔……〕ヨーロッパの政治思想は，とくにデモクラシーの理念において普遍人類的な文明の価値を体現するものであり，その歴史には実体的連続と発展があるとする観念は，まさに五〇年代までの政治思想史研究のパラダイムそのものであった」（8-9頁）。

2. 「西洋」「政治」「思想」

このように，学問分野としての政治思想史の成立と展開には，デモクラシーをはじめとする現代的な価値や理念の正当化（あるいは，それらの伝統化）といった，まさしく政治思想史的な問題がすでに孕まれていたと考えられる。しかし，だとすれば，そうした課題を必ずしも共有しない「非西洋」の世界においてはとくに，「政治思想史」を所与のものとすることなく，常に距離を置いて相対化する必要がある。「西洋政治思想史」とは何か。以下ではまず，このような関心から対象を分節化し，「西洋」「政治」「思想」「歴史」のそれぞれについて思想史的な観点からの省察を試みたい。

「西洋」の世界

とりわけ，本書で対象とする「西洋」，もしくは「ヨーロッパ」の範囲は，現代でも EU の拡大（や，そこからのイギリスの離脱など）の過程が示すように，自明ではなく，可変的である。また，それは単一のものでも，自足的でも，おそらく普遍的でもない。中世後期におけるアリストテレスの復興がイスラム世界からの逆輸入によってもたらされたこ

とは，その端的な一例である。なかでも，古代のギリシアとローマは，ヨーロッパの内陸ではなく，地中海世界を中心に発展した。最盛期には北アフリカや現在の中東地域などを含んだ古代ローマ帝国の版図と，「西洋」や「ヨーロッパ」が一致しないことは地図を見れば一目瞭然である。以下のアリストテレス『政治学』からの引用によれば，彼にとってギリシアは「ヨーロッパ」と「アジア」との中間にあり，寒冷地のヨーロッパはむしろ支配の対象であった。

「寒冷地に住む民族，とりわけヨーロッパに住む民族は，気概に満ちているが，思考と技術は劣っている。したがって，比較的自由に暮らしているが，国制を持たないため，隣人を支配することができない。アジアに住む民族は，思考と技術知に富んだ精神をもつが，気概に欠けるため，支配され，隷属することになる。しかし，ギリシアの民族は，地理上，両者の中間に位置するように，両者がもつ力を分けもっている。すなわち，気概と思考力をもつ。したがって，自由であり続けながら，最善の政治統治を行い，ある一つの国制を採用する機会を得れば，他のあらゆる民族を支配できるだろう」（1327b; 375頁）。

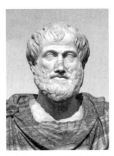

図1-2　アリストテレス

古代ギリシア・ローマを起源とする西洋文明が，中世のキリスト教とゲルマンの世界を経て，近代のヨーロッパやアメリカへと発展するという通俗的な歴史観は，のちの時代に創り出された一つの見方である。また，そうした西洋の列強（と，のちに日本）が文明化の名のもとに非西洋世界の植民地化を進めたことを忘れることはできない。したがって，本書では，かつてのように「西洋」を文明の模範として自明視すること

なく，その歴史性や相対性，あるいは地域性を意識しながら，そこで紡がれた「物語」を読み直すことにしたい．なお，本書の課題ではないが，このような問題関心からはさらに，たとえば「イスラム」や「東洋」，あるいは「日本」なども含めた「グローバル・ヒストリー」や「比較政治思想史」などの観点から「西洋」の政治思想史を捉え直すことも必要になるだろう．

論争的な「政治」

本書ではそのうえで，「西洋」において「政治」がどのように語られ，表象され，理解されてきたのかを追跡する．もとより，「政治」の概念は一義的でなく，論争的で多義的である．政治思想の歴史を見渡した場合，そこでまず目に入るのは，「理念」idea と「権力」power，あるいは理想と現実，理論と実践，目的と手段，善と悪などの相剋を内包した政治の両義性であろう．

政治のリアルな現実を前にして，たとえばマキァヴェッリが「人が何をすべきか」ではなくて「何をするか」を論じたのはよく知られている．また，17世紀ブリテンの内戦に直面したトマス・ホッブズは，『リヴァイアサン』1651のなかで「万人の万人に対する戦い」である自然状態を前提とし，そこから絶対的な主権国家の必要を導き出した．20世紀においても，たとえば憲法学者のカール・シュミット（1888-1985）は，道徳や美の領域とは異なる政治の特質を「友と敵」の関係に見出した．そして，「政治にとって決定的な手段」を「暴力行使」（198頁）とする社会学者のマックス・ウェーバー（1864-1920）は，『仕事としての政治』（『職業としての政治』）1919において，政治の初歩的

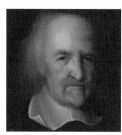

図1-3　ホッブズ

な「真実」を次のように語る。すなわち，政治に仕える者は「悪魔的な力」と関係を結ぶのであり，「善からは善だけが，悪からは悪だけが出てくる」のではなく，しばしばその逆が「真実」なのである（201-2頁）。

　もっとも，権力や闘争や暴力，あるいは利益や利害といった政治の現実に着目するこれらの議論に対して，政治の「あるべき」理念や理想を説く議論も繰り返されてきた。アリストテレスによれば，「政治」の語源でもあるポリスは最高の善を目的とする共同体であった。古代ローマのキケロは，「民衆のもの」である「レス・プブリカ」＝共和政の理念を提示する。こうして，以下の各章でも述べるように，デモクラシーや自由，徳，正義，自然法，平和，秩序，寛容，独立，平等などの，あるいは近年では公共性といった数々の政治的な理念が語られることになる。たとえば，20世紀の全体主義の時代を経験したハンナ・アレント（1906-75）の『人間の条件』1958は，言葉と説得によって営まれる政治の姿を古代ギリシアに見出した。すなわち，「政治的であること，ポリスの中で生きることは，あらゆることが強制と暴力によってではなく，言葉と説得を通じて決定されることを意味した」（56頁）のである。

　しかし，政治という人間の営為は，このような権力と理念との二項対立において語り尽くされるものではおそらくない。なぜなら，政治の世界は，普遍的な哲学や必然的な自然の世界とは異なり，不断に変化するだけでなく，そこでの実践や交渉，調停，妥協などが必要とされるからである。このような関心から，本書ではさらに，政治における「技術」artと，そうした政治の世界そのものに距離を置く「非政治」apoliticalの契機に着目したい。

　政治は「可能性の技術」である，とも言われる。19世紀プロイセンの宰相ビスマルクの言葉に由来するとされるそれは，流動的な状況と所与の限られた条件のなかで理想と現実を結びつけ，統治の実践や活動的な

生活を可能にする「わざ」とも考えられる。丸山眞男（1914-96）は「可能性の技術」について，「政治的判断」1958のなかで次のように述べた。すなわち，それは「現実というものを固定した，でき上がったものとして見ないで，その中にあるいろいろな可能性のうち，どの可能性を伸ばしていくか，あるいはどの可能性を矯めていくか，そういうことを政治の理想なり，目標なりに関係づけていく考え方」なのである（358頁）。

　以下の各章でも述べるように，このような政治の技術（「アート」）や実践知は，プラトンからマキァヴェッリなどを経て，学芸や技芸などを広く含む教養（「アート」）や政治的な思慮として伝承されるとともに，しばしば荒海の航海や船の操縦に喩えられた（英語の government はラテン語の「舵を取る」gubernare に由来する）。イギリスの政治哲学者マイケル・オークショット（1901-90）は，『政治における合理主義』1962において，規則やマニュアルに還元できない実践知や伝統の意義に着目しつつ，「すべての敵対的な状況」を「友好的なもの」へと転化させることを可能にする「政治」という営為を以下のように描いた。

　　「かくて政治的活動においては，人々ははてしなく底も知れない海を行くのであるが，そこには，停泊できる港もなければ，投錨するための海床もない。また，出航地点もなければ，目ざされる目的地もない。そこでの企ては，ただ船を水平に保って浮かびつづけることである。海は，友でも敵でもあり，船乗りの仕事は，行動の伝統様式という資産をうまく使いこなして，すべての敵対的状況を友好的なものへ転化することである」（「政治教育」147頁）。

　また，これらに加え，西洋政治思想の一つの大きな特徴とも言えるのが，実践的な政治から距離を置く，いわば「非政治」の議論の存在であ

ろう。政治から離れた観想的生活を理想とする議論もまた，エピクロス派やストア派をはじめ，古代から繰り返されてきた。詩人でデザイナーでもあった社会主義者ウィリアム・モリス（1834-96）の『ユートピアだより』1890などにも見られるように，理想の社会とは「政治」のない世界なのかもしれない。「そこではなにも浪費されず，なにも損なわれることがありません。必要な住居，小屋，工房が国中に点在しており，すべて整然として美しくあるのです」（138頁）。

　そして，なかでも西洋の精神世界の基礎となったのが来世を志向するキリスト教である。それゆえ，たとえば古代末期の教父アウグスティヌスは，5世紀前半に書かれた『神の国』において，「やがて死ぬ人間がだれの支配のもとに生きようとなんのかかわることがあろうか」とも問いかける（5:17;（一）400頁）。人間の幸福や救済はリアルな政治の世界にはなく，国家なども必要悪に過ぎないのではないか。世俗的な政治を相対化し，その意義を根本から揺るがすこれらの問いによって，西洋における政治の物語は緊張を増し，その奥行きが深くなったとも言えるだろう。

「思想」の力

　このように，「政治」に多様な意味や捉え方があり，様々な相剋や可能性や緊張を秘めていることは，以下の各章で述べるような，それらが生まれた歴史の過程や文脈を辿ることによって，より深く実感できるだろう。だが，そもそもなぜ，「政治」は論争的で多義的なのだろうか。おそらくこのことが，政治における「思想」の重要性を示唆しているように思われる。

　もっとも，「思想」という場合，一般的には「偉大な著者」によって展開された体系的・抽象的な哲学や理論，学説などが連想されるかもし

れない。しかし，本書では政治思想史の対象として，規範や価値，あるいは原理や法則などを追究する哲学的・理論的な営みだけでなく，より広く，「可能性の技術」としての政治の実践に関わる「わざ」やレトリックを含めた「教養」，あるいは意見やイメージ，象徴，寓意，そして物語や神話なども含めて考えることにしたい。このような観点からはまた，絵画や建築，演劇，音楽などの芸術や，都市や広場，劇場，宮廷，教会，大学，議会，コーヒー・ハウス，サロンといった空間の役割も見逃せないだろう。なぜなら，政治の日常にはむしろ，合理的ではない想像や感覚，情念，習俗，コモン・センス，そしてフィクションなども大きく作用していると思われるからである。しかも，そうした具体的な実践に関わる政治は，それゆえに，抽象的な哲学や理論とはしばしば緊張関係にあったとも考えられる。

政治は人間による営為であるがゆえに，剥き出しの暴力や権力闘争，あるいは合理的な利益や計算などによってだけでなく，そうした人間が頭の中で考え，あるいは内心で抱く意見（オピニオン）によって左右される。たとえば，17世紀中葉の内戦の過程を描いた『ビヒモス』において，ホッブズは「権力者の力の基盤は人民の意見と信念以外にはない」ことを観察した（40頁）。また，18世紀の文明社会に生きた哲学者デイヴィット・ヒュームも同様に，「統治の第一原理について」1741のなかで「統治の基礎となるものはただオピニオンだけである」と繰り返した（25

図1-4　「オピニオンに支配される世界」
（1642）

頁）。そして，思想と討論の自由を説いたJ. S. ミルもまた，『代議制統治論』1861において意志や意見の力を評価し，「信念を持った一人の人間は，利害しか持たない九九人に匹敵する社会的力である」と述べたのである（13頁）。

このように思想を広い意味で捉えると，それはまた，政治の世界に限られず，人間や社会そのものを支え，動かすものだと言えるかもしれない。たとえば，エルンスト・カッシーラー（1874-1945）の『人間』1944によれば，人間はそもそも「シンボルの宇宙」に住んでいる。彼によれば，人間は「想像的な情動のうちに，希望と恐怖に，幻想と幻滅に，空想と夢に生きている」のである（64-5頁）。また，現代の哲学者チャールズ・テイラー（1931-）は『世俗化の時代』2007などにおいて，イメージや物語や伝承といった，多くの人に共有されて実践を可能にする「社会的想像」の観点から西洋近代における世俗化の道程を描いた。

ところが，プラトンの有名な洞窟の比喩やベイコンの「イドラ」論などにも見られるように，政治や人間や社会を取り巻く思想の世界はまた，しばしば誤った認識を与え，時には大きな悲劇をもたらす（「オピニオン」はもともと謬見や臆見を意味していた。）「真の宗教」をめぐる16世紀以降の宗教戦争はその一例である。現代においても，たとえばウォルター・リップマン（1889-1974）は『世論』1922のなかで，パリ講和会議に集った各国の代表がいかに「ステレオタイプ」に囚われていたかを指摘した。「われわれはたいていの場合，見てから定義しないで，定義してから見る」（上111頁）。そして，社会主義や共産主義，あるいは全体主義によって実際に，このような思想の力の大きさや，それがもたらす悲劇を体験したのが20世紀であった。政治思想家のアイザイア・バーリン（1909-97）の「二つの自由概念」1958によれば，「近代の歴史上今日ほど，東西両洋の数多くの人間が，狂信的に信奉された社会・政治学

説によってその観念（思想），さらにその生活を根本的に改変し，また場合によっては暴力的に顛覆させてしまったことは，おそらくなかった」のである（298頁）。

本書ではそれゆえ，広義の「思想」の重要性を踏まえる一方で，それが普遍的な規範や絶対的な価値を常に指し示すものとは考えない。そうではなく，その歴史を学問的な考察の対象とすることを通じて政治の意義や可能性を探るとともに，そこで語られた様々な物語を読み直し，思想の力を見極め，適切に使いこなすための稽古や訓練を重ねることにしたい。

3. 政治思想史の方法

とはいえ，このような「西洋政治思想」の「歴史」もまた，多様に語られうる。そこで採用された一つの見方が，先にも述べたような，デモクラシーの発展という観点から過去を叙述することであった。しかし，これらの，現代的な関心や普遍的な真理の観点から過去を「合理的」に再構成する方法に対して，「西洋」に限定された，論争的な「政治」をめぐる「思想」の力に着目する本書では，また異なる「歴史」の語り方を試みることになろう。このような関心から，以下では系譜学，解釈学，そしてケンブリッジ学派の方法をそれぞれ考察してみたい。

ニーチェの『道徳の系譜』1887に由来する系譜学は，近代的な権力や統治の変容を描いたことで知られるフランスの哲学者ミシェル・フーコー（1926-84）などによって展開された。フーコーの論稿「ニーチェ，系譜学，歴史」1971においてはとくに，歴史のなかに現代の理念や価値の「起源」を求める見方が批判される。なぜなら，歴史は深遠な目的や意図がおのずと必然的に実現する過程ではなく，それを忍耐強く微細に観察すれば，様々な逸脱や誤謬，置き換えなどに満ちているからである。

様々なものの歴史の始まりに見出せるのは，それゆえ，純粋な起源や真理の実在などではなく，偶然や葛藤や不調和である。したがって，彼によれば，「真の歴史的感覚」は「われわれは始源的な目印も座標もなしに，失われる無数の出来事の中で生きているのだ，ということを認める」ことにあるのである（28頁）。

その一方で，古代以来の聖書解釈や法解釈などに由来する解釈学は，とくにドイツの哲学者ヴィルヘルム・ディルタイを通じて20世紀に受け継がれる。そうしたなか，古典との対話の意義を改めて強調したのがハンス＝ゲオルク・ガダマー（1900-2002）であった。彼は自然科学への対抗を強く意識しながら，それとは異なる人文主義的な教養を再評価したうえで，アリストテレスに由来する伝統的な実践哲学の復権をはかった。そうした彼の『真理と方法』1960によれば，テクストの理解や解釈は「人間の世界経験全体」（xxvii 頁）に関わっている。そのうえで彼は，先行する解釈の伝統を踏まえつつ，過去のテクストとの「対話」を通じて新たな共通理解を生み出していくこと（「地平の融合」）の意義を説いたのである。

以上の系譜学や解釈学はそれぞれ，過去の「合理的」な再構成とは異なる歴史の語り方やテクストの読み方を示すものである。とりわけ，歴史のなかに起源や目的を求めないフーコーの視点や，教養や実践，そして伝統や対話の意義を重視するガダマーの知見は見逃せないだろう。また，本書ではこれらに加えて，過去を「歴史的」に再構成する試みとして「ケンブリッジ学派」の議論を参照したい。その中心的な人物としては，クェンティン・スキナー（1940-）と J. G. A. ポーコック（1924-2023），ジョン・ダン（1940-）の名前が挙げられる。

イギリスのケンブリッジ大学にはもともと，「すべての歴史は思想史である」（『思索への旅』123頁）と述べたコリングウッドや，進歩的な

歴史観（ウィッグ史観）を批判したバターフィールド，従来のイギリス史理解を修正したラスレットらによる歴史研究の伝統があった。そうしたなか，スキナーは「思想史における意味と理解」1969において，現代的な関心や普遍的な価値を過去に読み込んできた既存の研究を強く批判した。彼によれば，「古典的テクストの研究を通して直接学ぶことを期待できるような永遠の問題は哲学には存在しない」のである（118頁）。

　このような観点から，スキナーはそれまでの政治思想史研究における四つの「神話」を指摘した。すなわち，① 教義の神話，② 一貫性の神話，③ 予期の神話，④ 偏狭性の神話である。それぞれ，①作者が想定していない，時代を超越した「普遍的」な教義を過去に読み込むこと，②「偉大な著者」の無謬性や誠実さを前提にして，作者や著述の一貫性を想定すること，③思想史上の意義と作者の意図を混同すること，④観察者に馴染みのある現代の見方や分類などを過去に投影することである。この「神話」的解釈の例としては，たとえばホッブズやロックなどを現代のデモクラシー論やリベラリズムの「先駆者」や「予言者」として評価したり，あるいは逆に，その「限界」を批判したりすることなどが挙げられる。

　これらの「神話」や「アナクロニズム」を斥けたうえでスキナーが重視したのが，テクストの理解における「意図」intention と「コンテクスト」context であった。彼によれば，「いかなる主体も，自らが意図し，あるいは行なったことの正しい記述としてはどうしても容認できない何事かを意図したとも，行なったとも結局は言えない」(83頁)。そして，そのような意図を理解するためにこそ，同時代における政治的な課題や論争，言語慣習などを含む，様々なコンテクスト＝文脈を参照する必要がある。とりわけ，このスキナーと歩調を合わせたポーコックは，初期近代（近世）のブリテンを中心として，古来の国制論や共和主義な

どに関わる，同時代で用いられていた様々な「言語」language や「言説」discourse を発掘して政治思想史の叙述のあり方を大きく変えた。

　もっとも，このように意図やコンテクスト，あるいは言語や言説などに着目した「ケンブリッジ学派」の方法論にも様々な問題が指摘される。なかでも懸念されたのが政治思想史と現代の政治理論，あるいは政治哲学との乖離であろう。こうしたなか，現代の問題にも強い関心を寄せていたのがジョン・ダンであった。しかし，『政治思想の未来』1979で示された彼の見解はきわめて悲観的なものであった。すなわち，デモクラシーや自由主義，ナショナリズム，革命といったテーマを考察したうえで彼が発した問いは，「ヨーロッパで過去二千五百年にわたって発展してきた政治理解のさまざまの伝統は，われわれが当面している世界の前で，われわれに取るべき道を指示してくれる実質的能力を少しでも残しているであろうか」という深刻なものだったのである（1頁）。しかも，とくに古代ギリシアで発明されたデモクラシーについて彼が見出したのは，その発展ではなく，むしろ長い不在の歴史であった。それゆえ，彼によれば，18世紀中葉の時点において，デモクラシーは「決定的に過去のものと化した」と見られていたのである（20頁）。

　だとすれば，西洋を舞台とする政治思想の伝統は，実際にどのような道筋を辿ってきたのか。それはまた，わたしたちにどのような「取るべき道」を示してくれるのか（実はダンもその後，政治思想の古典や歴史の意義を再評価している）。このような関心から，次章では改めて，古代から20世紀に至るデモクラシーの系譜を探究してみたい。

参考文献

マキァヴェッリ「書簡」松本典昭，和栗珠里訳（『マキァヴェッリ全集6』筑摩書

房，2000年）

半澤孝麿『ヨーロッパ思想史における〈政治〉の位相』岩波書店，2003年

アリストテレス『政治学』神崎繁他訳（『アリストテレス全集17』岩波書店，2018
年）

　　※本文中の括弧では，ベッカー版アリストテレス全集の頁数と欄（aは左欄，bは
　　右欄）を示した後に上記文献の頁数を記載している。

ウェーバー『仕事としての政治』（野口雅弘訳『仕事としての学問 仕事としての政
治』講談社学術文庫，2018年）

アレント『人間の条件』牧野雅彦訳，講談社学術文庫，2023年

丸山眞男「政治的判断」（松本礼二編『政治の世界』岩波文庫，2014年）

オークショット「政治教育」田島正樹訳（『政治における合理主義』嶋津格他訳，
勁草書房，増補版2013年

モリス『ユートピアだより』川端康雄訳，岩波文庫，2013年

アウグスティヌス『神の国』（一）服部英次郎訳，岩波文庫，1982年

　　※本文中の括弧では，『神の国』の巻と章を示した後に上記文献の頁数を記載して
　　いる。

ホッブズ『ビヒモス』山田園子訳，岩波文庫，2014年

ヒューム「統治の第一原理について」（『道徳・政治・文学論集』田中敏弘訳，名古
屋大学出版会，2011年）

ミル『代議制統治論』関口正司訳，岩波書店，2019年

カッシーラー『人間』宮城音弥訳，岩波文庫，1997年

リップマン『世論』（上下）掛川トミ子訳，岩波文庫，1987年

バーリン「二つの自由概念」生松敬三訳（『自由論』みすず書房，新装版2018年）

フーコー「ニーチェ，系譜学，歴史」伊藤晃訳（『ミシェル・フーコー思考集成Ⅳ』
筑摩書房，1999年）

ガダマー『真理と方法』（Ⅰ）轡田収他訳，法政大学出版局，1986年

コリングウッド『思索への旅』玉井治訳，未來社，1981年

スキナー「思想史における意味と理解」塚田富治，半澤孝麿，加藤節訳（『思想史
とはなにか』岩波書店，1990年）

ダン『政治思想の未来』半沢孝麿訳，みすず書房，1983年

2 | デモクラシーの系譜

《**目標＆ポイント**》 古代ギリシアのアテナイから，のちのフランス革命を経て20世紀に至る政治とデモクラシーをめぐる議論の系譜を辿る。これにより，デモクラシーの原像を捉えるとともに，そのイメージの変化と，古代以降の政治思想の歴史的な意義を考える。

《**キーワード**》 デモクラシー，アテナイ，プラトン，アリストテレス，フランス革命，大衆

1. 政治のはじまり

　人間が一人では生きていけず，他者との関わり合いが必要である限り，そこには必ず「政治」が生まれる。このような政治，あるいは統治という人間の営為は古くから語り継がれてきた。たとえばプラトン（前427-347）の『プロタゴラス』には，人間に火を使う技術を与えたプロメテウスの神話が紹介されている。しかし，『プロタゴラス』ではさらに，この神話の続きとして，「政治の技術」を持っていなかったために滅亡の危機に瀕した人間の姿が以下のように描かれた。

　　「このように，人間はいろいろな装備を身につけていったのだが，初めのうち，人間はあちこちに分散して暮らしていて，まだ国は生まれていなかった。そのため人間は，つぎつぎと野生の獣の餌食になっていった。〔……〕そこで人間は，集団になって身を守ろうとして，国を作った。ところが，集団になるたびに，人間はいつも互いに不正をしあったのだ。な

図2-1　アテナイのパルテノン神殿

ぜなら,人間は政治の技術を持っていなかったのだから。それゆえ,人間はふたたび散り散りとなり,滅亡に向かっていった」(322A-C; 64-65頁)。

改めて繰り返せば,「政治」politicsという言葉は古代ギリシアの都市国家「ポリス」に由来する。以上の『プロタゴラス』の物語によれば,その後,ゼウスがヘルメスを派遣して謙譲心と道義心,あるいは正義や節度を与えたために,人間は滅亡を免れることになったという。このような物語や神話は共同体の記憶を育み,政治を可能にする。同様のことは詩や歌,さらには神殿や広場,劇場といった空間などについても言えるだろう。もちろん,このような政治や共同体の歴史はギリシア以前にも遡る。しかし,古代ギリシアは,(おそらく歴史の必然ではなく,偶然が重なって)言葉によって政治の物語が語られ,後世に伝えられるとともに,その理念や技術とは何かが問われた,一つのはじまりの舞台であった。

しかも,この古代ギリシアはまた,現代に至るデモクラシーの重要な起源ともされてきた。「政治」と同様に,「デモクラシー」もギリシア語の「デモクラティア」に由来する。「デモス」はギリシア語で「民衆」や「地区」,「クラティア」は「支配」を意味する。以下本章ではまず,古代ギリシアにおける「デモクラティア」の原像を示し,そのうえで,以降のデモクラシーの系譜を歴史的な文脈の観点から辿り直してみたい(なお,デモクラシーは多義的であり,制度や政体だけでなく,理念やイデオロギーなどを意味する場合もあるが,以下ではそれらを広く包括

する言葉として「デモクラシー」を用い，文脈に応じて民主政や民主制，民主主義などを使い分ける）。

2. 古代ギリシアのデモクラシー

アテナイの実践

　ホメロスの叙事詩『イリアス』や『オデュッセイア』によれば，古代ギリシアの世界にはかつて，アガメムノンやオデュッセウスなどの諸国の王や英雄が活躍していたとされる。しかし，この伝説の時代を経て，紀元前8世紀頃からエーゲ海を中心とする各地に建設されたのが，ポリスと呼ばれる都市国家であった。常に1,000を超えていたポリスのうち，アテナイやスパルタは例外的に大きかったが，それでも佐賀県や神奈川県（アテナイ），もしくは広島県（スパルタ）と同程度の広さである。したがって，現代で一般に想像される国家とは規模が大きく異なる。また，そのなかでデモクラシーを採用したポリスは最も多い時期で全体の3分の1程度であった。

　こうしたなか，アテナイでは，市民が自ら政治に携わるデモクラシー（直接民主制）の実践が見られた。とはいえ，アテナイも最初からデモクラシーであったわけではない。神話の時代も含めれば，アテナイの英雄とされるのは怪物ミノタウロスを退治した伝説の王テセウスである。また，貴族と平民との対立や党争が激しくなるなか，前6世紀初めには立法者として知られるソロンの改革がなされるが，その後に続いたのはペイシストラトスによる独裁政であった。しかも，平民の支持を得て権力を簒奪した僭主ペイシストラトスのもとでアテナイは一定の繁栄を享受する。しかし，市民を奴隷と明確に区別し，財産に応じた四つの等級に再編したソロンに加え，民衆派の貴族クレイステネスによる改革などを通じて，多くの平民が政治に関わるようになった。とくに，前6世紀

末に指導者となったクレイステネスについては，血統や血縁などではなく「デモス」（＝地区）を最小の行政単位として市民団を10部族に再編したことが注目される。

アテナイの政治はそれまで，平民ではなく貴族が主体であり，アルコンと呼ばれる執政官やその経験者からなるアレオパゴス評議会などが置かれていた（このアルコンが不在であることがアナーキー＝無秩序の語源となる）。これに対して，「デモス」を基礎とする民主化を進めた要因として併せて見逃せないのが，ギリシアからは異邦人（バルバロイ）と見なされた，東方（オリエント）のペルシア帝国との戦争であった。前490年のマラトンの戦いでは重装歩兵として活躍した中産階層の市民の発言権が増し，前480年のサラミスの海戦では三段櫂船の漕ぎ手となった下層市民の地位が向上したのである。このように，ポリスの市民は同時にまた，ポリスのために闘う戦士でもあった。以下でも言及するように，このことはまた，デモクラシーと戦争との深い関係を示していよう。

こうして，アテナイの政治には，最大で数万人に至ったという成年男子市民が日常的に参加し，順番に支配し支配されることになる。そうした市民が発言し，投票する民会（エクレシア）はアテナイの最高決定機関であり，のちの前4世紀後半には年に40回も開催され，重要な案件には6,000以上の投票が必要とされた。また，日常の行政実務や議案の作成などは各部族から選ばれた任期1年の五百人評議会が担当した。しかも，このような評議員や他の公職，民衆裁判所の1年任期6,000人の裁判員などは，選挙ではなく，籤で選ばれるのが原則であった。なぜなら，現代とは異なって，優れた者を選出する選挙はデモクラシーではなく貴族政の仕組みと考えられていたからである。さらに，すべての公職者は任期中の公務について審査を受けるなど，その責任も厳しく問われた。もっとも，たとえば戦争を指揮する将軍は，抽選ではなく民会での選挙

によって選ばれ，再任が可能であるといった重要な例外もあった。そして，女性や子供，在留外国人，奴隷は政治から除外されていた。

ペリクレスの演説

このような参加と責任の仕組みを整えながら，アテナイ

図2-2　ペリクレスの演説（Philipp Foltz, 1852）

は一方で，ペルシアに対抗するためのデロス同盟の盟主となって支配権を拡大した。このアテナイの最盛期を担ったのがペリクレスである。トゥキュディデス（前460頃-400頃）の『歴史』（『戦史』）に記されたペリクレスの葬送演説は，アテナイにおけるデモクラシーの理念を謳い上げたものとして広く知られている。

> 「われらの政体は他国の制度を追従するものではない。ひとの理想を追うのではなく，ひとをしてわが範に習わしめるものである。その名は，少数者の独占を排し多数者の公平を守ることを旨として，民主政治と呼ばれる。〔……〕われらの国全体はギリシアが追うべき理想の顕現であり，われら一人一人の市民は，人生の広い諸活動に通暁し，自由人の品位を持し，おのれの知性の円熟を期することができると思う」（66, 69頁）。

このペリクレスの演説は，ギリシア世界の覇権をかけて前431年にスパルタとの間に勃発したペロポネソス戦争の戦没者を追悼するものであった。そこではまた，法の前の平等や能力の尊重，法の遵守，そして公事への参加などが称賛される。しかし，この演説の目的は一方で，祖国のために戦死した市民を勇士として顕彰し，ポリスへの献身や支配権

の拡大を訴えることにあった。

　現代では一般に，デモクラシーは平和に与するものと思われるかもしれない。しかし，アテナイのデモクラシーはむしろ，戦争や軍事，あるいは「帝国」的な拡大と密接な関係にあった。また，これに加えて見逃せないのは，ソロンやクレイステネス，そしてペリクレスといった指導者の存在であろう。しかも，彼らは貴族や名門の出身であり，とくにペリクレスは選挙による将軍職を何度も務めた人物でもあった。トゥキュディデスは，アテナイのデモクラシーの実態がペリクレスという優れた指導者による支配であったことを指摘するとともに，彼が亡くなった後の，扇動的な政治家による混乱と迷走を以下のように批判した。

　　「こうして，その名は民主主義と呼ばれたにせよ，実質は秀逸無二の一市民による支配がおこなわれていた。これに比べて，かれ以後のものたちは，能力においてたがいにほとんど優劣の差がなかったので，みなおのれこそ第一人者たらんとして民衆に媚び，政策の指導権を民衆の恣意にゆだねることとなった。このことがわざわいして，アテナイのごとく大きい国家を営み，支配圏を持つ国ではとうぜん，数多い過失がくりかえされることとなり，その最たるものがシチリア遠征であった」(93頁)。

デモクラシー批判

　このように，アテナイのデモクラシーも批判を免れていたわけではなかった。たとえば，次章でも紹介する，ギリシアを代表する弁論家の一人であったイソクラテス（前436-338）も同様に，ペロポネソス戦争に敗北した後のアテナイの頽廃や平等の弊害を非難して，往時のデモクラシーの再建を訴えた。しかも，その一方で彼はまた，キプロス王を架空の話者に設定した『ニコクレス』において，デモクラシーよりも君主政の方が優れているという見解を示している。それによれば，「すぐれた

者と低劣無能な者とが同じ評価を受けること」ほど「恐るべきこと」はない（44頁）。デモクラシーは熟練の度合いや業務の遂行において劣り，公的な財産の私物化などの問題を抱えているとされた。

　こうしたなか，辛辣なデモクラシー批判を展開したのが哲学者のプラトンであった。その大きな要因の一つとして，彼の師であるソクラテスが民衆裁判によって死刑になったことが挙げられる。このことはプラトンに大きな衝撃を与えたが，彼の『国家』のなかではアテナイの政治家と民衆が以下のように批判される。すなわち，「ここでは，国事に乗り出して政治活動をする者が，どのような仕事と生き方をしていた人であろうと，そんなことはいっこうに気にも留められず，ただ大衆に好意をもっていると言いさえすれば，それだけで尊敬されるお国柄なのだ」（558B-C; 下230頁）。

　プラトンによれば最悪なのは独裁政（僭主政）であるが，デモクラシーはその一歩手前の段階とされた。それはまた，貧しい人びとの内乱によって生じ，自由と平等を特徴とする。彼はそうした自由と平等を奉じる人々が欲望のままに生き，支配者と被支配者，父親と息子，年長者と若者などの関係が転倒し，秩序が混乱することを強く危惧した。彼によって描かれた，以下のようなデモクラシーのもとでの市民の実態は，現代社会の戯画のようでもある。

図2-3　プラトン

　「こうして彼は〔……〕そのときどきにおとずれる欲望に耽ってこれを満足させながら，その日その日を送って行くだろう。あるときは酒に酔いしれて笛の音に聞きほれるかと思えば，〔……〕あるときはすべてを放擲してひたすら怠け，あるときはまた哲学に没頭して時を忘れるような様子をみせる，というふうに。しばしばまた彼は国の政治に参加し，

壇にかけ上って，たまたま思いついたことを言ったり行なったりする。
〔……〕こうして彼の生活には，秩序もなければ必然性もない。しかし彼
はこのような生活を，快く，自由で，幸福な生活と呼んで，一生涯この生
き方を守りつづけるのだ」(561C-D; 下239-40頁)。

　このように，当時のアテナイは，プラトンの目には混乱と無秩序，あ
るいは，哲学や真理ではなく臆見が支配する洞窟の世界に映った。しか
も，彼はさらに，一般には対立するものと考えられているデモクラシー
と独裁政が実は表裏の関係であることを指摘する。すなわち，彼によれ
ば過度の自由はその反動として過度の隷属を生むのであり，それゆえ，
他ならぬデモクラシーから独裁者や僭主が登場するのである。このよう
な見解は，それ以降も，たとえば古代ローマのキケロなどによっても繰
り返される。そして，こうした危惧が不幸にも現実になったのが，フラ
ンス革命におけるロベスピエールの独裁やナポレオンの登場，そして20
世紀前半の全体主義の台頭であったと言えるかもしれない。
　このようなデモクラシーに対する警戒はまた，古代ギリシアを代表す
るもう一人の哲学者アリストテレス（前384-322）にも共有されていた。
もっとも，『政治学』において彼は，画一的な秩序を求めるプラトンを
批判し，多様な人々が順番に支配し支配されることを望ましいとする。
アリストテレスはまた，多数の人々の判断が全体として少数者の判断よ
りも優ることを認めている。しかし，他方で『政治学』においてはまた，
市民を公職に関与させないと逆に政治的な危険が大きくなるというリア
リスティックな見解も記されていた。

　　「たしかに，彼らが最も重要な公職にあずかることは安全とは言えない
　　（なぜなら，彼らには不正なところや無思慮なところがあるため，不正を
　　犯したり，誤りを犯したりするであろうから）。しかし他方で，彼らに公

職を少しも配分せず，公職への参与をまったく認めないことも危険である。なぜなら，名誉もなければ金もない人々の数が多い国家には，必然的に敵対者が満ち溢れているのだから」（1281b; 160頁）。

アリストテレスはさらに，アテナイのデモクラシーだけでなく，現実に存在した様々なポリスの国制を観察した。そのうえで彼は，トゥキュディデスやプラトンと同様に，実際のデモクラシーにおける扇動家の危険や，行き過ぎた自由や平等によって全体の利益が損なわれていること，そしてデモクラシーと独裁政との繋がりなどを指摘する。第4章でも示されるように，アリストテレスはこうして，多数が支配して貧しい者の利益が優先させられるデモクラシーを正しい国制とは見なさず，逸脱した国制に分類したのである。

3. 歴史の空白？

このように，古代ギリシアのアテナイにおいては一方で，様々なデモクラシー批判が展開されていた。もちろん，知的エリートであるプラトンやアリストテレスらの見解だけをもとにデモクラシーを衆愚政とみなすことはできない。また，アテナイはペロポネソス戦争の敗北による寡頭政への転換，そして前322年のマケドニアによる征服を経験しながらもデモクラシーを何度も復活させた。しかし，政治思想史の観点から見逃せないのは，以降の時代において彼らの作品が広く読

図2-4 アテナイの学堂（ラファエロ，1509）ヴァティカン宮殿

み継がれるとともに，デモクラシーを混乱と無秩序の政体，あるいは「多頭の怪物」とするイメージが繰り返し再生産され，定着したことであろう（たとえば，トゥキュディデスの『歴史』はホッブズによって1629年に英訳された）。

　こうして，西洋政治思想史においては，デモクラシーの観点からすると，その進歩や発展ではなく長い空白の時代が続くことになる。もっとも，とくにフランス革命前の，君主政が常態であった初期近代（近世）とも呼ばれる時代においてもデモクラシーや「民の声」が忘却されていたわけではない。たとえば17世紀のイングランドでは，内戦の渦中で行われたパトニー討論においてレヴェラーズと呼ばれた人びとから「最も貧しい人」の権利が主張され，「人民協約」が提案された。また，オランダ共和国のスピノザは『神学・政治論』1670において，哲学の自由を主張するとともに，デモクラシーを最も自然で，自由に近い政体とした。そして，以下の各章でも述べる混合政体や共和政，あるいは暴君の放伐や抵抗権などをめぐる議論のなかで，しばしば民主政への参照がなされたのである。

　しかし，デモクラシーの理念は長い間，広い同意や支持，もしくは共感を得ることはなかった。たとえばアメリカ憲法の批准を促進するために書かれた『ザ・フェデラリスト』1788において，執筆者の一人であるマディソンは，「つねに混乱と激論との光景を繰りひろげてきた」（60頁）デモクラシーを批判し，それが派閥の弊害を助長して弱小の党派や個人が犠牲になる危険を指摘した。それゆえ，前章で紹介したダンと同様に，『デモクラシー』2002を執筆したイギリスの政治学者バーナード・クリック（1929-2008）もまた，デモクラシーが「人類史のほとんどの時期にほとんどの社会においてまったく何の意味も持たなかった用語」であったことを指摘する（6頁）。したがって，彼によれば，「いつ

いかなる場合でも最善なのはデモクラシー概念のはずだという主張に対しては，私たちは眉に唾してかからなければならない」のである（3頁）。

4. 西洋近代のデモクラシー

フランス革命

　もっとも，このようなデモクラシーの空白の歴史を大きく転換させる契機となったのが近代のフランス革命と第一次世界大戦であった。第14章でも述べるように，なかでも1789年に始まるフランス革命は，自由・平等・博愛の理念を掲げ，それまでの王権や身分制社会を否定し，人権宣言を採択するなどしてデモクラシーの浸透を促した。また，近代国家の領域の拡大に対応して，中世以来の議会の伝統や代表という概念が，新たにデモクラシーと結びつけられるようになったことも注目される（代表民主制）。しかし，フランス革命は一方で，ロベスピエールによる独裁政治の経験から，デモクラシーに暴民やテロル（恐怖）の支配としてのイメージを加えることになった。それゆえ，以降もデモクラシーに対する警戒が続くことになる。

　こうしたなか，革命とデモクラシーをともに強く批判したのがエドマンド・バーク（1729-97）であった。彼の『フランス革命の省察』1790によれば，名声や評判を気にせず，怖れを知らない無責任な民衆によるデモクラシーは「この世における破廉恥の極み」（119頁）にほかならない。そのうえで彼は，古代以来のデモクラシー批判を以下のように繰り返した。

　　「現在に到るまで我々は，取るに足る程のデモクラシーの実例を見たことがありません。古代人はそれについてより良く知っていました。〔……〕

図 2-5　バーク

彼らはそれを，一国家の健全な国制であるよりはむしろ腐敗堕落と考えています。もしも私の記憶が正しければ，民主政には暴政との驚くべき共通点が数多くある，とアリストテレスは見ています。この問題に関して私は確信を持ってこう言えます。即ち，民主政において，多数者市民は少数者に対して最も残酷な抑圧を加えることができます」（158頁）。

　これに対して，フランス革命を正当化する作品として広く参照されたのがジャン＝ジャック・ルソー（1712-78）の『社会契約論』1762であった。しかし，最も徹底的な人民主権論を展開したとされる彼もまた，驚くことに，「真の民主政はこれまで存在しなかったし，これからも決して存在しないだろう」と述べていた（96頁）。彼によれば，デモクラシーが成立するには，小さい国家で習俗が単純であり，人々の地位や財産が平等で，奢侈によって腐敗していないことが必要である。ところが，そのうえで彼は次のような判断を下す。すなわち，「もし神々からなる人民があれば，その人民は民主政をとるであろう。これほどに完全な政府は人間には適しない」（97-8頁）のである。

　とはいえ，第15章でも述べるように，19世紀になると，産業化の進展とともにイギリスで選挙法改正（第一次1832，第二次67，第三次84）が行われ，アメリカでもジャクソン大統領の時代に白人男子の普通選挙が各州で実施された。こうしたなか，デモクラシーのイメージが肯定的なものへと変わる一つの大きな分水嶺となったのが，アレクシ・ド・トクヴィル（1805-59）の『アメリカのデモクラシー』1835, 40であった。フランスの貴族出身の彼は，1831年にアメリカを訪問することによって，平等化という「抗いがたい革命」が進行していることを発見する。それ

ゆえに彼は,「すべてが新しい社会」における「新たな政治学」の必要を主張することになった（第1巻上15-16頁）。

しかし,その一方でトクヴィルは,デモクラシーに期待をかけるとともに「何を恐れるべきか」を知ろうとする（第1巻上28頁）。そして,同時代のイギリスのJ. S. ミルや,あるいはフェデラリストやバークと同様にトクヴィルが強く危惧したのが,少数者が抑圧される「多数の暴政」の危険であった。

デモクラシーの時代

このような過程を経て,現在のようにデモクラシーが「普遍」的な理念として定着したのは,わずか100年余り前の第一次世界大戦以降のことである。この戦争は総力戦となり,女性も動員されたため,イギリスやアメリカ,ドイツなどで女性参政権が実現した。もっとも,このことは古代ギリシアでも見られたデモクラシーと戦争との関連を示す一例でもあろう。少し遡れば,「人民の人民による人民のための統治」の一節で知られるリンカーン大統領の「ゲティスバーグ演説」1863も,奴隷制をめぐって勃発した南北戦争の戦死者を追悼するためのものであった。

この時代においてはまた,自律的な個人とは異なる「大衆」massの登場が強く懸念された。「大衆」とは一般に,凡庸で画一的で,無責任な群衆としてイメージされる。スペインの哲学者オルテガ・イ・ガセット（1883-1955）は,『大衆の反逆』1930において,このような「大衆」が新たな支配者の

図2-6　デモクラシーと平和の理想
（Bartlett, 1916）アメリカ連邦議会

座に就いたことがヨーロッパ文明における「最大の危機」であることを
以下のように警告した。

　「それが良いことか悪いことかはともかく，現在のヨーロッパ社会には
　一つの重大な事実がある。それは，大衆が完全に社会的権力の前面に躍り
　出たことである。大衆はその定義から見て，自分の存在を律すべきではな
　く，またそもそも律することもできず，ましてや社会を統治することもで
　きないのだ。この事実は，ヨーロッパが今や，民族，国民，文化として被
　り得る最大の危機に見舞われていることを意味している」(63頁)。

　こうして，デモクラシーの理念を掲げた西洋諸国は間もなく，ヒト
ラーをはじめとする独裁者の登場や第二次世界大戦の勃発といった，自
己のアイデンティティーを揺るがす大きな危機に実際に直面することに
なったのである。
　このように，デモクラシーの系譜を歴史の観点から辿り直すと，それ
が古代ギリシアから現代に向けて順調に発展・進歩したものではなく，
むしろ常に批判され，警戒されていたことが分かる。現代のデモクラ
シーは果たして，過去からの異論や反論を克服できているだろうか。し
かし，デモクラシーが「普遍」的なものではないとすれば，そのことは
また，デモクラシーを持続的に維持し発展させるためには，あくまでも
人間の意志や不断の作為，あるいは一定の政治的な教養や技術が欠かせ
ないことを示唆するようにも思われる。
　そして，このようなデモクラシーの歴史の，とくに近代以前における
空白はまた，西洋を舞台とした政治思想の歴史が無意味であったことを
おそらく意味しない。以下の各章では，このような過去に向かい合い，
歴史の観点から改めて，古代ギリシアから近代にかけての政治をめぐる
物語を語り直してみたい。この歴史の重要性についてオルテガは次のよ

うに述べる。「歴史的知識は，成熟した文明を維持し継続するための第一級の技術である」。ところが，「過去のある部分を呑み込めずに取り残しておくと，未来は負けてしまう」のである（175，178頁）。

参考文献

プラトン『プロタゴラス』中澤務訳，光文社古典新訳文庫，2010年
　　　　『国家』（上下）藤沢令夫訳，岩波文庫，改版2008年
　　　　※プラトンの著作からの引用は，本文中の括弧でステファヌス版プラトン全集（1578）の頁数と段落を示し，その後に上記の文献の頁数を記載している。
トゥキュディデス『歴史』（久保正彰訳『戦史』中公クラシックス，2013年）
イソクラテス『ニコクレス』小池澄夫訳（『弁論集1』京都大学学術出版会，1998年）
アリストテレス『政治学』神崎繁他訳（『アリストテレス全集17』岩波書店，2018年）
　　　　※本文中の括弧では，ベッカー版アリストテレス全集の頁数と欄（aは左欄，bは右欄）を先に示した後に上記の文献の頁数を記載している。
クリック『デモクラシー』添谷育志，金田耕一訳，岩波書店，2004年
ハミルトン，ジュイ，マディソン『ザ・フェデラリスト』斎藤眞，中野勝郎訳，岩波文庫，1999年
バーク『フランス革命の省察』半澤孝麿訳，みすず書房，新装版1997年
ルソー『社会契約論』桑原武夫，前川貞次郎訳，岩波文庫，1954年
トクヴィル『アメリカのデモクラシー』全2巻，松本礼二訳，岩波文庫，2005-8年
オルテガ『大衆の反逆』佐々木孝訳，岩波文庫，2020年
橋場弦『古代ギリシアの民主政』岩波新書，2022年
宇野重規『民主主義とは何か』講談社現代新書，2020年

3 | 政治と教養

《**目標＆ポイント**》 西洋文明の基礎となった古代ギリシアに由来する教養や徳論の伝統に着目し，そのうえで，『国家』に代表されるプラトンの政治思想をソクラテスの影響やレトリックとの相剋，そして政治と哲学との緊張という観点を加えて理解する。
《**キーワード**》 教養，徳，レトリック，哲学，プラトン，正義

1. 政治と教養

　古代ギリシアは，政治やデモクラシーについて人びとが語り始めた一つの舞台であった。前章でも見たように，そこでは，神話や物語だけでなく，ペリクレスの演説やトゥキュディデスの歴史，そしてプラトンやアリストテレスの哲学などを通じて様々な意見が交わされていた。だとすれば，西洋政治思想史における古代ギリシアの重要性は，これらの多彩な言語や言説，あるいは思考様式そのものを生み出す母胎であったことにも求められるだろう。古代のギリシアとローマは，のちのキリスト教とともに西洋文明の知的な基盤になる。そして，以降の一連の知的な営為を育んだのが「教養」であったと考えられる。この教養とは何であったのか。それはまた，政治とはどのような関係にあったのか。本章では，このような教養や徳論の伝統を踏まえたうえで，プラトンによって「政治哲学」が生まれる場面に目を向けてみたい。
　古代ギリシアにおいて「教養」は，教育をともに意味するパイデイア

と呼ばれていた。それはまた，のちのローマや中世の自由学芸を経て，ルネサンスの人文主義へと受け継がれていく。この教養の伝統においては，あるべき真の人間の姿を目指し，「徳」を身につけることが求められた。英語では virtue である「徳」は，ギリシア語ではアレテーであり，卓越性や，ものに本来具わる能力や優れた働きを原義としていた。眼のアレテーはものが良く見えることであり，馬のアレテーは速く駆けることにある。したがって，人間としての完成や，自由人にふさわしく生きるために必要とされたのが徳であり，教養であった。なかでも重要とされた枢要徳が知恵（もしくは思慮），正義，勇気，節度であり，のちのキリスト教の時代になると，これに信仰と希望と愛が加わる。しかも，これらの徳は以降のヨーロッパにおいて，絵画や装飾，あるいは式典や演劇などを通じて寓意化・具現

図 3-1　のちのルネサンス期における善政の寓意
都市シエナを示す人物を中心に 6 つの徳（左から平和，勇気，思慮，大度，節度，正義）が並ぶ（ロレンツェッティ，1338-40）

化され，人びとの目にも触れるようになった。

　リベラル・アーツという言葉にも含意されているように，教養は専門的な技術とは異なり，人間が自由になるための，学芸や技芸なども含む広い意味での「アート」であったと考えられる。しかも，古代ギリシアにおいて見逃せないのは，教養がまた，ポリスの市民を育成するものと見なされていたことであろう。それゆえ，たとえばプラトンの『法律』によれば，「正しく支配し支配されるすべを心得た，完全な市民になろ

うと，求め憧れる者をつくりあげる」ことが徳の教育の目的とされた（644A; 上69-70頁）。古代ギリシアの教養は，このように，徳を身につけた「完全な市民」になるための政治的な教養でもあったのである。

2. レトリック

このような「支配し支配される」ための教養には二つの系譜があったとされる（廣川洋一『ギリシア人の教育』）。その一つが，プラトンを起点とする哲学的，あるいは数学的な教養である。のちにも述べるように，普遍的な真理や厳密な知識を求めるこの伝統は，近代哲学や，あるいは科学へと至る西洋哲学の本流とされてきた。その一方で，近年になって改めて注目されるようになったのが，もう一つのレトリックの教養である。このレトリックは，修辞学や弁論術としても知られるが，言葉を巧みに飾るだけでなく，広く言語活動一般を可能にする実践的な「わざ」とも言える。ところが，近代以降，詭弁や巧言といった批判に加え，とくに合理的・科学的な思考が重視されるなかで，レトリックは知的な信用を失うことになった。

しかし，近代に至るまでの西洋の教養はむしろ，古代ローマのキケロやルネサンスの人文主義にも見られるように，レトリックの伝統に負うところが大きい。レトリックは，会話や討論などを活性化させ，思想や意見を生み，行動を促してきた。アリストテレスの『弁論術』によれば，それは「どんな問題でもそのそれぞれについて可能な説得の方法を見つけ出す能力」（1355b; 31頁）であり，論理的な立証だけでなく，人びとの感情に訴えることや，話者に対する信頼を得ることが求められる。しかも，状況の変化に対応し，他者を相手にする弁論においては，必ずしも厳密ではない，蓋然的なものを前提に説得がなされる。このようなレトリックは市民が集まり議論を交わす民会や法廷，そしてペリクレスの

葬送演説に見られるような儀式や祭典の場でも実際に駆使された。それゆえ、政治の舞台に立ち、立身を目指す当時の若者は、この弁論術を競って学ぼうとしたのである。古代ギリシアの政治、そしてアテナイのデモクラシーは一方で、このようなレトリックの教養によって支えられていたとも言えるだろう。

図3-2　アクロポリス南麓のディオニュソス劇場　民会も開催された

　レトリックの技法は、紀元前5世紀に僭主政から民主政に移行したシチリアのシラクサで生まれたとされ、プロタゴラスやゴルギアス、トラシュマコスといった弁論家やソフィストと呼ばれる知識人によって広まった（ソフィストはもともと「知者」を意味したが、授業料を取って弁論術を教えていた）。前章冒頭で紹介したプラトンの『プロタゴラス』において、プロタゴラスは、国事を実践し、論じるだけでなく、優れた市民を育成するための政治の技術を教える人物として登場する。また、同じプラトンの『ゴルギアス』において、登場人物のゴルギアスは、弁論家の政治的な役割や能力を次のように述べる。「つまり、法廷では陪審員たちを、政務審議会ではその議員たちを、民会では民会に出席する人たちを、またその他、およそ市民の集会であるかぎりの、どんな集会においてでも、人びとを説得する能力があるということなのだ」（452E; 31頁）。シチリア出身のゴルギアスは実際に、外交使節としてアテナイの民会で演説して人気を博し、その後は諸国をめぐって弁論術を教授した。

　こうしたなか、このゴルギアスなどから弁論術を学び、それを有徳な

図3-3 イソクラテス

生活や実践的な思慮を育むための教養として捉え直したのがイソクラテス（前436-338）であった。彼は前390年頃，プラトンの学園アカデメイアに先立って弁論術の学校を創設したことで知られる。彼はまた，言論が最も多くの善をもたらすことを称揚し，『アンティドシス』などで，それが人間的な交際や野蛮と対比される生活を促すだけでなく，都市の建設や法律の制定，技術の発明などを可能にしたことを次のように強調した。

　「互いに説得し，また欲するところのことについて自分自身に明らかにすることができるようになってはじめて，われわれは野獣の生活から訣別したばかりでなく，集まって城市を建設し法律を立て技術を発明したのであるが，われわれの工夫考案のほとんどすべては，言葉がこれを準備したのである」（『弁論集』（1）41頁，（2）236頁）。

　前章でも紹介したように，イソクラテスは一方で君主政の優れた点を指摘し，スパルタに敗北した後のデモクラシーの頽廃やアテナイの海上覇権の野望を批判した。もっとも，他方で彼はまた，ギリシア全体がまとまり，ペルシアに対抗すべきことを繰り返し説く。しかも彼はソロンやクレイステネス，そしてペリクレスなどを最上の雄弁家とみなし，これらの父祖たちがかつて，言論を通じてアテナイのデモクラシーに栄光をもたらしたことを繰り返し称賛した。イソクラテスはこうして，言論の力を向上させ，人間性の涵養や政治の実践に不可欠な教養を育むことを目指したのである。

3. プラトンの政治哲学

ソクラテスとプラトン

　ところが，アテナイのデモクラシーだけでなく，このレトリックの教養に対しても厳しい批判を加えたのがプラトン（前427-347）であった。彼がアテナイの名家に生まれた時にはすでにペリクレスが亡くなり，混乱の時代を迎えていた。その一方で，『ソクラテスの弁明』から『国家』などを経て『法律』に至る彼の作品群は，古代の作者では稀有なこととして，そのすべてが現代に伝わっている。しかも，それらに記された彼の哲学は，「西洋の哲学史はプラトンの脚注にすぎない」（ホワイトヘッド）とも言われたように，後世に多大な影響を与えた。20世紀になると，プラトンの理想国家と全体主義との関連が哲学者のカール・ポパーらによって強く批判されたこともあったが，このことはむしろ，その誤解も含めたプラトン哲学の強い魅力を物語っている。

　ところで，この「哲学」もまたギリシア語に由来し，知を愛すること（フィロソフィア）を原義とする。この点ではイソクラテスもレトリックの教養を哲学と見なしていたが，彼の場合は，思慮（フロネーシス）とも呼ばれる，状況の変化に応じた蓋然的な知を重視した。これとは対照的に，プラトンの教養・哲学は一般に，思い込みや臆見（ドクサ）を批判し，数学などの厳密な知識に加え，ものの本質や実体としての永遠で同一なイデアを追究したことで知られる。このイデアの世界と現実のドクサの世界との対比は，有名な洞窟の比喩によっても説明される。すなわち，太陽（イデア）の光に照らされている外の世界に対し，人間はいつも洞窟の奥を向き，影を見ているにすぎないのである。さらに，プラトンはまた，彼の作品が対話形式で書かれたことに端的に示されているように，修辞や弁論による説得ではなく，問答法（ディアレクティ

ケー）による真理の追究を目指した。

　このような対話による哲学の営みをプラトンに促したのは，40以上も歳が離れたソクラテス（前469-399）であった。プラトンの対話篇には，そのほとんどにソクラテスが登場するが，実際に彼はアゴラと呼ばれた広場などで問答を繰り返していた。そうすることで彼は，「知っている」（と思い込んでいる）事柄を教えるソフィストとは対照的に，「知らない」ことから探究を始め，臆見を明らかにするとともに，「魂への配慮」や「善く生きること」に相手を誘ったのである。

　ところが，ペロポネソス戦争後の混乱のなかで，ソクラテスは公認の神々を信ぜず若者を堕落させたとして告発され，前399年，当日に抽選された裁判員による民衆裁判によって死刑となる。アテナイは敗戦後の一時期にスパルタの影響下で寡頭政（三十人政権）になったが，その後の内乱を経て民主政を復活させたばかりであった。それゆえ，この裁判は，見方によればデモクラシーとソクラテス，あるいは政治と哲学との対決や緊張を示すものと言えるかもしれない。ソクラテスは実際の政治には積極的に関わっていなかったが，クリティアスなどの弟子が三十人政権を担っていたことも彼に対する嫌疑を強めたと考えられる。しかし，『ソクラテスの弁明』によれば，彼は裁判において，アテナイの市民に対して利益や評判や名誉などではなく，あくまでも知を愛し，真理や魂を配慮することを以下のように訴えた。

　　「アテナイの皆さん，私はあなた方をこよなく愛し親しみを感じています。ですが，私はあなた方よりもむしろ神に従います。息のつづく限り，可能な限り，私は知を愛し求めることをやめませんし，あなた方のだれかに出会うたびに，勧告し指摘することをけっしてやめはしないでしょう。いつものように，こう言うのです。『世にも優れた人よ。あなたは，知恵

においても力においてももっとも偉大でもっとも評判の高いこのポリス・アテナイの人でありながら、恥ずかしくないのですか。金銭ができるだけ多くなるようにと配慮し、評判や名誉に配慮しながら、思慮や真理や、魂というものができるだけ善くなるようにと配慮せず、考慮もしないとは』と」(29D-E; 61-2頁)。

図3-4 ソクラテスの死（ダヴィット、1787）

ソクラテスはまた、友人から脱獄を勧められたが、それが善き生や正しさに適うことかどうかを問い、アテナイの法に従って毒杯を仰いだ。そして、このことに大きな衝撃を受けたプラトンは、ソクラテスを死に至らしめた政治の問題を哲学の観点から原理的に問い直すことになる。政治哲学はこうして、プラトンによって産み出されたのである。

政治哲学とレトリック

　プラトンは、この政治哲学の立場から弁論家やソフィストのレトリックを強く批判した（これ以降、ソフィストには詭弁家としての否定的なイメージが定着する）。たとえば、先に紹介した『ゴルギアス』のなかで、登場人物のゴルギアスは弁論家の技量を示したうえでさらに、レトリックの力を強調し、医術などの他の専門的な技術についても、それらを持っているように見せかけ、人びとの支持を獲得できることを次のように強調する。

「いまかりに，弁論の心得ある者と医者とが，君の望むどの国へでも出かけて行って，民会でなり，あるいはその他のなんらかの集会において，彼らのうちのどちらが，公務のために働く医者として選ばれるべきかを，言論によって競争しなければならないとしてみよう。その場合には，医者は全くものの数ではなくて，弁の立つ人のほうが，その気になりさえすれば，選ばれることになるだろう」（456B-C; 43-4頁）。

　しかし，「知らないこと」でも「知っている」ように思わせるレトリックは本当に説得的なのであろうか。プラトンは登場人物ソクラテスを通じて以下のように反論する。

　「果して弁論の心得ある者は，正と不正，美と醜，善と悪についても，ちょうど健康に関することや，その他ほかの技術の対象となっているものを取扱う場合と，まさに同じような取扱いをするものなのでしょうか。つまり，何が善で何が悪か，何が美で何が醜か，また正か不正かという，それらの事柄そのものについては，何も知らないのだけれども，しかし，それらの事柄について説得する方法は工夫しているから，そこで，自分は知らないながらも，同じようにものごとを知らない人たちの前でなら，知っている者よりも，もっと知っているのだと思われるようにするのでしょうか」（459D; 53頁）。

　プラトンによれば，弁論術は最善を目的にせず，正義とは何かを知らないまま市民に迎合する「政治術の一部門の影」（463D; 66頁）に過ぎない。それは，医術や体育術が身体の善を目指すのに対し，料理術や化粧術が快を求めることと同様である。そして，政治の技術はまさに，港湾や城壁などを築くものではなく，人間の魂を優れたものにし，立派な市民となるよう配慮するものなのである。もっとも，以上の対話は，そ

れ自体がまさに言論の技術に立脚したものであり，弁論家やソフィスト
とは異なる，最善を目的とした「真の弁論術」（517A; 248頁）があるこ
とは否定されない。しかし，先のイソクラテスの見解とは逆に，真の弁
論術によって徳ある市民を育てた優れた政治家はペリクレスを含め一人
もいなかった，というのがプラトンの診断であった。

プラトンと政治

　プラトンは『ポリティコス』のなかで，この政治の技術に関する議論
をさらに展開し，それが弁論術だけでなく，裁判術や戦争術を支配する
とともに，ポリスに関連するすべての事柄に配慮しつつ，全体を「一枚
の織物」のように完璧に織り上げる知識であるとも説明する。それは王
者の持つべき知識なのであり，したがって，デモクラシーにおける多数
者の集会や籤引きの仕組みとは相容れない。また，これとの関連で，法
律の現実的な重要性が強調されながらも，その一方で，政治の技術が法
律よりも優れていることが，以下のような船の比喩によって語られてい
ることも見逃せない。

　　　「船の舵をとる船長が，自分の船と水夫たちとの利益をたえずつぶさに
　　　注視しつつ，文字に書かれた航海規則書などを利用することによってでは
　　　なく，ただ自分の持っている技術だけを活用することによって，その船の
　　　同乗者全員の生命を守ってやるようなばあいと同様なことが，われわれの
　　　政治家のばあいにも言えるのではないだろうか」（『ポリティコス（政治
　　　家）』296D-297A; 326頁）。

　このような，プラトンが考える最善の政治の姿は，彼が経験したアテ
ナイの現実とは対照的である。彼が晩年に書いたとされる「第七書簡」
によれば，名家の血筋を引く彼もまた，若い頃にはポリスの政治に参画

することを志していた。しかし，彼の親族でもあったクリティアスやカルミデスが深く関与していた三十人政権の恐怖政治や，デモクラシーのもとでのソクラテスの刑死といった現実に直面したプラトンは，事態の転変に「眩暈」を覚え，実際の政治からは距離を置くことになる。

　　「こうしたことから，初めは国家公共の事柄にたずさわろうと逸る気持に満ち満ちていたわたしも，これらの事態を目にし，万事がすっかり転変してゆくさまを見ているうちに，ついには眩暈をおぼえるに至り，こうした事態そのものについても国政全般についても，一体いかにすればよりよい状態になりうるかを考察することこそやめはしなかったが，実際行動については，あくまでも好機を待つことにした」(325D-326A; 246-7頁)。

　しかし，このような失望と挫折は逆に，プラトンを，アテナイという言わば洞窟の世界から哲学の世界に向かわせ，デモクラシーの市民や弁論家とは異なる，有名な哲人王の構想を生み出すことになる。もっとも，一方でそれがアテナイの現実政治からの後退でもあったとすれば，このことは，政治哲学がその始まりにおいてすでに，政治の実践と観念的な哲学との緊張を内包していたことを物語るのかもしれない。

4. 『国家』

正義とポリス

　こうして，プラトンの『国家』（ギリシア語では国制や政体を意味するポリテイア）では，哲学や正義の観点から理想のポリスが描かれることになる。そこではまず，正義をめぐる様々な意見が提示され，借りた物を返す，あるいは友を利し敵を害するといった通俗的な見解が考察される。なかでも強力であったのが，登場人物のトラシュマコスによる，正義は「強者の利益」とする主張であった。このソフィスト的な正義論

は、『ゴルギアス』に登場するカリクレスによっても共有される（のちの19世紀末には「奴隷の道徳」を批判したニーチェにも影響を与える）。これに対してプラトンは、技術は対象の利益をはかるものであり、したがって強者である支配者の技術は、弱者である被支配者の利益を配慮するものだと反論した。

図3-5　プラトン
（ラファエロ，1509）

しかし、そうはいっても、人間の本性はあくまでも不正による利得を求めるのであり、むしろ正義の見せかけや評判の方が望まれるのではないか。あるいは、正義とは弱者が害を被らないように結んだ契約にすぎないのではないか。これらの更なる疑問に対して、プラトンは正義そのものを探究し、それが何かを根源的に問うことを通じて、正義が人間の魂にとって最善であることを明らかにしようとする。

もっとも、プラトンはここで議論の対象を国家へと拡大した。すなわち、人間の内なる魂のレベルよりもポリスにおける正義の方が大きくて分かりやすいとして、彼が理想とする正しいポリスの姿を示したのである。このような一見唐突にも思える議論の展開には、個人とポリスをパラレルなものとして捉える、同時代に特徴的な思考の反映が見られる。彼はまた、このような「言論のうちに存在する」理想国家を提示する際の理論的な前提として、所与の現実を括弧に入れて考慮から除外した。このことは、画家が「画布の汚れを拭い去って浄らかにする」ことにも喩えられる（501A; 下68頁）。さらに、のちにアリストテレスからも指摘される、「どこにも存在しない」観念的なポリスの実現可能性の問題についても、プラトンは、それが証明できないとしても理想的な範型としての価値は失われないとして批判をかわそうとした。

こうして描き出された理想のポリスは，公職者が籤によって選ばれ，弁論家がレトリックを駆使するアテナイのデモクラシーとはまったく異なるものになった。それは，統治者である守護者，戦士である補助者（広義には守護者に含まれる），農夫や職人などの民衆という三つの階層から構成される。しかも，このようなポリスの構造は，人間の魂の区分や枢要徳とも密接に連関し，ここにポリスと個人が相似する，分裂のない一つの理想的な秩序が成立する。すなわち，守護者は個人の魂における理知的部分，戦士は気概的部分，それ以外の多数の民衆は欲望的部分にあたり，それぞれ知恵と勇気と節度が求められるのである。そして，プラトンによればまさに，これらのポリスの階層や魂の部分や三つの徳に秩序と統一をもたらすのが正義であった。それはまた，三つの音が調和するように，各人が自然本来の素質に応じて各人に最も適した固有の仕事をすること，あるいは，戦士は戦士，農夫は農夫，職人は職人として各々の分を守ることとも説明される。すなわち，正義とは，「ほんとうの意味での自己自身と自己自身の仕事にかかわるもの」なのである（443D; 上367頁）。

守護者と哲人王

　以上の三つの階層のなかでも特異なのが守護者である。プラトンによればまず，守護者において性別の違いは本質的でなく，女性も男性と同様に徳を身につけて国を守る役目を担う。このような男女共同の主張は，同時代の通念を覆すものであるだけでなく，以降の西洋政治思想の歴史のなかでも稀有である。それはまた，所与の現実を括弧に入れ，見えない真理や自然本性を想像することによって初めて生まれた発想とも言えるだろう。しかし，その一方でプラトンはまた，守護者による財産の私有を禁じるだけでなく，妻子（あるいは夫と子供）も共有にして家族制

度を否定する。なぜなら，これによってポリスが一人の人間のように結合され，優れた支配者が再生産されるからである。そして，人びとの嘲笑や軽蔑を意識しつつ彼が提示したのが，政治的権力と哲学的精神とを一体化した哲人王の理想であった。すなわち，「哲学者たちが国々において王となって統治するのでないかぎり」，「あるいは，現在王と呼ばれ，権力者と呼ばれている人たちが，真実にかつじゅうぶんに哲学するのでないかぎり，〔……〕国々にとって不幸のやむときはないし，また人類にとっても同様だとぼくは思う」(473D; 上452頁)。

したがって，『国家』においてはまた，永遠で同一のイデアを想起する哲人王や守護者を生み出すための教育が重視される。しかも，プラトンによれば，守護者となるには体育や音楽，文芸だけでなく，算数や幾何学，天文学などの数学的な科目を通じて魂を真理に向け変え，哲学的な問答法によって善のイデアを認識することが求められる。そのうえで，実務の経験を含めて50歳になった男女の守護者は，やむをえない仕事として順番に統治を担うように強制されるのである。しかも，その一方で彼は，このような政治教育を一つの目的として，実際にアカデメイアに学園を創設したが，その出身者には各地のポリスで政治や立法に携わった者が少なくない。そして，彼自身もまた，シラクサの僭主ディオニュシオス2世に対して，2度にわたって哲人王教育を試みたのである。

ところが，この哲人王教育は失敗に終わった。このことは，ソクラテスの刑死や若きプラトンが経験した眩暈などにも見られたような，政治と哲学との緊張を暗示する。プラトンによれば，実際のポリスは，クレタやスパルタのような名誉や軍事を重視する政体か富者が支配する寡頭政などであり，いずれも不完全である。前章でも述べたように，なかでも貧者と欲望が支配するデモクラシーは無秩序に陥り，過度の自由に対する反動から最悪の独裁政や僭主政を生み出すことが危惧された。それ

ゆえ，理想のポリスを想起した哲学者はむしろ，政治とは距離を置き，多数者の狂気や万人の狂暴といった嵐を避けようとするのではないか。『国家』の第9巻の末尾では，「どこにも存在しない」最善のポリスについて，次のような発言もなされた。

　　「それはおそらく理想的な範型として，天上に捧げられて存在するだろう〔……〕。しかしながら，その国が現にどこかにあるかどうか，あるいは将来存在するだろうかどうかということは，どちらでもよいことなのだ。なぜなら，ただそのような国家の政治だけに，彼は参加しようとするのであって，他のいかなる国家のそれでもないのだから」（592B; 下335-6頁）。

　もっとも，プラトンはその後，たとえば『ポリティコス』や最晩年の『法律』において，哲人政治の理想とは別に，次善の方策としての法律の重要性を強調することになる。『法律』ではまた，より現実的な植民国家の設立が議論され，市民教育や政治的教養の必要が指摘されるとともに，君主政と民主政，あるいはスパルタとアテナイの制度を混合した具体的な国制が考案された。しかし，観念的なイデアを志向したプラトンに対して，同時代の現実のポリスを舞台とする多様で錯雑した政治の世界に目を凝らしたのはむしろ，次章で紹介するアリストテレスであった。

参考文献

アリストテレス『弁論術』戸塚七郎訳，岩波文庫，1992年
　　※本文中の括弧では，ベッカー版アリストテレス全集の頁数と欄（aは左欄，bは右欄）を先に示した後に上記の文献の頁数を記載している。
イソクラテス『弁論集』（1・2）小池澄夫訳，京都大学学術出版会，1998, 2002年

プラトン『法律』（上下）森進一，池田美恵，加来彰俊訳，岩波文庫，1993年

『ソクラテスの弁明』納富信留訳，光文社古典新訳文庫，2012年

『ゴルギアス』加来彰俊訳，岩波文庫，改版2007年

『国家』（上下）藤沢令夫訳，岩波文庫，改版2008年

『ポリティコス（政治家）』水野有庸訳（『プラトン全集3』岩波書店，1976年）

「第七書簡」（ブラック『プラトン入門』内山勝利訳，岩波文庫，1992年所収）

※プラトンの著作からの引用は，本文中の括弧でステファヌス版プラトン全集（1578）の頁数と段落を示し，その後に以上の文献の頁数を記載している。

廣川洋一『ギリシア人の教育』岩波新書，1990年

4 | ポリスの政治学

《目標&ポイント》 アテナイやスパルタなどを中心とした古代ギリシアのポリスの世界を前提とし，西洋政治思想の一つの重要な範型となったアリストテレスの政治学について，その特徴を，『ニコマコス倫理学』との関連や『政治学』のポリス論や国制論を通じて理解する。
《キーワード》 ポリス，スパルタ，アリストテレス，倫理，実践学，国制

1. ポリスの世界

図4-1 シチリア，アグリジェントのギリシア神殿

古代ギリシアのポリスでは一般に，祭祀の場としての小高い丘（アクロポリス）やアゴラと呼ばれる広場を中心に，戦士でもある市民の生活が営まれていた。そこではまた，自由人としての教養や徳が求められ，レトリックを身につけた政治家や弁論家が活躍していた。しかし，アテナイのパルテノン神殿が白色ではなく，もともとは極彩色であったことに象徴されるように，各地のポリスでは多彩で多様な政治の世界が見られた（地中海や黒海の沿岸には，現在のマルセイユやナポリ，シラクサやビザンティオンなどの植民市が建設される）。たとえば，第2章で述べた

ように，アテナイはデモクラシーの仕組みを整えるとともに，デロス同盟の盟主になるなどして，エーゲ海を中心に勢力の拡大を図った。これに対してアテナイの転変を目にしたプラトンは，魂に配慮し善き生を営むことを政治に求め，哲人王や守護者が指導する理想のポリスを構想した。

こうしたなか，アテナイとギリシアの覇権を争い，もう一つ別のモデルとなったのがスパルタであった。スパルタは，のちに混乱と無秩序のイメージが定着したアテナイとは異なり，古代ローマとともに共和政のモデルとして受容される。

図4-2　リュクルゴスのレリーフ（1950）アメリカ連邦議会

のちの時代の歴史家プルタルコス（46頃-120以後）の『対比列伝』（『英雄伝』）には，アテナイのテセウスやソロンなどとともに，このスパルタの伝説的な立法者であるリュクルゴスについての逸話が記されている。それによれば，リュクルゴスは，彼が定めた国制を帰国するまで変えないことを市民と約束したうえで，国を去り，命を絶ったという。

> 「政治に携わる者の死は政治家らしくあらねばならず，その生命の終焉は無為無策ではなく，政治家としての徳と行動の一部であるべきだと考えた。また，数々の立派な仕事を成し遂げた彼にとっては，死とは正真正銘幸福の完成であり，彼が帰ってくるまで国制を守ると誓った市民たちにとって，自分の死を，生涯をかけて工夫し与えてきたさまざまな立派なことの守護者として遺すこととなる，彼はそう考えたのであった」（『英雄伝1』168頁）。

このリュクルゴスの伝承は立法者の模範として後世に語り継がれる。その一方で，実際のスパルタの国制は複合的であり，2人の世襲の王と

終身の28名の長老によって構成される長老会によって指導され，エフォロイと呼ばれる５人の１年任期の監督官が権力を握った。スパルタはまた，共同食事の習慣や，スパルタ教育の語源にもなった集団的な軍事訓練で知られるとともに，経済活動が厳しく制限されていた。それゆえ，スパルタには以降，軍事や武勇に秀でるとともに，質素で有徳な生活を送り，奢侈や富とは無縁であるという一つの理想的な共和政のイメージが重ね合わせられたのである。同時代においても，プラトンは『国家』や『法律』において，名誉と気概を重んじ，支配権を混合させたスパルタを次善のポリスとして一定の評価をしていた。また，プラトンと同世代であり，『ソクラテスの思い出』やペルシア王を題材とした『キュロスの教育』などで知られるクセノポン（前430/428頃-352頃）も同様に，彼と親しかったスパルタの王アゲシラオスや，リュクルゴスの法に由来する制度や慣習を称賛したのである。

2. アリストテレス

学問の世界

　本章では以下，アテナイやスパルタをはじめとする多様なポリスの世界を見据え，プラトンの観念的な理想国家とは異なる政治学を展開したアリストテレス（前384-322）を取り上げる。彼は自然学や論理学，生物学，倫理学，修辞学，詩学などの諸学の祖としても知られるが，政治学においても，ポリスという共同体を範型としつつ，以降の西洋政治思想における基本的な枠組みを提供した。

　アリストテレスは，ギリシアの北方にある小国スタゲイラに生まれた。父は隣接するマケドニアの国王の侍医であった。17歳の時にプラトンのアカデメイアに入り，20年に亘って勉学を続け，教育にも携わった。その後，アカデメイアで学んだ小アジアの僭主ヘルミアスのもとに赴くな

ど遍歴の日々を送り，前343年，マケドニアの王子（のちのアレクサンドロス大王）の家庭教師として招聘される。前335年にはマケドニアの支配下に置かれたアテナイに戻り，郊外のリュケイオンに学園を開く。『ニコマコス倫理学』や『政治学』を含む，現代に伝わる彼の著作群の多くは，そこでの講義録がのちに編集されたものである。もっとも，アテナイにおいて彼はあくまでも在留外国人であり，正規の市民ではなかった。しかし，このことを含む以上の経歴は，彼とマケドニアとの繋がりを示すとともに，ギリシアを中心とした世界を広く俯瞰することを可能にしたとも考えられる。

図4-3 アリストテレス（ラファエロ，1509）

　政治学を含むアリストテレスの学問の一つの特徴は，プラトンと比較すると，眼に見える実際の世界についての観察に基づき，体系的な分類を行ったことにある。ただし，アリストテレスは同時にまた，そうした現実の世界や個々の事物のなかに何らかの目的（テロス）が含まれていると考えた。このことは，しばしば植物の種子を例に説明される。そうした種から芽が出て，葉が広がり，花を咲かせるように，事物にはそれに向かう目的が内在している。人間やポリスも同様に，潜在する可能性を開くことで完全になる。このような，生物学的とも言える目的論的な世界観に対して，近代的な世界観の特徴は，ホッブズにも見られるように，あらゆる現象を機械論的な因果関係で捉えることにある。例として挙げられるのは時計であり，その歯車は時を刻むという目的ではなく，ぜんまいを巻くことによって動くのである。

　アリストテレスはこうして，近代の機械論的な世界観や，あるいはイ

デアを想起するプラトンとは異なって，目的論的な観点から世界や人間を眺め，多くの学問の分野を切り開いた。この学問の世界は大きく三つに分類される。すなわち，理論学と実践学と制作学である。一つ目の理論学は，自然学や数学，形而上学などを含み，真理や原理を探究する。ちなみに，ここで言う「理論」（テオリア）は，観察や観想，見物といった「見ること」を原義とし，英語のセオリーtheory の語源となる。しかし，併せて見逃せないのは，政治学が，この理論学に含まれていなかったことであろう。政治は「実践」（プラクシス）に関わるのであり，それゆえ，政治学は，倫理学や家政学とともに，行為を目的とする実践学に分類されていたのである。

　このような学問の区分は知識のあり方にも対応する。理論学を支えるのは，「他の仕方ではありえない」必然的で永遠的な事柄に関わる厳密な知（エピステーメー）である。これに対して実践学は，「他の仕方でありうる」可変的な事柄を対象とする蓋然的な知，すなわち思慮（フロネーシス）に立脚する。彼はまた，この知的能力をさらに，詩学や修辞学などの制作学に関連する技術（テクネー）などに分けた（他の二つは，基本的な原理を直観的に把握して神的な対象を観想するヌースと最も厳密で根源的なソフィアである）。

　このように，アリストテレスは，政治学を学問の体系になかに位置づけるとともに，人間的な事柄に関わるそれを，理論学ではなく実践学に分類し，蓋然的な知識である思慮に基づくものとした。したがって，政治学においては数学的な厳密さではなく，「大まかにその輪郭において真実を証示すること」や「大抵の場合生ずる事柄を結論として導き出すこと」で満足すべきである（『ニコマコス倫理学』1094b; 22頁）。もっとも，この思慮は他方でまた，多様で変化する状況に対応するとともに，普遍的な知識と個別的な知識の両方を備え，人間にとって最善なことを

適切に考慮することとも説明される。そして，このような政治的な思考を備え，全体と個別の善を見極めることのできる「思慮ある人」として挙げられたのがペリクレスであった（1140b; 238頁）。

　これらに関連して，人間の生活にも三つの類型があるとされる。その一つである享楽的な生活は別として，重要なのは，ペリクレスのような政治的な生活と，哲学者のような観想的な生活との対比である。どちらが人間の生き方として望ましいのか，というプラトンの『ゴルギアス』でも問われたこのトピックは，政治と哲学，あるいは観想＝理論との緊張を反映しつつ，近代に至るまで論争が続く。のちにラテン語で「活動的生活」vita activa とも称された政治的な生活は共和政ローマやルネサンスの時代に高く評価され，観想的生活はのちのヘレニズム期や帝政ローマ，中世のキリスト教社会など，非政治的な価値が強まる時代に重視される。20世紀になり，アレントは『人間の条件』のなかで，この伝統的な主題を改めて取り上げ，複数の人間が関わり合う政治や活動の意義を再評価した。

実践学―倫理と政治

　この伝統的な問いをめぐり，アリストテレスは一方で，人間の究極的な幸福は観想的な生活に存すると述べる。しかし，彼の議論はしばしば多面的で重層的である。それゆえ，彼によればまた，観想と政治，あるいは理論と実践は相互に関連しているのであり，個人にとっても，ポリスの市民にとっても最善の生は同じである。こうして彼は，人間の生き方をめぐる倫理学と政治学を同じ実践学に分類し，人間と政治に関わる事柄を学問的に考察したのである。しかも，人間の道徳を政治の問題から切り離す近代以降の見方とは異なり，彼の倫理学と政治学は，蓋然的な知識である思慮に立脚するだけでなく，密接につながり，相互に不可

分であった。彼の『ニコマコス倫理学』によれば、「政治学こそ市民たちが一定の性質の善き市民、つまり美しい行いのできる市民となるよう仕向けることに最大の関心を払うもの」（1099b、48頁）である。それゆえ、『ニコマコス倫理学』と『政治学』は連続した作品として理解できるのである。

　アリストテレスはこうして、『ニコマコス倫理学』においてまず、その善とは何か、幸福とは何かを論じた。善とは「すべてのものが求めているもの」であるが、彼によれば、そのなかでも「それ自体のために」望まれる目的が最高の善であり、それこそが幸福である。そして、この最高の善に関する「もっとも主導的な、優れて統括的な知識」として彼が挙げたのが政治学であった。

　　「政治学こそ、明らかにそうした知識にかなったものである。なぜなら、政治学はポリスに必要な知識が何であり、市民各自がどのような知識をどの程度まで学ぶべきか指図するからである。そして実際、この政治学のもとに、たとえば戦争指導術や家政術、弁論術といったもっとも尊重すべき諸能力さえも配属されているのをわれわれは見るのである。しかも、政治学はその他の実際の行為に関わる知識を使いながら、それに加えて、市民たちが何をなすべきであり、何を避けるべきであるかを立法する以上、政治学の目的は他のさまざまな知識の目的をも包含することとなり、こうしてその目的こそ「人間にとっての善」であるということになろう」（1094a−b; 20頁）。

　このように、アリストテレスにとって倫理学は一種の政治学であり、政治学は逆に、人間の善を究極的な目的とする。しかも、アリストテレスによれば、政治学は他の諸々の学問の目的を包括し、全体を統括する学問であった。

アリストテレスは『ニコマコス倫理学』においてさらに，人間の善や幸福をもたらす徳を論じ，それを勇気，節度，正義といった性格に関わる徳と，思慮などの知的な徳に分ける。彼はまた，性格の徳について，それが日々の積み重ねや反復によって習慣化された一定の性向や状態（ヘクシス）であるとともに，その本質が中庸にあることを指摘する（たとえば，勇気は無謀と怯懦の中間である）。しかし，その一方で，諸々の徳はあくまでも，それらを観想するだけでなく，実践することが求められる。しかも，そのためにこそ必要とされるのが政治学であり，法律を通じて有徳な行為を習慣づけることであった。こうして，『ニコマコス倫理学』の末尾では，立法のための政治学の計画が以下のように記されることになる。

「そこで，まずはじめに，先行する者たちによって語られた見解が何か細部にわたって適切であるかどうか，これを通覧し，次に，記録収集されたさまざまな国制に基づいて，どのような要件がそれらポリスを保全し，また滅ぼすのか，またどのような要件がそれぞれの種類の国制を維持し，また倒すのか，またいかなる原因によってそれらのポリスは適切に統治され，あるいはその反対の仕方の統治がなされるのか，ということを考察するようわれわれは試みることとしよう。実際，このような考察がなされたならば，おそらくどのような種類の国制が最善であるか，またどのようにしてそれぞれの国制が編成されれば最善のものとなるのか，またそのためにはどのような法と習慣が採用されるべきか，こうした事柄をより包括的に視野に収めることができるであろう」（1181b; 439-40頁）。

3.『政治学』

　このように，アリストテレスの政治学は倫理学を包括し，人間の善と幸福を目的として，立法によって徳の実践を促す学問であった。また，その前提として彼は，諸々の国制を調査する必要を述べていたが，実際に158もの国家の国制誌が残されたとも伝えられている（19世紀末に発見された『アテナイ人の国制』はそのうちの１冊であったが，作者は彼の弟子ともされる）。このような観察や事例をもとに，クレタやカルタゴなども広く対象に含め，ポリスについての事柄を論じたのが彼の『政治学』である。

　アリストテレスによれば，ポリスとは最高の善を目的とした至高の共同体であった。彼は『政治学』の冒頭で以下のように述べる。

　　「われわれの見るところ，すべての国家（ポリス）はある種の共同体であり，またすべての共同体は何らかの善のために構成されている以上（なぜなら，すべての人はあらゆる事柄を善と思われることのために行うからである），明らかにすべての共同体は何らかの善を目指しており，すべての共同体のうちで最も有力で，その他の共同体を包括するものは，あらゆる善のうちで最も有力な善を何にもまして目指している。これこそが，国家と呼ばれるもの，つまり国家的共同体にほかならない」（1252a; 18頁）。

彼によればまた，ポリスは自然にもとづいて家や個人よりも先行し，それ自体で自足している。このことは逆に，近代において想定される自律的な個人とは異なり，個々の人間は全体としてのポリスにおいて，はじめて完成に至ることを意味する。したがって，人間は自然にもとづいて「ポリス的動物」なのであり，そうでない者は人間ではなく，獣か神な

のである。彼はさらに，こうした人間が言葉や知性を有しているがゆえに，他の動物とは異なってポリスを形成し得ることを以下のように強調する。

　　「人間が何ゆえ，あらゆる蜂やあらゆる群集性の動物よりもすぐれた意味でポリス的動物であるかは，明らかである。なぜなら，つねづねわれわれが言うように，自然は何一つ無駄には作らないのであるが，動物のうちで人間だけが言葉をもっているからである。〔……〕つまり人間だけが善・悪，正・不正，その他を感覚するということこそが，他の動物と対比される固有の特性だからである。そして，これら善・悪や正・不正などをまさに共有することから，家も国家（ポリス）も形づくられるのである」（1253a; 24頁）。

　このようなポリスにおいてはまた，多様な人間による複数の支配関係が観察される。その一つは，すでに第1章でも述べたような，支配し支配される対等な自由人からなるポリス的な支配関係である。しかし，このような成年男子による政治の世界とは別に，ポリスには日常的な生活が営まれる家政（オイコス）の領域があった。そこでは夫と妻，父と子，主人と奴隷といった異なる関係が見られる。夫と妻は対等であるが，父は子に対して王のように支配し，そして，主人は奴隷を財産や道具として扱う。なぜなら，奴隷は自然によって奴隷なのであり，自分ではなく，他者の所有物であるからである。このような奴隷に対する主人の支配は他方で，ポリスにおける僭主政の特徴や，ペルシアなどのオリエント的な専制のイメージと重ね合わせられた（以上のような支配の類型論は，のちにジョン・ロックがフィルマーの父権論を批判し，政治的な支配との違いを強調する際にも活用される）。

4. 国制論

国制の分類と最善の国制

さて，以上のようなポリス論に続けて，アリストテレスは『政治学』の第3巻で市民とは何かを論じ，そのうえで，以降の議論の枠組みとなる国制（政体）の分類を行った。彼によれば，市民とは公職に参与する者であり，国制とは様々な公職，とくに最高の権限を有する公職の秩序づけである。この国制は，共通の利益を目的とする正しい国制とそうでない国制に大別されるが，それらはさらに統治者の数によって六つに分類される。すなわち，一人が統治する正しい国制は王政，少数の場合は貴族政となる。ところが，彼はここで，多数が支配する正しい政体を民主政とはせず，国制一般を意味する「ポリテイア」と呼ぶ。これに対して支配者の利益を重んじる逸脱した国制として挙げられるのが，王政から逸脱した僭主政と，貴族政から逸脱した寡頭政である。そして，多数が支配する正しくない国制とされたのが民主政であった。

表4-1 アリストテレスの国制（政体）の分類

	正しい国制	逸脱した国制
一人支配	王政	僭主政
少数支配	貴族政	寡頭政
多数支配	「ポリテイア」	民主政

もっとも，寡頭政と民主政についてはまた，両者を真に区別するものは富と貧困であり，寡頭政は富裕者の利益，民主政は貧者の利益を優先させる国制としても説明される。また，それぞれの国制については，様々な実例を踏まえて，さらに細かな分類がなされていることも見逃せない。たとえば民主政のなかでも，大きく豊かになったポリスではとくに，手当が支給されることによって多数の無産市民が政治に参加するようになる。ところが，そこでは民衆扇動家が活躍し，法律が支配せず，

多数者が民会ですべてを決定する。それゆえ，このポリスはもはや民主政とも言えず，国制ではないとされた。

アリストテレスはこうして，諸々の現実の国制を考察するとともに『政治学』の第2巻や第7巻などにおいて最善の国制とは何かを論じることになるが，それは「全体ができる限り一つになること」を理想とするプラトンの『国家』とは大きく異なっていた。なぜなら，ポリスは本来的に多数の，しかも種類が異なる人々から成り立っているからである。アリストテレスはまた，プラトンが主張する妻子や財産の共有を批判した。なぜなら，人びとは自分だけのものに特別な配慮や愛情を注ぐのであり，多数が共有するものには最小限の注意しか払わないからである。さらに，理想を高くしても実現できないことを前提してはならないとして，実践可能性の問題が繰り返し指摘された。そして，これらのプラトン批判を展開する一方で，アリストテレスはまず，自足が可能であり，かつ市民が相互に対面でき，全体を一望して見渡せるような人口と大きさを理想とする。そのうえで，閑暇と財産を有する市民が徳を身につけ，相互に「支配し支配される」ことが最善とされた。

それゆえ，『政治学』の第8巻ではさらに，市民が教養ある自由人になるための政治教育が重視されることになる。イソクラテスやプラトンにも見られたように，教育の問題もまた，政治とは不可分のものとされていたのである。アリストテレスによれば，「善き市民であるためには，支配することと支配に服することの両方を心得ていて，両方ともできるのでなければならない」（1277b; 141頁）。そして，このような「市民の徳」を修得するための，その基礎となるのが読み書きや体育，音楽，図画であった。もっとも，『政治学』第8巻の教育論は未完のままとも思われるが，とくに音楽については，それが自由人にふさわしい教育であることが次のように指摘される。すなわち，「役立つからではなく，必

要不可欠であるからでもなく，自由人にふさわしく美しいからこそ，息子たちに教えなければならない教育があることは明らかである」。なぜなら，「役立つことをあらゆる面で欲するのは，高邁な人や自由人には最もふさわしくない」からである（1338a-b; 422頁）。

現実に可能な最善の国制

とはいえ，アリストテレスにおいては一方で，実現可能性の問題が強く意識される。それゆえ，『政治学』の第4巻においては，純粋に最善な国制だけでなく，状況を踏まえた現実に可能な最善の国制も議論されることとなる。しかし，ここで彼は，実際に見られるポリスの世界の現状を前に大きな難問に直面する。というのも，正しい国制である王政や貴族政は手が届かないものであり，最も悪い僭主政を除けば，実際には寡頭政と民主政しか残っていないからである。このように選択肢がほとんどない現状において，現実に可能な最善の国制として何が考えられるのか。彼の出した一つの答えは，寡頭政と民主政を混合させることであった。そして，この混合政体こそが多数者が統治する正しい国制とされた「ポリテイア」なのである。

このように，複数の国制の優れた部分を混ぜ合わせて欠陥を補うという発想は，いわゆる混合政体論として，以降の共和政ローマや初期近代のヨーロッパなどに受け継がれる。アリストテレスは，この混合の具体的な例の一つとして，公職を選挙で決める寡頭政と，公職に財産資格を問わない民主政の法律を併用することを挙げる（これはむしろ，現代のデモクラシーに近いかもしれない）。さらに彼はまた，大多数の人びとにとって手が届く，現実に可能な国制における中間層の重要性を以下のように強調した。

「国家は少なくとも，できるだけ同等で同様の人々からなることを目指
　しているのであり，このことはとりわけ中間層の人々のもとで成り立つ。
　したがって，そのような国家こそが，最も善く治められる国家でなければ
　ならない」（1295b; 223頁）。

　アリストテレスによれば，恵まれすぎた人びとは傲慢になりやすく，
主人のように支配することしか知らないのであり，その一方で極貧の人
びとは奴隷のように支配されることしか知らない。そこで生じるのは主
人と奴隷の関係であって自由人のポリスではない。これに対して，適度
に所有する中間層の人びとは，道理に従い，公職を忌避することも熱心
に求めることもない。したがって，この中間層が厚いことが，共同体に
必要な友愛や政治的な安定を生み，僭主政や内乱に陥ることを防ぐので
ある。
　このように，アリストテレスの『政治学』には最善の国制と実現可能
な国制との緊張が内在していた。しかも，彼はまた，所与の国制につい
てもそれぞれ，その成立や変動，あるいは維持の方法なども細かく議論
する（そのなかには，のちのマキァヴェッリを思わせるような，僭主政
を維持するためのリアルな君主の演技論も含まれていた）。このような，
諸々のポリスにおける政治の実態を踏まえたアリストテレスの議論は，
政治学の範型として読み継がれる。ところが，彼は一方でまた，その政
治学が前提としたポリスの世界が崩壊する危機に直面していた。それが，
北方のマケドニア王国によるギリシアへの侵攻であり，彼の教え子でも
あったアレクサンドロス大王による帝国の支配であった。

参考文献

プルタルコス『英雄伝１』柳沼重剛訳，京都大学学術出版会，2007年

クセノポン『小品集』松本仁助訳，京都大学学術出版会，2000年

アリストテレス『ニコマコス倫理学』神崎繁訳（『アリストテレス全集15』岩波書店，2014年）

『政治学』神崎繁，相澤康隆，瀬口昌久訳（『アリストテレス全集17』岩波書店，2018年）

『アテナイ人の国制』橋場弦訳（『アリストテレス全集19』岩波書店，2014年）

※アリストテレスの著作からの引用は，本文中の括弧内でベッカー版アリストテレス全集（1831-70）の頁数と欄（ａは左欄，ｂは右欄）を示した後に上記の文献の頁数を記載している。

5 | レス・プブリカ

《**目標＆ポイント**》 ポリスから帝国への舞台の転換，そして新たに登場した共和政ローマの歴史や制度の思想史的な重要性を理解する。そのうえで，とくにキケロによる教養とレトリックの復権に着目し，「レス・プブリカ」をめぐって彼が展開した言説を明らかにする。
《**キーワード**》 非政治，レス・プブリカ，混合政体，自由，キケロ，教養，レトリック

1. ポリスから帝国へ

　アリストテレスによって最高の善を目的とする至高の共同体とされたポリスの世界は，前338年，カイロネイアの戦いにおけるギリシア連合軍の敗北によって，マケドニア王ピリッポス2世の支配下に置かれた（アリストテレスがアテナイに戻り，学園を開くことができたのも，実は，マケドニアの総督の庇護があってのことであった）。その後，彼の教え子であったアレクサンドロスが王位を継ぎ，エジプトやペルシアなどに加え，遠くインダス川流域にまで及ぶ大帝国を築くことになる。

　こうした流れに抗した人物の一人がアテナイの弁論家デモステネス（前384-322）であった。彼は以前から一連の「ピリッポス弾劾演説」などを通じて「自由」と「デモクラシー」の「敵」に対する警鐘を鳴らしていた（『弁論集』（1）192-4, 264-5頁）。その一方で，アリストテレスは，アレクサンドロスの急死により反マケドニアの気運が高まるなか，かつてのソクラテスと同様に不敬罪の疑いで告発され，アテナイを

去ることになる。彼が亡くなったのは，アテナイの反抗が鎮圧され，デモステネスが自ら命を絶ち，デモクラシーが廃止されたのと同じ前322年のことであった。

アレクサンドロス大王による帝国の拡大はギリシアの文化を東方に伝えた（ヘレニズム文化）。しかし，このヘレニズム時代は同時にまた，オリエント的な専制君主による支配のもとで，市民による相互支配を理想とするポリスの「政治」politics が失われてゆく時代でもあった。これに対して，専制を意味する英語のデスポティズム despotism は，ギリシア語で，奴隷を支配する主人に由来する。それゆえ，思想の世界においても，プラトンやアリストテレス，イソクラテスらによって結びつけられていた政治と人間，もしくは政治と哲学，倫理，そして教養との関係が切り離される。そこで強調されたのは非政治の価値であり，現実の政治から距離を置いた観想的な生活が理想とされた。

このようなポリスから帝国への舞台の転換と思想の変容を端的に示すのが，エピクロス派やストア派などの議論である。たとえば，エピクロス派においては，通俗的な快楽主義のイメージとは異なり，欲望を抑制し，苦痛を除去することなどを通じて心の平静（アタラクシア）や個人的な自己充足を保つことが求められる。マケドニアに制圧されたアテナイ郊外の庭園で哲学を勧めたエピクロス（前341-270）にとって，善き生とは政治に関わることではなく，むしろ逆に，「隠れて生きる」ことにあったのである（なお，その自然学における原子論の教説は，のちのローマのルクレティウスなどに継承された）。

その一方で，キプロス出身のゼノン（前335頃-263頃）に始まるストア派においては，宇宙（コスモス）を支配する法則，あるいは理性の働きや自然法が重視される。この宇宙の真理や自然に従うために必要とされたのが，ストイックという言葉の元にもなった自己抑制や禁欲，情念

に惑わされない不動の心（アパテイア）であった。このストア派の哲学は，のちのローマにも浸透しキケロやセネカなどにも受容されるが，併せて展開されたのがコスモポリタニズム cosmopolitanism である。すなわち，ストア派が理想としたのは，城壁に囲まれた個々のポリスや都市に生きることよりも，それらを超えた世界市民になることであった。

2. 共和政ローマ

歴史と制度

　こうしたなか，アレクサンドロスの帝国が東方へと拡大したのに対し，ギリシアから見て西方の世界で勢力を増していたのがローマであった。このローマは前3世紀前半にイタリア半島を統一し，前168年にマケドニアを，前264年から前146年にかけてのポエニ戦争でカルタゴを下して地中海の覇者となる。しかも，ローマはその後も拡大を続け，ギリシアを属州にするなど地中海周辺の諸地域を支配するだけでなく，アルプス以北の内陸やブリテン島などにも版図を広げる帝国へと成長した。

　もっとも，デモクラシーの起源とされ，プラトンやアリストテレスの哲学を生んだギリシアに対し，このローマの政治思想に対する関心は必ずしも高くはなかったようにも思われる。しかし，歴史の観点から見直すと，混乱と無秩序のイメージで語られたアテナイと比べ，近代までの政治思想の展開にローマが与えた影響は大きい。ローマの場合はとくに，たとえばマキァヴェッリの『ディスコルシ』やルソーの『社会契約論』第4編などにも見られるように，その歴史や制度そのものが後世から繰り返し参照された。

図5-1　南仏のポン・デュ・ガール

『ディスコルシ』の第1巻第1章は次のように始まる。

「ローマの草創はどのようなものであったか，またローマの立法者たちやその政治機構がどのようなものであったかをこれから読む人は，ローマで何世紀にもわたって，豊かな力量が保たれたこと，そして，この力量こそがその共和国が大版図 imperio を生む原動力となったことを知っても，さして驚くようなことはあるまい」(24頁)。

ローマはまた，スパルタと同様に共和政のモデルになる一方で，広大な領域を支配する帝国の模範にもなった。さらに，古代ギリシアからの教養の伝統が受け継がれるなかで，とくにキケロを通じてレトリックの意義が強調され，以降の人文主義的な教養と政治エリート教育の基礎となったことは見逃せない。

ローマの草創は，トロイアの王族アエネアスの血を引くとされたロムルスの伝説に遡る。ロムルスは建国の過程で双子の弟のレムスを殺害し，ローマの初代の王となった。2代目のヌマに引き継がれた王政は7代続いたが，前509年にルキウス・ブルトゥスらによって王が追放され，共和政に移行する。そして，共和政ローマにおいては，以下で述べるように元老院と政務官，民会が重要な役割を果たした（その仕組みは少し込み入っているが，このことには意味がある）。

ローマの元老院は最高諮問機関であり，政務の経験者から成る終身の300名（前80年からは600名）の議員から構成される。ローマの統治は，この元老院の助言のもと，最高命令権（インペリウム）を有する政務官，とりわけ，2名の執政官を中心に行われた。政務官の序列は「名誉の階梯」と呼ばれ，財務官から造営官，法務官，そして執政官や監察官に至る。もっとも，現代の官僚制とは異なり，これらの政務官は民会によって選出され，任期も1年であった（監察官は1年半）。なお，戦争や疫

病の流行などの非常事態においては1名の独裁官が臨時に任命され，権力が集中されたが，その任期はさらに短く半年に限定されていた。

他方で，民会は立法機関でもあったが，召集や提議の権限は執政官や法務官が有しており，その役割は受動的であった。もっとも，貴族と平民との身分闘争が激化す

図5-2　元老院

るなか，前494年には新たに護民官と平民会が設置される。この護民官は平民会によって選出され，元老院や政務官の決定に対する拒否権を有するなど，平民の保護を目的としていた。また，前367年のリキニウス・セクスティウス法によって執政官の一人が平民から選出されるようになり，前287年のホルテンシウス法では平民会の決議が元老院の承認なしに国法になることとなった。

ローマの政治思想

ローマの政治思想は，以上のような歴史や制度を有した「ローマ」を語る一連の言語や言説にも反映している。たとえば，ギリシアのポリスと同様に，ローマは「キウィタス」civitas と呼ばれる都市国家から発展した。このキウィタスは英語の都市 city や市民 citizen，文明 civility, civilization, あるいは形容詞の civil や civic などの語源となる。当時のローマはまた，SPQR とも称されていたが，これは「ローマの元老院と民衆」Senatus Populusque Romanus を意味していた。なかでも見逃せないのは，とくに共和政時代のローマが，ラテン語で「民衆のもの」や「公共の事柄」を意味する「レス・プブリカ」res publica と見なされ

たことであろう。この「レス・プブリカ」は英語の共和政・共和国 republic となる。ちなみに，この「共和政」も多義的であり，王政と異なる政体を指す場合や，共通善や公共の利益を目的とする政体を広く意味する（それゆえ，君主がいる共和政もありうる）場合などがあるが，その一つの原像はローマの「レス・プブリカ」であった。

ローマはまた，様々な歴史書を通じて語り伝えられた。たとえば，共和政の末期から帝政の初期にかけて生きたリウィウス（前59頃−後17頃）は『ローマ建国史』において建国以来の歴史を振り返る。彼によれば，「輝かしい歴史の記念碑に刻まれたあらゆる種類の事績を教訓として見つめることは，歴史を学ぶ上できわめて有意義かつ有益なことである」（5−6頁）。そのうえで彼は，ロムルスとヌマによる「戦争と平和の技術」を通じてローマが「強大かつ穏健な国家」になったと述べる（53頁）。そして，横暴となった王タルクィニウスが追放されたことにより，ローマは「自由」となり，「人間による統治より力ある，法による統治」がもたらされた（128頁）。この共和政における「自由」は，執政官が1年交替とされたことや，ブルトゥスが王政の復活を企てた息子たちを処刑したこと，プブリウス・ウァレリウスが上訴法を定めたことなどにより保たれた（ウァレリウスは「プブリコラ」＝「人民の友」とも呼ばれた）。

ローマはさらに，この共和政の時代に支配権を拡大し，地中海の覇者となる。そうした場面に実際に居合わせたのが，ギリシア出身のポリュビオス（前200頃−118頃）であった。彼もまた，『歴史』のなかで，「歴史を通した学修こそが国家活動のための何にもまさる本物の教育であり訓練である」と述べる（（1）4頁）。彼は人質として送られたローマにおいて，ギリシア文化に理解があるだけでなく，のちに総司令官としてカルタゴを滅亡させる小スキピオ（スキピオ・アエミリアヌス）と親交

を深めた。そのうえでポリュビオスは，ローマが発展した理由を，先に述べたような統治の仕組みに求めた。彼によれば，国の政体は一般に，たとえば王政から僭主政，僭主政から貴族政，貴族政から寡頭政といった形で堕落と変化が繰り返される（政体循環論）。しかし，その弊害をローマが免れ，「人の住むかぎりのほとんど全世界」が「ローマというただひとつの覇権のもとに屈するにいたった」のはなぜか（（1）4頁，（2）284頁，（4）436頁）。彼の答えは，ローマが混合政体を採用していることにあった。すなわち，執政官が王政，元老院が貴族政，民会が民主政の機能を果たし，組み合わされ，均衡を保つことによって単一の政体の不安定さを回避することができたのである。スパルタの国制やアリストテレスなどにも見られた，このような混合政体という制度や発想は，「自由」の理念とともに，以降の共和政をめぐる議論のなかで繰り返し参照されることになる。

3. キケロ

「人間的教養」

　ところが，ローマの覇権の拡大は，その一方で貧富の差の拡大をもたらすことになった。こうしたなか，前133年と123年にそれぞれ護民官となったグラックス兄弟による改革が試みられるが失敗し，前1世紀には内乱の時代に突入する。そして，この騒然とした状況のなか，前63年に執政官となり「祖国の父」とも呼ばれたのが，ローマを代表する弁論家のキケロ（前106-43）であった。名門貴族の生まれではない彼は，「新人」として「名誉の階梯」を駆け上がり，43歳という若さで執政官に選出される。彼はのちに『国家について』前51のなかで，「わたしは，もし

図5-3　キケロ

当時執政官でなかったなら，何をなすことができただろうか」と振り返る（1：10；12頁）。彼によれば，「徳はひとえにその活用にかかっている」のであり，「その最大の活用とはキウィタスの指導であり，また，その人々が片隅で声高に説いているようなこと自体を，口先ではなく，実力によって達成することである」（1：2；6頁）。それゆえ，執政官でなければ，「レス・プブリカがいかに危険によって圧迫を受けようとも，レス・プブリカを援助する機会は準備なしに，あるいは望みのときに手に入らない」（1：10；13頁）のである。

　このように，活動的生活の是非をめぐるギリシア以来の論争があるなかで，プラトンやアリストテレス，エピクロスなどとは異なり，キケロは共和政ローマの政治に深く関与し，キリキアなどの属州の統治も担った。これに加えて注目されるのは，彼がまた，ギリシア以来の教養の伝統を，人間性などを広く意味し，「人間的教養」とも訳される「フマニタス」humanitas として受け継いだことであろう。たとえば，彼は対話形式で書かれた『国家について』のなかで，登場人物の小スキピオに「ほんとうに人間であるのは人間性に固有の学術によって磨かれた人々だけである」（1：28；28頁）と語らせている。それゆえ，キケロはのちに，ルソーの『学問技芸論』1750のなかで，学識と地位の高さが結びついた偉大な人物として称賛された。しかも，キケロの諸作品は以降，ラテン語学習用の教材や政治エリートの必読書として，実際にヨーロッパにおける「一般教養」となる。そして，そのキケロによって，人間が人間であるために不可欠な教養とされたのが，イソクラテス以来のレトリックであった。

レトリックの復権

　こうして，キケロはレトリックを全面的に弁護し，その重要性を繰り

返し説くとともに，かつてのプラトンによる批判を覆すことになる。た
とえば，初期の『発想論』においてすでに，キケロはレトリックの基本
的な型をまとめ，弁論術を説得のための技術としたうえで，その内容を
「発想」「配置」「表現」「記憶」「発声」の5部門に整理していた。さら
に，『弁論家について』前55では，「詩藻を凝らして語る知識」（3:60；
下145頁）であるレトリックを擁護し，ペリクレスやゴルギアス，トラ
シュマコス，イソクラテスらを評価する一方で，ソクラテス（プラト
ン）を「舌と心の乖離」（3:61；下146頁）をもたらした人物であると
批判した。

> 「分かちがたい二つの英知，すなわち，行動の英知と言論の英知とを有
> していたために，国政の道で華々しく活躍した人たちも数多くいた。例え
> ば，テミストクレスやペリクレスやテラメネスといった人たちがそれであ
> り，また，自身は国政には携わらなかったけれども，同じその英知に通暁
> した学者として活躍した人，例えばゴルギアスやトラシュマコスやイソク
> ラテスといった人たちもいたいっぽうで，自らはあり余るほどの学識と才
> 能をもった人でありながら，精神の何らかの判断に従い，政治や活計を厭
> い，この実践的弁論というものを糾弾し，軽蔑するような人たちも見いだ
> された。
>
> そういった人たちの第一人者が，ソクラテスだったのである」（3:59；
> 下144−5頁）。

キケロはこうして，ギリシア以来の二つの教養のせめぎあいのなかで，
プラトン的な哲学に対するレトリックの復権を試みた。もっとも，彼の
理想は，プラトンの『ゴルギアス』において批判された，「知らないこ
と」でも「知っている」ように思わせる詭弁家ではない。キケロにとっ
て模範的な弁論家は，「あらゆる類の言論，あらゆる人間的教養におい

て完璧な者」（1:35；上28頁）であり，「舌と心」を兼ね備えた「学識ある弁論家」（3:143；下200頁）であった。

それゆえ，キケロにとってレトリックはまた，プラトンが言うような「政治術の一部門の影」ではなく，「政治学の一部」とされた（『発想論』1:6；8頁）。キケロは『弁論家について』のなかで，政治におけるレトリックや弁論家の重要性を以下のように説く。

「国政の最重要事に関して助言を与えるさい，威厳を伴いつつ見解を表明するのも弁論家の役割である。憔悴した国民を奮起させるのも，また，暴走する国民を制止するのも，やはり弁論家の役割である。やはり弁論家の能力によってこそ人々の欺瞞行為は撲滅され，高潔な人々は冤罪から救出される。彼以上に烈々として人々を徳行へと督励できる者が誰かいようか。彼以上に峻烈に人々の悪徳を制止できる者が誰かいようか。彼にもまして峻厳に悪人を糾弾し，彼にもまして詩藻を凝らして善人を賛美できる者が誰かいようか」（2:35；上189頁）。

キケロは実際に，法廷や議場，フォルム（広場）の演壇に立つなどして活躍し，弁論家としてシチリア総督ウェッレスの悪政を告発し，執政官としてカティリーナの陰謀を暴いた。「いったいどこまで，カティリーナよ，われわれの忍耐につけ込むつもりだ」で始まり，「おお，何という時代，何たる人の道か！」（1:1-2；13-4頁）と続く「カティリー

図5-4　カティリーナ弾劾演説（Maccari, 1888）

ナ弾劾」はキケロに「祖国の父」の栄誉を与えるだけでなく，ラテン語の教材や演説の模範として暗誦され，以降のヨーロッパの人々の記憶に深く刻まれることになる。そしてまた，彼によって再評価されたレトリックの教養もその後，たとえばクインティリアヌス（35頃-100頃）の『弁論家の教育』（95頃）などによって継承される。彼によれば弁論術は「立派に語るための学問」（201頁）である。そして，キケロと同様に，この作品においてもまた，「哲学者」ではなく，徳を備えた「完全な弁論家」こそが「よき人物」であり「真の市民」とされた（8頁）。

4. レス・プブリカ

『国家について』

　もっとも，レトリックは狭い意味での「政治学の一部」であるだけではない。キケロの『弁論家について』によれば，言葉にはそもそも，人間性を涵養し，共同体を生み出す力がある。すなわち，互いに言葉を交わす談話ほど「真の人間性に固有のもの」はない（1：32；上26頁）。彼はまた，かつてのイソクラテスと同様に，そうした言論こそが，獣とは異なる人間の共同生活やキウィタスの維持を可能にすることを以下のように強調した。

　　　「言論の例の最大の功績に話を移すなら，これ以外のどんな力が，ばらばらに暮らしていた人間を一個所に集住させ，獣的で野蛮な生活から今のような人間的で文化的な生活へと導き，キウィタスができあがってのちは，さまざまな法律や裁判（制度），あるいは市民法に表現を与えて実体化できたというのであろう」（1：33；上27頁）。

　キケロはさらに，この共同体を「レス・プブリカ」とも呼び，対話形式の『国家について』のなかで登場人物の小スキピオに次のようにも語

らせた。すなわち，「レス・プブリカとは民衆のものである。しかし，民衆とはなんらかの方法で集められた人間のあらゆる集合ではなく，法についての合意と利益の共有によって結合された民の集合である」（1：39；37-8頁）。

とはいえ，この小スキピオ（キケロ）の言うレス・プブリカは，アテナイのようなデモクラシーを志向するものではない。キケロはプラトンによるデモクラシー批判をそのまま引用し，行き過ぎた自由が無秩序と隷属を生みだすことを警戒する。もっとも，キケロは他方で，プラトンのように哲人王の登場を期待したわけでもない。ここで理想とされたのは，ポリュビオスによって示された混合政体であった。キケロによれば，「レス・プブリカには若干の卓越した，王者に似たものがあり，若干のものが指導者たちの権威に分け与えられ，若干の事柄が民衆の判断と意志に委ねられるのがよいと思われる」のである（1：69；60頁）。

このように，キケロの言論には，ギリシアの教養やローマの言語が幾重にも織り込まれていた。もっとも，小スキピオのもとでローマの拡大と繁栄を目撃したポリュビオスとは異なり，前1世紀のキケロが直面していたのは，一つのレス・プブリカが「二つの元老院」と「二つの民衆」（1：31；31頁）に分かれる内乱の危機であった（英語で内乱や内戦を意味する civil war はキウィタス内部の分裂と戦争に由来する）。その一方で，対話形式の『国家について』の舞台は，前129年という，貧富の格差が拡大し，その前後にグラックス兄弟の改革が相次いで挫折した時期に設定されていた。このことは，『国家について』が，登場人物の小スキピオを通じて，ギリシア由来の人間的教養の伝統だけでなく，レス・プブリカの本来の意味を改めて想起させ，前世紀から続く危機を抑えようとした作品であったことを示していよう（もっとも，『国家について』は現在，完全な形では残っていない）。

『義務について』

　ところが，ローマの分裂は収まらず，軍を率いてルビコン川を渡った
カエサルが，元老院や貴族の側に立ったポンペイウスを破り，内乱に勝
利する。武力を握り，民衆からの人気も高かったカエサルは前44年に終
身独裁官となるが，このことは，独裁官の任期を半年に限定していた共
和政の原則を覆すものであった。キケロはこの間，ローマの郊外にある
トゥスクルムの別荘などで一連の哲学的な著作を執筆していた。その最
後の作品である『義務について』前44は，カエサルが暗殺され政情が混
迷を深めるなかで書かれたが，そこでは伝統的な徳と利益の問題ととも
に，失われつつある共和政の原理や為政者の義務が改めて説かれること
になる。

　キケロによれば，共同体を成立させる第一の原理は人間の社会性であ
る。すなわち，人間は獣とは異なり，理性と言葉を通じて相互に交際し，
結び合わされるのである。とりわけ，キウィタスの結びつきは，広場や
神殿，回廊，街路などの共通の場や，法律や権利，裁判，選挙といった
制度，そして親交や友情や仕事を通じた相互の人間関係によって強化さ
れる。彼はまた，プラトンの「第九書簡」の一節「われわれは自分のた
めだけに生まれたのではない」を引用するなどして，祖国への献身や人
間の義務を訴えた。

　　　「あらゆる社会的連帯の中でもっとも重要で，もっとも大切なのは，レ
　　ス・プブリカとわれわれ一人一人とのあいだの関係である。両親は大切で
　　ある。子供，親族，友人も大切である。しかし，あらゆる人々が大切に思
　　うそのすべての関係を祖国はただ一つで包括している。祖国のためならば，
　　良識ある人物の誰が死地に赴くのを躊躇するだろうか」（1：57；161-2
　　頁）。

それゆえ，キケロによれば，「公務を行う生まれもっての資質がある人々はためらいをすべて捨てて，政務官職に就き，国政を担うべきである」（1：72；169-70頁）。そのうえで彼は，義務の源泉として，「適正」などと訳される「デコールム」decorum の重要性を強調した。このデコールムは人間の卓越性に適うものであり，「自然との一致によって節度と節制が自由人にふさわしい外観をともなって現れていること」（1：96；184頁）と理解される。それはまた，作中の人物が，その人物の性格や役割に合った言動をすることとも説明された。たとえば，政務官や市民，外国人などについても，その役割や状況や年齢などに応じた義務がある。しかも，このデコールムは精神的な働きはもとより，「立った姿，歩く姿，座った姿，寝椅子に横になった姿，表情，眼差し，手の仕草」（1：128-9；202頁）といった外面的な行為や言葉，動作にも求められる。それゆえ，たとえば会話においても穏やかで強情にならず，相手に対する敬意を示さなければならないのである。

　アテナイに留学中の息子のマルクスに宛てられた『義務について』もまた，他の作品と同様に広く読まれ，以降のヨーロッパにおける政治エリートの必読書となり，為政者としての義務や振舞いを教えることになった。もっとも，晩年の彼は一方で，デモステネスによるピリッポス弾劾に倣った一連の演説『ピリッピカ』において，カエサルの後継者の一人であるアントニウスを次なる独裁者として痛烈に批判する。しかし，このアントニウスによってキケロは暗殺され，数々の弁論や作品を生み出した彼の右手は演壇に晒されることになった。このキケロの言動はカエサルと比べると保守的で，実際は優柔不断であったとの見方もある。しかし，彼の死は，共和政ローマにおける「レス・プブリカ」の伝統や原理が失われ，かつてのギリシアと同様に帝政の時代へと移行することを告げるものであった。

参考文献

デモステネス『弁論集1』加来彰俊他訳，京都大学学術出版会，2006年

エピクロス『エピクロス』出隆，岩崎允胤訳，岩波文庫，1959年

マキァヴェッリ『ディスコルシ』永井三明訳，ちくま学芸文庫，2011年

リウィウス『ローマ建国史』（岩谷智訳『ローマ建国以来の歴史1』京都大学学術
　　出版会，2008年）

ポリュビオス『歴史』（1～4）城江良和訳，京都大学術出版会，2004-13年

キケロ（キケロー）『国家について』岡道男訳（『キケロー選集8』岩波書店，1999
　　年）

　　『発想論』片山英男訳（『キケロー選集6』岩波書店，2000年）

　　『弁論家について』（上下）大西英文訳，岩波文庫，2005年

　　「カティリーナ弾劾」小川正廣訳（『キケロー弁論集』岩波文庫，2005年）

　　『義務について』高橋宏幸訳（『キケロー選集9』岩波書店，1999年）

　　　　※キケロの著作からの引用は，本文中の括弧内で以上の文献における巻（もしくは
　　　　　演説）と節を示し，その後に頁数を記載している。

クインティリアヌス『弁論家の教育1』森谷宇一他訳，京都大学学術出版会，2005
　　年

6 | 帝国とキリスト教

《目標＆ポイント》 ローマが帝国となり，共和政から帝政に移行する過程で生じた言説の変容を，タキトゥスやストア哲学を通じて辿る。また，それとともに，新たに浸透したキリスト教が西洋の政治思想に及ぼした影響の大きさをアウグスティヌスの『神の国』を中心に理解する。
《キーワード》 帝国，タキトゥス，ストア，自然法，キリスト教，アウグスティヌス

1. ローマ帝国

　カエサルとキケロがともに暗殺された後，ローマは共和政から帝政（元首政）の時代に移行する。カエサルの後を継いだオクタヴィアヌスは，共和政の仕組みを表向きは残しながらも巧みに実権を掌握し，前27年にはアウグストゥスの尊称を与えられ，初代の皇帝となった。もっとも，ローマが地中海の覇者となり「帝国」として成長したのは，この帝政の時代よりも，むしろ共和政の時代である。この「帝国」empire はラテン語の「インペリウム」imperium に由来する。インペリウムはもともと，執政官などが有していた命令権や軍事指揮権を意味していたが，のちに至高の権力や支配権一般，さらには支配権が及ぶ広大な領域や範囲を指すようになった（それゆえ，共和政の帝国や，皇帝がいない帝国もあり得る）。

　古代から20世紀の初めに至るまでの東西の文明史は，アッシリアやペルシア，アレクサンドロスの帝国から大英帝国などに至るまで，様々な

帝国の興亡と歩みをともにする。現代ではもっぱら，帝国は「悪」のイメージで語られる。しかし，二つの世界大戦を経てデモクラシーが「普遍」的な理念となるまで，「帝国」の「栄光」や「偉大さ」は多くの人々の感情を動かし，想像力を掻き立ててきた。なかでも，このローマ帝国は，均質的な「ネイション」を単位とする19世紀以降の国民国家とは異なり，多民族・多言語・多文化・多宗教から構成され，複数の政治的共同体を統治する「帝国」の範例となった。

　ローマは実際に，周辺国と巧みに同盟を結び，征服した土地を属州とし，各地に植民市を建設するなどして支配権を拡大した。キケロもまた，不正な戦争を批判する一方で，ローマによる「世界」の支配を称賛する。「いかなる戦争も，信義または安全を守るため以外には最善の国によって企てられない」が，ローマは同盟国を守ることにより「いま全世界の支配を獲得した」（『国家について』3：34-5；124-5頁）。彼によればまた，たとえば「最初の属州」であるシチリアは，「外国の諸民族に対して覇権を握ることがいかに輝かしい事業であるかを最初に教えた」のである（『ウェッレース弾劾』193頁）。

　このような帝国の拡大と維持はいかにして可能になったのか。のちの時代のマキァヴェッリはローマの精神的・軍事的な力量を強調するが，併せて見逃せないのは，ギリシアの諸ポリスとは異なってローマが市民権を広く開放したことであろう。しかも，ローマは征服地のエリートを支配層に組み入れていった。プルタルコスの『対比列伝』では実際に，ロムルス以降，

図6-1　レプティス・マグナのローマ劇場（リビア）

ローマが「征服した民を自分たちの中に取り込んでは仲間とした」ことが評価される（『英雄伝1』81頁）。また，タキトゥス（56頃-120頃）の晩年に書かれた『年代記』には，「どこからでも，優れたものであれば，みんなこの首都に移植する」ことを過去と未来の模範とし，属州の出身者を元老院に迎え入れようとした，以下のような第4代皇帝クラウディウスの演説が記されている（タキトゥスもガリアの属州出身であり，執政官や元老院議員などを務めた）。

　「スパルタやアテナイの人々が，戦争に勝っても，最後には破滅したという理由は，他でもない。彼らが征服した民族を，あくまでも異国人として，わけへだてをしていたからではないか。その点で，われらが建国者ロムルスは，たいそう賢明であった。数多くの民族を，敵として戦ったその日のうちに，もう同胞市民として遇したほどである。〔……〕元老院議員諸君，現在諸君が，たいそう古いと思っているものは，かつてみな新しかったのだ。〔……〕今日われわれが，過去の範例をあげて正当化しようとしているものも，将来は範例とみなされることだろう」（下36-8頁）。

図6-2　エフェソスの図書館（トルコ）

　それゆえ，たとえば17世紀ブリテンの哲学者フランシス・ベイコンによれば，このような帰化政策と植民地の建設によって，「ローマ人が世界に広がったのではなく，世界がローマ人へ広がった」のである（『ベーコン随想集』137頁）。このような帝国へと至る足跡やローマの伝統は，ポリュビオスやリウィウス，プルタルコス，タキトゥスに加え，カエサルの『ガリア戦記』などによって伝えられ，詩人によって讃えられた。ウェルギリウ

ス（前70-前19）は叙事詩『アエネーイス』において，「だがローマ人よ，おまえはインペリウムをふるい，諸国民を治めよ。覚えておけ。これこそがおまえの技なのだ」との詩句を残している（189頁）。こうして，ローマは帝政初期において「ローマの平和」とも呼ばれた時代を迎え，2世紀には五賢帝の一人トラヤヌスのもとで帝国の版図が最大となった。18世紀の歴史家エドワード・ギボンはのちに，『ローマ帝国衰亡史』1776-81, 88のなかで，この五賢帝の時代を「もっとも人類が幸福であり，また繁栄した時期」と称えることになる（156頁）。

2.「ローマ」の喪失

　ところが，このような帝国の拡大は一方で，「レス・プブリカ」としての「ローマ」に大きな試練をもたらした。のちのモンテスキューによっても指摘されたように，共和政は小規模な共同体を前提とし，これとは反対に，広大な国家は専制的な支配を招く。彼の『ローマ人盛衰原因論』1734によれば，軍団がアルプスを越え，海を渡って首都ローマを「はるか遠くから眺める」ようになった結果，共和政を支える精神が失われたのである（99頁）。

　同時代においても，たとえばタキトゥスは『年代記』や『歴史』（『同時代史』）において，帝政初期の宮廷の頽廃や陰惨な政争を書きとめ，皇帝や寵臣，あるいは見せかけの平和のもとで共和政の伝統が失われてゆく過程を記した。また，これらとは対照的に，『アグリコラ』98や『ゲルマニア』98といった彼の他の作品には，ローマの支配に服さない帝国の外の世界が描かれる。『アグリコラ』に登場するブリテン島の指導者の一人は，ブリタニアの「自由」を誇りながら，次のようにローマを批判する。すなわち，「彼らは破壊と，殺戮と，掠奪を，偽って「支配」と呼び，荒涼たる世界を作りあげたとき，それをごまかして「平

和」と名づける」のである（190頁）。そして，『ゲルマニア』に描かれた北方の諸部族の社会はのちに，王権の伸長に対して古来からの自由の伝統を主張する，中世以降のヨーロッパ諸国で展開される立憲主義や古来の国制論の原像となった。

　このようなレス・プブリカとインペリウムの緊張のなか，とくにローマの上層市民に浸透したのがストア哲学であり，その自然法論やコスモポリタニズムであった。それゆえ，たとえばキケロの『国家について』においても，「正しい理性」であり「自然」と一致するゆえに現在や過去，そしてローマやアテナイにおいても異なることのない「唯一の永久不変」な自然法が想定される（3-33；123-124頁）。こうして彼は，レス・プブリカや祖国への献身を訴える一方で，『法律について』のなかで，「周りを城壁で閉ざされて暮らす」ポリスやキウィタスの住民ではなく，「天，大地，海，万物」の「自然本性」を見極めた「全宇宙の市民」であることを同時に求めたのである（1：61；220頁）。

　さらにその後，帝政に移行してからのストア哲学を体現したのが，悲劇作家としても知られるセネカ（前4頃-後65）であった。現在のスペインのコルドバの出身でありながら皇帝ネロの家庭教師となるに至った彼は，「優れたものを首都に移植する」ローマの伝統を示す一例でもある。しかし，その一方で，彼がネロに帝王学を説いた『寛恕について』では，架空の独白という形で，レス・プブリカの理念とは相容れない「大きな権限」を一手に握る皇帝の姿が次のように語られた。

　　「すべての人間の中で，この私は，地上で神々の代わりを果たす者として賛同を得，選ばれているのか。そう，私は諸民族の生死を支配する者である。各人の運命と状況がどうなるのか，その決定は私の手中にある。〔……〕どの国民を根こそぎ滅ぼし，どの国民をよそへ移住させるべきか。

どの国民に自由が与えられ、どの国民から自由を奪い取るべきか、またどの君主を奴隷にし、誰の頭に王冠を被せるべきか、さらにどの都市が没落し、どの都市が興隆するのか、それらを裁定するのは私である」（105-6頁）。

　もっとも、『寛恕について』の主題はあくまでも、暴君と君主を区別し、皇帝にふさわしい役割や寛恕の徳を説くことにあった。しかし、皇帝の顧問として帝政を支えたセネカも、宮廷内の絶え間ない陰謀や運命の転変を前に、活動的生活から少しずつ距離を置く。『心の平静について』によれば、逆境においては国政を放棄して直ちに身を隠すのではなく、「あとずさりで徐々に」退却すべきである。そのうえで、「市民としての義務」が果たせないのであれば、自己を「一つの都市に閉じ込めず」、「宇宙」という「祖国」に対する「人間の義務」を実践すべきとされたのである（85-6頁）。

　ところが、このセネカもまた、「諸民族の生死」や「各人の運命」を支配するネロの嫌疑を逃れられず、自死を命じられた。このことは、インペリウムにおける政治と非政治の緊張の高まりを端的に示していよう。もっとも、タキトゥスの『年代記』の記述によれば、セネカは「哲学の教え」に従い、心の平静を保ったまま死に赴いた（下289頁）。また、このストア派の教説は、五賢帝の一人であるマルクス・アウレリウスにも影響を与えた。しかし、ローマではその後、軍人皇帝が乱立するなどの３世紀の危機の時代を経て、皇帝ディオクレティアヌスが専制君主として支配することにより、共和政の伝統が完全に失われる。さらに、続く皇帝コンスタンティヌスによって首都がコンスタンティノープルに移され、ローマは地理的にも「ローマ」でなくなった。そして、313年、このコンスタンティヌスが発したミラノ勅令によって公認されたのがキリ

スト教であった。

3. キリスト教

　このようにローマがレス・プブリカではなくなり、広大な帝国のもとで人びとの関心が政治から離れ、個人の内面や城壁の外の世界に向かうなか、とくに下層の人々を惹きつけ、新たな連帯の契機や思考の枠組み（パラダイム）を提供したのがキリスト教であった。このキリスト教は、ローマが帝政に移行した1世紀、その支配下にあった東方のパレスチナで生まれた。その地で救世主と見なされたイエスの教えはその後、ペテロやパウロをはじめとする使徒を通じて帝国の各地に伝えられ、イエスと神との新たな契約を記した『新約聖書』にまとめられる。ユダヤ教の聖典でもある『旧約聖書』とともにキリスト教の聖典となった『新約聖書』は、イエスの言行と受難を伝える「福音書」（マルコ、マタイ、ルカ、ヨハネ）や「使徒言行録」、パウロらが信徒に宛てた書簡などから構成される。

　このキリスト教は、それまでの古代ギリシア・ローマとは大きく異なる世界観や人間観、あるいは言語や言説をもたらし、もう一つのヨーロッパの知的な基盤となった。その教えは特定の民族や階層などに限定されず、誰に対しても開かれていた。その意味で、ローマ帝国とキリスト教はともに「普遍」を志向する。しかし、多神教であったローマとは異なり、キリスト教はあくまでも一神教であり、天地創造に始まりイエスの復活を経

図6-3　アダムの創造（ミケランジェロ、c.1511）ヴァティカン、システィナ礼拝堂

て最後の審判へと直線的に至る，独自の終末論的な時間意識が見られる。また，絶対的な神を前にして人間は平等であり，皇帝も奴隷も一人の人間に過ぎないが，アダムとイヴの楽園追放に示されるように人間は原罪を背負った存在とされる。そこで求められるのは祖国への献身や義務，あるいは宇宙や自然との一致ではなく，内面的な信仰や希望や愛であり，神による赦しと救済なのである。

　このようなキリスト教の世界はローマ帝国とパラレルに広がり，戦士の共同体であるポリスとも異なる，「隣人愛」に支えられた信者の共同体としての教会が設けられた。しかも，イエスによる山上の垂訓などにも示されるように，その教えは現世の秩序や価値を揺るがすものであった。すなわち，「天の王国」は「悲嘆にくれる者たち」や「迫害されてきた者たち」といった，苦しみや悲しみを抱えた者にこそ開かれているとされたのである（「マタイによる福音書」5:3-10; 105-6頁）。帝国の拡大や皇帝の支配のもとで非政治の傾向が強まるなか，キリスト教においては，「天の王国」が想定されることにより「世俗」の政治が相対化されたのである。

　こうして，キリスト教とローマ帝国との間に大きな緊張が生まれた。キリスト教においては，「福音書」に記された皇帝への納税をめぐる問答にも示されたように，「カエサルのものはカエサルに与えよ」として聖と俗の世界の原理が切り分けられる。しかし，イエスの処刑や，ネロやディオクレティアヌスによる迫害の例にも見られたように，世俗の権力に対してどこまで服従するのか（あるいは抵抗できるのか），という難題が残される。これについて，「ローマ人への手紙」第13章の以下の一節は，支配者への受動的な服従が説かれたことで知られる。

　　「すべての人間は上位にある権威に服従しなさい。神によらない権威は

ないからであり，存在している権威は神によって定められてしまっている
からである。したがって，その権威に逆らう者は，神の定めに反抗するこ
とになり，それら反抗する者たちは，自分自身にさばきを招くであろう
（13：1-2；46-7頁）。

　このように，キリスト教の言説においては，服従や抵抗の是非が神に
よって最終的に基礎づけられる。このことは，キリスト教によって政治
が相対化されるだけでなく，絶対的な神が想定されることによって，政
治をめぐる一連の議論が高度に規範化されたことを意味していよう。

4．アウグスティヌス

『告白』と自由意志

　ところが，キリスト教はその後，信者の増加などに伴って制度化や組
織化が進み，その非政治的な性格も次第に変容する。ギリシア語で民会
（エクレシア）を意味する教会は，そのうちの五つ（ローマ，コンスタ
ンティノープル，アンティオキア，エルサレム，アレクサンドリア）が
中心となる。司教や司祭といった教会内での聖職者の職制や，神の恵み
を人間に与える儀式なども定められる。また，イエスの登場からキリス
ト教公認までの歴史はエウセビオスの『教会史』に記された（彼はコン
スタンティヌスを唯一の支配者として称賛する）。こうしてキリスト教
は，ミラノ勅令を経て，392年には皇帝テオドシウスによってローマ帝
国の国教となるに至ったのである。405年頃にはヒエロニムスによる聖
書のラテン語訳（ウルガタ）が完成した。

　ところが，テオドシウスの死後，帝国は東西に分裂する。さらに，そ
の後の410年には，「蛮族」であるゴート族の侵入によって「永遠の都」
ローマが劫略されるという衝撃的な事件が起きる。このことは同時にま

た，国教であるキリスト教に対する批判を呼び起こすことになった。このような「異教徒」からの批判に反駁し，キリスト教を擁護する目的で執筆されたのがアウグスティヌス（354-430）の『神の国』である。10年以上に亘って書き続けられ，426年に完成したこの晩年の大作において，彼はまた，国家とは何かという大きな問題にキリスト教の観点から取り組むことになった。

図 6-4 アウグスティヌス（ボッティチェリ，1480）

　アウグスティヌスは，ヒエロニムスなどとともに，正統的な教義を示し模範的な生活を送ったとされる「教父」を代表する人物の一人である。もっとも，ローマの属州であった北アフリカのタガステ出身の彼は，もともと修辞学の教師であり，キケロの影響を強く受けていた。また，彼は当初，現地で広まっていたマニ教に傾斜していたが，ミラノに出た後，司教のアンブロシウスに接することなどによってキリスト教徒になる。400年頃に書き終えたアウグスティヌスの『告白』には，現世的な名誉や利得などに憧れていた彼が，迷いや苦しみなどを経て，古代の「異教」の世界からキリスト教へと至る精神の遍歴が記されている。

　「わたしは，名誉と利得と結婚とに大いにあこがれていたが，あなたは，わたしを嘲っていられた。わたしは，これらのものを望み求めて，もっとも辛い苦難をなめていたが，あなたは，あなた自身でないものにわたしが甘美を感ずることを許さないので，ますます情け深くあられた。主よ，わたしの心をごらんください。あなたは，わたしが心を思い起こして，あなたに告白することをお望みになれられた」（上176頁）。

アウグスティヌスはその後，北アフリカのヒッポの司教となり，マニ教やドナトゥス派，ペラギウス派などとの論争を繰り返すが，そうした彼の教父哲学の重要な要となったのが自由意志論である。ここで問われるのは神と人間との関係であり，そして，この世になぜ悪が存在するのかという問題であった。光と闇，善と悪といった二元論を特徴とするマニ教においては，人間は必然に支配されている。これに対して，彼によれば人間は神の似姿であり，神によって自由を与えられている。それゆえ，人間は自由意志によって善を，そして悪をも選ぶこともできるのである。

　「神は人間自身をも同じように自由意志をもつ正しいものとしてつくられた。人間はたしかに地上の動物ではあるが，自分の創造者に固着するならば天にふさわしいものとなり，もしも創造者を捨てるならば，その本性に合致する悲惨が天使のばあいと同様，伴うのである」（『神の国』22：1;（五）369頁）。

このように，アウグスティヌスにおいて，人間は自由であるがゆえに両義的な存在とされ，アダムとイヴの堕罪にも見られるように，善悪の選択における神への責任が強調される。もっとも，その一方で人間はあくまでも全能ではなく，ペラギウス派の主張とは異なり，善は独力ではなしえない。そこにはやはり，自由意志だけでなく，神の恩寵が併せて求められる。しかし，それでも神は「人間から自由意志の力を奪いとることはされなかった」（22: 1;（五）369頁）。こうして彼は，古代から続く自由の問題に，人間の実存に深く関わる強い規範性を与えたとも言えるだろう。

『神の国』

　そのうえでアウグスティヌスは，全22巻にも及ぶ『神の国』において「神の国」と「地の国」という二つの「国」（「キウィタス」）のヴィジョンを提示する。彼によれば，世界は多種多様であるが，人間の社会には2種類以上のものはない。しかも彼は，のちにも述べるキケロのレス・プブリカの定義を参照したうえで，それを「愛」というキリスト教的な語彙によって読み替えた。すなわち，「神への愛」によって結ばれ，「霊」に従って生きる人間から成る「神の国」と，これとは対照的に神を侮った「自己愛」と「肉」に従う「地の国」である。

　アウグスティヌスはまた，この二種の「愛」によって結ばれた二つの国の起源と発展と終極を，天地創造から最後の審判に至るキリスト教の時間軸に位置づけた。神は時間の創造者であり，歴史は神の永遠の計画である。こうした彼の歴史神学・歴史哲学によれば，「神の国」は天使に始まり，アダムとイヴの息子であるアベルを経て，イスラエル，そして教会へと至る。これに対して「地の国」は堕天使のサタンを起源とし，弟のアベルを殺害したカインからアッシリア，そして「第二のバビロン」であるローマへとつながる（ロムルスも弟のレムスを殺害した）。もっとも，現世において相対立する二つの国は目に見えず，相互に混ざり合っている。それゆえ，「神の国」と「地の国」は現世の教会と国家と必ずしも同一ではない。逆に言えば，教会と国家には「神の国」と「地の国」が混在している。しかし，その終極においては「神の国」に永遠の至福と安息がもたらされるのである。

　このような観点から，アウグスティヌスは，キリスト教の枠組みにローマ帝国などの世俗の国家を取り込み，相対化した。彼はまた，平和の普遍的な価値を強調し，悲惨な戦争や内乱を伴う帝国の拡大を批判する（ただし，彼は「平和は戦争によってのぞまれる終極である」（19：

12;（五）57頁）とも述べている）。そして，このように地上の国家を再考するなかで彼が参照したのが，「レス・プブリカ」を「民衆のもの」とし，民衆を「法についての合意と利益の共有によって結合された民の集合」とするキケロの国家論であった。しかし，アウグスティヌスによれば，この定義に従うとローマは国家として存在しなかったことになる。なぜなら，そこには法の前提となる「真の正義」が欠けているからである。しかも，この正義がない王国は盗賊団に他ならない。

　　「正義がなくなるとき，王国は大きな盗賊団以外のなにであろうか。盗賊団も小さな王国以外のなにでもないのである。盗賊団も，人間の集団であり，首領の命令によって支配され，徒党をくんではなれず，団員の一致にしたがって奪略品を分配するこの盗賊団という禍いは，不逞なやからの参加によっていちじるしく増大して，領土をつくり，住居を定め，諸国を占領し，諸民族を征服するようになるとき，ますます，おおっぴらに王国の名を僭称するのである」（4:4;（一）273頁）。

　アウグスティヌスによれば，「真の正義」は「キリストが創始者であり統治者である国家」にしか存在しない（2:21;（一）154頁）。それゆえに彼は，ある意味ではリアリスティックとも言える観点から国家の実態を捉え直した。すなわち，それはレス・プブリカや，あるいはアリストテレスのような最高の善を目的とした共同体ではなく，あくまでも「罰と罪の矯正」や「地上の平和」のための必要悪と見なされたのである。もっとも，その限りで，アウグスティヌスは地上におけるローマの栄誉を完全には否定せず，現世において信仰を広める敬虔なキリスト教徒の皇帝の理想を説いてもいた。

　その一方で，信仰に生き「永遠の平和」を求める者は，この世にあって「寄留者の社会」を形成し，「遍歴の旅」を続ける。この「神の国」

と世俗の国家との関係について，彼は以下のように述べた。

　　「天上の国は，この世にあって遍歴の旅をつづけているあいだ，あらゆ
　る民族からその国の民を召し出し，多様な言語を語る寄留者の社会を集め
　るのである。その国は，唯一にして最高の真の神を拝すべきことを教える
　宗教を阻止しないなら，地上的平和を得させ，保持している慣習や法，制
　度の相違を慮ることなくそれらのうちの何ものかを無効にしたり廃棄した
　りせずに，かえってむしろそれを維持し，追っていくのである」（19：
　17；（五）79頁）。

　とはいえ，先にも述べたように，現世では悪しき者も混じっているた
め，「神の国」はキリスト教の教会とは同一ではない。しかし，こうし
た「寄留者の社会」は，ある意味でローマ帝国とはパラレルな，「あら
ゆる民族」や「多様な言語」から成る社会の展望を示している。ところ
が，その一方で，「どこからでも，優れたもの」を移植してきた地上の
「帝国」は，「蛮族」とされたゲルマンの諸部族の移動によって弱体化
する。そして，アウグスティヌスは430年，ヴァンダル族によって包囲
されたヒッポの町に留まり，そこで生涯を終えた。こうして，キリスト
教によるパラダイムの転換とともに，歴史の大きな流れは古代から中世
へと移ることになる。

参考文献

キケロ（キケロー）『国家について』岡道男訳（『キケロー選集8』岩波書店，1999
　年）
　『ウェッレース弾劾 I』大西英文訳（『キケロー選集4』岩波書店，2001年）
　『法律について』岡道男訳（『キケロー選集8』岩波書店，1999年）
　　※キケロの著作からの引用は，本文中の括弧内で以上の文献での巻と節を示し

（『ウェッレース弾劾Ⅰ』を除く），その後に頁数を記載している。

ウェルギリウス『アエネーイス』杉本正俊訳，新評論，2013年

セネカ『寛恕について』小川正廣訳（『セネカ哲学全集2』岩波書店，2006年）

　『心の平静について』大西英文訳（『生の短さについて』岩波文庫，2010年）

プルタルコス『英雄伝1』柳沼重剛訳，京都大学学術出版会，2007年

タキトゥス『年代記』（上下）国原吉之助訳，岩波文庫，1981年

　『アグリコラ』國原吉之助訳（『ゲルマニア　アグリコラ』ちくま学芸文庫，1996年）

ベイコン（ベーコン）『ベーコン随想集』渡辺義雄訳，岩波文庫，1983年

モンテスキュー『ローマ人盛衰原因論』田中治男，栗田伸子訳，岩波文庫，1989年

ギボン『ローマ帝国衰亡史Ⅰ』中野好夫訳，ちくま学芸文庫，1995年

「マタイによる福音書」佐藤研訳（『新約聖書Ⅰ』岩波書店，1995年）

「ローマ人への手紙」青野太潮訳（『新約聖書Ⅳ』岩波書店，1996年）

アウグスティヌス『告白』（上下）服部英次郎訳，岩波文庫，改訳1976年

　『神の国』（一〜三）服部英次郎訳，岩波文庫，1982-3年，（四・五）服部英次郎，藤本雄三訳，岩波文庫，1986，91年

　　※『神の国』からの引用は，本文中の括弧内で巻と章を示し，その後に以上の文献の冊と頁を記載している。

7 | キリスト教共同体

《目標＆ポイント》 「中世」の「ヨーロッパ」を再考したうえで，「キリスト教共同体」における教会と国家，教権と帝権をめぐる論争や，「12世紀ルネサンス」と大学の設立，そしてアクィナスなどによる知の復興の過程を見つつ，政治と宗教との緊張関係を考察する。
《キーワード》 キリスト教共同体，教権と帝権，12世紀ルネサンス，大学，アクィナス

1.「中世」の「ヨーロッパ」

「ヨーロッパ」の原像

　ローマが東西に分裂した後，ゲルマン諸部族の移動によって弱体化した西ローマ帝国は476年に皇帝が廃位されて滅亡した。このことは，キリスト教の浸透とともに古代から中世への時代の転換を告げる。もっとも，その一方でコンスタンティノープルを首都とする東ローマ（ビザンツ）帝国はその後も1453年まで存続する。とくに6世紀のユスティニアヌス帝のもとでは勢力を一時回復するとともに，ハギア・ソフィア聖堂が再建され，ローマ法の法典（『ユスティニアヌス法典』）の編纂も行

図7-1　聖母子と皇帝コンスタンティヌス（右），ユスティニアヌス（左）　ハギア・ソフィア

われた。東ローマではまた，ギリシア語を介してヘレニズム文化が継承されたが，これに加え，東ヨーロッパのスラブにもキリスト教が伝えられる。東方ではさらに，7世紀にアラビア半島からイスラム教が興り，その後，中央アジアから北アフリカ，イベリア半島にも及ぶ広大なイスラム世界が形成された。このイスラムは，ヨーロッパに大きな脅威を与え続ける一方で，グラナダのアルハンブラ宮殿にも見られるように，高度な文明や学術を有していたことでも知られる。

これに対して，帝国と皇帝を失った西方の世界では，フランク王国などの多くのゲルマン諸国家が新たに登場する。そうしたなか，ローマ教会は，使徒のペテロがローマで殉教したという伝承などをもとに，コンスタンティノープルの教会に対抗するなどして，権威と地位の向上を図る（ヴァティカンにある聖ピエトロ教会の「ピエトロ」は，ペテロのイタリア語読みである）。こうして，西方においては，ペテロの後継者とされるローマ司教＝教皇を頂点とするローマ教会によってゲルマンに対する布教や改宗がなされた。そして800年になると，聖ピエトロ教会においてフランク王国のカール1世に帝冠が授けられた。そこで復活した「ローマ帝国」の理念は，さらにその後，ドイツを中心とする神聖ローマ帝国に受け継がれることになる。

このような「中世」への時代の移行とともに，本書の舞台もまた，古代の地中海世界からヨーロッパの内陸へと転換することになる。かつては「暗黒の時代」とも言われた中世の理解は大きく変わり，その文化的な豊かさなどが再評価されている。とくに，この中世において，キリスト教とゲルマンによって「ヨーロッパ」の原型が形作られたことは見逃せない。また，このキリスト教と，のちに再生を繰り返す古典古代の文化は，以降のヨーロッパを支える二つの大きな知的基盤となった。

もっとも，このような古代から中世へ，あるいは地中海から内陸へと

歴史をつなげる見方は，あくまでも「ヨーロッパ」，とりわけ「西」
ヨーロッパを中心とした見方でもある。ヨーロッパの知的世界は自足的
に展開したのではなく，とくに中世後期以降になると，以上に述べたよ
うな東ローマ（ビザンツ）やイスラムからも影響を受け，発展すること
になる。西ヨーロッパでは「異教」である古典古代の学問は危険視され，
文献は散逸した。これに対して，しばしば指摘されてきたように，古典
古代，とりわけギリシアの文化は，それを受容したイスラム経由で逆輸
入された。そして，このような古典古代の本格的な再生としてのルネサ
ンスは，15世紀中葉，東ローマがオスマン帝国によって滅ぼされること
により，そこから逃れてきたギリシア学者によって促進されたのである。

キリスト教共同体と封建社会

　とはいえ，以下における本書の叙述もまた，従来の「西」ヨーロッパ
中心の物語を繰り返すことになる。しかし，そうした問題や限界を意識
したうえで，中世の「ヨーロッパ」の，とくに西方の世界に改めて目を
向ければ，その大きな特徴は，戦士の共同体であった古代のポリスやレ
ス・プブリカとは異なり，キリスト教の信仰が社会の基礎になっていた
ことにある（広義のキリスト教共同体）。ところが，このキリスト教も
また，1054年に至って西のカトリックと東の正教に分裂する。西ヨー
ロッパではこうして，ローマ・カトリック教会が，世俗と対比される霊
的な事柄を管轄するとともに，洗礼や聖体，結婚などの神の恵みを与え
る儀式（秘蹟）などを通じて，現世における人びとの一生を枠づけるよ
うになった。

　これに対して，「ローマ帝国」の理念が復活した世俗の世界において
は，皇帝に加え，フランスやイングランドなどの諸国の王から諸侯，騎
士に至る，土地を媒介とした新たな主従関係が成立することになる（封

建社会)。もっとも,神聖ローマ帝国の皇帝の地位は多分に名目的であり,諸国の王も同輩中の第一人者とみなされるなど,相互の関係は双務的かつ流動的であり,権力の分散や多元性を特徴としていた。しかし,中世のヨーロッパではこうして,教会と国家という,以降の西洋政治思想の歴史を大きく揺るがす二つの権威・権力の対抗が生まれるとともに,そうした緊張のなかで政治と宗教の関係や,政治という世俗的な営為の意義が改めて問われることになる。

教権と帝権

　楕円の二つの中心にも喩えられる,この教会と国家,あるいは教権 sacerdotium と帝権 imperium の関係は伝統的に,教皇や教会が霊的な事柄を,皇帝が世俗的な事柄をそれぞれ支配するという両剣論によって説明された。聖俗両権を区別する,5世紀末の教皇ゲラシウス1世によって提唱されたこの理論は,「主よ,ご覧ください,ここに剣が二振りあります」という「ルカによる福音書」の一節(22:38;135頁)に由来する。しかし,その一方で教会の制度化が進むとともに,教会統治における教皇の地位が強化される。教皇はまた,精神的な権威として世俗の支配者に対する優越性を誇示するともに,物理的な強制力は持たないものの,聖別や破門という手段を通じて実質的な影響力を行使した。そして何よりも,天国の扉を押さえていた教皇は,人びとの内面や魂の領域を支配するという,古代には見られない強大な力を得ていたのである。

　このような権威や力の集中を背景にして,キリスト教共同体における教皇と皇帝(東ローマ,神聖ローマ),そしてフランスなどの諸国の王との緊張が増していった。ローマ教会によるゲルマンへの接近やカールの戴冠は,東ローマへの対抗上,新たな世俗の保護者を求めてなされたものであった。また,一連の過程のなかで教権の正当性を示す一つの根

拠となった文書が「コンスタンティヌスの寄進状」である。これにより，かつてのローマ皇帝コンスタンティヌスが，東方の教会に対する優位性と西方における世俗の支配権をローマ教会に認めたという主張がなされた（しかし，のちに文献学が発達したルネサンス期において，これが偽造文書であったことが明らかとなる）。

　さらに，神聖ローマ皇帝に対しては，11世紀後半から12世紀にかけての一連のグレゴリウス改革を通じて，聖職者の叙任や教皇選挙における世俗権力の介入が排除された。それゆえ，13世紀に至ると，教皇インノケンティウス3世（在位1198-1216）は，破門などを通じて神聖ローマ皇帝や英仏の国王を屈服させ，他方で十字軍（第四次）を提唱するなど権勢を恣にし，「教皇は太陽，皇帝は月」と演説するに至った。

2. 12世紀ルネサンスと大学

　こうしたなか，「神の代理人」と呼ばれるようになる教皇の権威や権力の理論化に寄与したのが教会法学であった。この教会法学は，11世紀末におけるローマ法の再発見を契機として，12世紀半ばのグラティアヌスの『教令集』やグレゴリウス9世の『教皇令集』を基礎として発展した。また，この教会法学を通じて，「天の王国」の鍵を授けられたペテロの後継者である教皇について，教会統治における首位権や世俗の権力に対する優位が多様に議論されることになる。このような教皇至上権をめぐる議論はさらに，のちの神学者たちによって強化され，世俗の支配者の上に立つ教皇の絶対的な権力が主張されるに至った。

　これらの教権と帝権をめぐる論争とともに見逃せないのが，12世紀において，ローマ法の再発見に加えてプラトンやアリストテレス，キケロなどの古典が再び読まれ始めたことであろう。このような古典古代の見直しは，カール大帝の時代にも一時的に見られた（カロリング・ルネサ

ンス)。その後, この「12世紀ルネサンス」と呼ばれる現象を促進した大きな要因の一つが, 先にも述べたような, スペインのトレドやシチリアのパレルモ, イタリアのヴェネツィアなどを経由してイスラム世界からもたらされた古典古代の文献やアラビアの学術であった。そして, このような文化接触の過程において, アリストテレスの著作や, あるいはコルドバのイブン・ルシュド (アヴェロエス) による注釈もまた, アラビア語やギリシア語からラテン語に訳され, 読まれるようになった。

また, このような知の活性化とともに, それまでの修道院や司教座聖堂の付属学校とは別に, 学生や教師の自治組織や同業組合に由来する大学が新たに誕生した。1088年のボローニャ大学をはじめとして, 12世紀以降, パリやオックスフォード, ケンブリッジなどヨーロッパ各地に大学が創設され, 神学や法学, 医学などが学ばれたのである。しかも, それらの専門課程に進むための基礎教養とされたのが自由学芸 (リベラル・アーツ liberal arts) であった。この自由学芸は, 古代ギリシア・ローマ以来の教養の伝統を受け継ぐものであり, 中世においては哲学を中心としつつ, 文法, 修辞, 論理の三学と, 算術, 幾何, 音楽, 天文の四科から構成されていたのである。大学はのちに世俗の国家によっても設立されるが, このことは知的な人材に対する需要が聖俗の両世界において高まっていたことを示している。

このように, 12世紀ルネサンスを一つの大きな契機として, キリスト

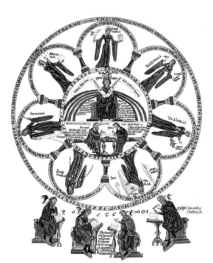

図7-2 哲学と七自由学芸

教に加えて古典古代の教養が顧みられるようになった。たとえば，イングランドのカンタベリーで教会行政に携わり，のちにシャルトルの司教になったソールズベリーのジョン（1115/20頃-80）は，12世紀の中葉に書かれた『メタロギコン』において，アリストテレスに由来する論理学を擁護し，自由学芸の意義を強調する。彼によれば，「言葉という賜物が奪われれば，人間は野蛮な動物の状態に後退する」のであり，その結果，「都市は，社会生活を営み，相互に奉仕し合う友愛の場所ではなくなる」のである（604頁）。その一方で，彼が同時期に執筆した『ポリクラティクス』は，当時の宮廷人の愚行を批判し，有機体的な共同体論や君主などの支配者の「鑑」を示したことで知られる。

とはいえ，キリスト教と古代ギリシア・ローマという「異教」の知は容易に接合できるものではない。しかし，そうした神学と哲学との調和を目指して発展したのが，「学校」を原義とし，大学で学ばれる学問の総称でもあるスコラ学である。そして，このスコラ学を代表する人物の一人であり，キリスト教と古典古代，あるいは信仰と理性の総合を試みたのがトマス・アクィナス（1224/5-74）であった。以下で見るように，彼の神学の体系には実際に，目的論的な発想に加え，共通善や国制などをめぐるアリストテレス以来の言説が随所に取り込まれている。

3. トマス・アクィナス

『神学大全』

南イタリアのアクイーノ近郊で城主の三男として生まれたトマス・アクィナス（以下，本章ではトマスと表記）は，皇帝フリードリヒ2世によって設置されたナポリ大学で学ぶとともに，フランシスコ会と並んで同時代に創設された修道会のドミニコ会に入会する。「だまり牛」とも呼ばれた彼はその後，パリ大学神学部の教授となり，膨大な量の著作を

図7-3 トマス・アクィナス

残した。彼の主著である『神学大全』1266-73は初学者向けの入門書とされながらも、邦訳で全45巻（39冊）に及ぶ未完の大著であり、思想のゴシック建築にも喩えられる。もっとも、「異教」のアリストテレスを受容し、理性の役割を容認したトマスの議論は他方で論争的であり、同時代の正統的な教説を示したものではない。しかし、彼の神学はのちに16〜17世紀におけるスペインのサラマンカ学派や、19世紀後半からのトミズムの再興などを通じて改めて注目されることになった。

『神学大全』では、神と人間とキリストについての500以上の問題が立てられ、2,600を超える項目が、幾つかの「異論」とそれらへの「反対異論」、トマスの考えを示す「主文」、そのうえで異論を捉え直す「異論解答」といったスコラ的な討論の形式で探究される。その冒頭で問われたのが信仰と理性、あるいは「聖なる教」と哲学の問題であり、トマスは次のように答える。すなわち、「人間は神を目的として秩序づけられている」のであり、神についての真理の認識に人間の救済はかかっている。もっとも、その目的は理性の把握を超えており、したがって、人間の救済のためには、理性による哲学だけでなく神の啓示による「聖なる教」が必要となる（1:1:1；（Ⅰ）10頁）。とはいえ、このことは哲学が不要であることを意味しない。彼によれば、「神の結果はその原因に依存するものであるから、われわれは結果よりして神について、それが「存在する」ということを認識するところまではみちびかれることができる」（1:12:12；（Ⅱ）362頁）。このように、信と知は対立するものではなく「恩寵は自然を破壊せず、却ってこれを完成する」のであり、

哲学は信仰の前提なのである。

　それでは，このような観点から世界の秩序，そして，人間の本性や世俗の共同体はどのようなものとして認識されるのか。トマスは一方で，「存在の連鎖」とも呼ばれる伝統的な秩序像を提示する。それは，神を頂点とする階層的な秩序であり，無機的な自然から植物，動物，人間，天使へと至る階梯から構成されるとともに，そのいずれもが神という「目的」に向かって進む秩序なのである。

　また，これに加えて，トマスはとくに法の体系について以下のような議論を展開する。すなわち，神は法を通じて人びとを教え導くが，法は人間の行為の規準であり，その根源である理性に属するものである。しかも，幸福を目的とする人間は，同時にまた「国」（「キウィタス」）の部分であるために，法は共通善を目的とする。したがって，法とは理性による「共通善への秩序づけ」なのである（2−1：90：2；39頁）。

　このような法の定義をもとに，トマスはさらに，それを永遠法，神法，自然法，人定法の四つに分類する。永遠法とは世界を支配する神の摂理や理念であり，神法は聖書に書かれた法である。その一方で，自然法は「理性的被造物における永遠法の分有」（2−1：91：2；55頁），言い換えれば，人間の理性によって認識された永遠法であるとして説明される。この自然法はまた，「善は為すべく，追求すべきであり，悪は避けるべきである」（2−1：94：2；125頁）という規定にもとづくが，そのうえで彼は，真理の認識や社会性といった，善に対する人間の「自然本性的な傾向性」を以下のように強調した。

　　「人間のうちには，人間自身に固有的なる理性的本性にもとづくところの，善への傾向性が見出される。すなわち，人間は神について真理を認識することや，社会のうちに生活することなどへの自然本性的なる傾向性を

有する。〔……〕こうした傾向性にかかわるところのことがらが自然法に属するのである」（2-1：94：2；127頁）。

　こうしてトマスは，自然法として無知を避けることや他者と争わないこと，そして自分の生命を保持することや子供を育てることなどを挙げた。また，この自然法から導き出されるのが人定法であり，それはさらに万民法と国法に分かれる。そして，とくに後者の国法は，世俗の国家において，実際の君主政や貴族政，民主政などの違いに応じて制定されると彼は説明したのである。

『君主の統治について』

　このように，トマスの体系においては，様々な政体を有する世俗の国家もまた，神を目的とするキリスト教的な秩序のなかに位置づけられた。このような考えは，「神の国」と「地の国」を分け，国家を必要悪とし，人間の罪に対する矯正の場としたアウグスティヌス以来の考えとは大きく異なっている。しかも，ここで併せて見逃せないのは，善への傾向性を強調したトマスがまた，人間をポリス的（政治的）動物としたアリストテレスの見解を参照し，それを読み替えたことであろう。アリストテレスの『政治学』は実際に，1260年代になってラテン語訳が読まれるようになった。トマスもまた，『政治学』を含めたアリストテレスの著作の註解を残している。

　このようなトマスの君主論が展開されたのが，当時のキプロス王に捧げるため1267年頃に書かれた『君主の統治について』である。その冒頭の一文で彼は以下のように述べた。

　　「人間一人ひとりには理性の光が自然本性的に賦与されており，かれの

さまざまな行為は，その光に照らされて目的へと導かれる。〔……〕人間
は，他のすべての動物にもまして，自然本性上，集団のなかで生活する社
会的および政治的動物であることは明らかである」(17頁)。

　この文章には，理性の役割や人間の社会性を認めるトマスの議論の特
徴を改めて確認することができる。もっとも，彼はここでポリスに由来
する「政治的」という言葉を広く「社会的」とも言い換えた。そこには，
ポリスを自足的な共同体とするアリストテレスと，神を目的とするキリ
スト教共同体に生きるトマスとの間に内在した緊張を見ることができる
だろう。

　その一方で，世俗の政治を主題とした，トマスのほぼ唯一の作品であ
る『君主の統治について』ではまた，中世において盛んに議論された，
理想の君主を論じる伝統的な「君主の鑑」論が展開される。そこで彼は，
君主を「一つの都市もしくは領国の民衆を共通善のために支配する者」
（24頁）としたうえで，君主政が自然に適った最善の政体であることを
心臓や理性，そして唯一の神などを例に挙げて以下のように述べた（た
だし，『神学大全』ではさらに，君主を中心とする混合政体への言及が
見られる）。

　　「自然本性に適っているもののほうが最善の状態にある。〔……〕とこ
ろで，すべての自然的統治は一者によって司られている。例えば，身体の
諸部分の間にあって，一つのもの，すなわち心臓がすべてを働かしている
ように。また，霊魂の諸部分の間にあっても，一つの力，すなわち理性が
主として支配しているように。また，蜂の間にあっても，単一の王が存在
し，全宇宙においては，万物の創造主にして支配者である唯一の神が存在
するように，である。〔……〕人間の集団の場合も，一人の人間によって
統治されるのが最善であることになる」(26-7頁)。

これに対して，トマスによれば，多数による支配は逆に，内部対立や僭主政を招く危険が大きい。しかし，その君主自身が僭主となった場合はどうするか。こうした場合の抵抗の是非について，トマスは一方で，聖書などを踏まえて服従を説き，抵抗された僭主が凶暴化したり，次の君主がより悪くなるといった危険に加え，私的な独断によって善君が追放される恐れを指摘する。しかし，他方で彼は，とくに過度の圧制の場合については，古代ローマの元老院などの例を挙げながら，僭主に対する救済策を「公的な権威」に委ねることを提言したのである。

4.「普遍」世界の動揺

このように，トマスにおいて，アリストテレスなどの古典古代の議論が取り込まれ，キリスト教共同体のなかに世俗の国家や君主の存在が位置づけられた。しかし，その一方で，そうした王国や王権の伸長などに伴い，教皇を頂点とした「普遍」世界が動揺する。1303年，教皇至上権を強調したボニファティウス8世がフランス王によって捕縛された事件はこのことを象徴する（アナーニ事件）。その後，教皇庁は1309年にフランスのアヴィニョンに移転するが，1378年から1417年にかけてローマとアヴィニョンに二人の教皇が並び立つなど混乱が続いた。このような分裂に際し，教会の内部では，教皇を頂点とした階層的な上下関係ではなく，聖職者の平等を前提とした公会議主義が提唱されるようになる。

加えて見逃せないのは，こうしたなか，世俗的な人間や政治の世界が次第に自律的なものとして捉えられるようになったことである。アヴェロエスを通じたアリストテレスの受容は一方で，信仰と理性を結びつけたトマスとは異なり，両者を切り離す二重真理説を生み出した。また，これに続いて，トマスとは対照的な国家論や法論を展開したのがパドヴァのマルシリウス（1275/80-1342/3）である。彼はイタリアのパド

ヴァで医学を学び、パリ大学では短期間ではあるが学長を務めた。その後、彼は『平和の擁護者』1324においてアリストテレスを繰り返し引用し、国家が「自足的」で「完全」な共同体であり、地上における「善き生」を目的とすることを強調したのである（520-1頁）。それゆえ、人定法もまた、トマスのように永遠法や自然法から導かれ、かつ理性によって共通善に秩序づけられるものとは見なされない。マルシリウスによれば、「市民たちの総体あるいはそれの優勢な部分のみが人間的立法者である」（532頁）。彼にとっての法は、人間の意志によって制定され、なおかつ実際に強制可能なものであった。

　このように世俗的な国家論や法論を展開したマルシリウスの議論は、その後の主権国家論や人民主権論などの起源として注目されてきた。もっとも、マルシリウスの意図はあくまでも、世俗の事柄への干渉を試みる教皇の至上権を平和や静穏を脅かす疫病として批判することにあった。彼によれば、「国家もしくは王国においては数的に一つのみの至高なる支配権があるべきである」（532頁）。したがって、平和の擁護者は教皇ではなく、彼がのちに身を寄せた神聖ローマ皇帝（バイエルン公ルートヴィッヒ4世）であったのである。

　また、マルシリウスと同様に帝権を支持した議論として注目されるのが、ダンテ・アリギエーリ（1265-1321）の『帝政論』である。『新生』や『神曲』などで一般に知られる彼は、教皇派と皇帝派、そして教皇派内部での対立に揺れるイタリアのフィレンツェで要職を務めた人物でもあった。その後、フィレンツェから追放され、神聖ローマ皇帝にイタリアの統一と平和の希望を託した彼は、『帝政論』において、世俗的君主国の知識こそが最も有用であるとして、実践を目的とした独自の政治論を

図7-4　ダンテ

展開する。彼によれば，「インペリウム」(「帝国」)と呼ばれる世俗的君主国は，「時間の中に存在するあらゆるものの上に位する，あるいは時間により測られるものの中で，そしてこれらのものに対して行使される単一の支配権である」(10頁)。そのうえで彼は，世界全体が善い状態にあり，平和や正義や自由が実現されるには一人の君主による支配が必要であることを主張する。さらに，そうしたインペリウムの模範となるのが，正当に世界を支配し，とくにアウグストゥスによって普遍的な平和が実現された（とダンテが評価する）かつてのローマ帝国であった。こうして彼は，帝権が神に直接由来することを主張して教皇の至上権を斥けるとともに，「哲学の教えに従って人類を現世の幸福へと導いていく皇帝」の役割を称揚したのである（196頁）。

　このように，中世ヨーロッパにおいては，二振りの剣ともされた聖と俗，すなわち教会と国家，教権と帝権，そして各国の王権との緊張のなかで，政治と宗教をめぐる様々な議論や意見が展開された。それはまた，キリスト教のパラダイムのもと，イスラムを経由したアリストテレスをはじめとする古典古代の受容や，各地の大学などを通じて活性化された。もっとも，トマスによってキリスト教と古典古代の統合が試みられる一方で，教皇を頂点とする「普遍」的なキリスト教共同体は，世俗の国家の台頭によって大きく動揺する。こうしたなか，古代ローマの詩人ウェルギリウスを案内人とするダンテの『神曲』が書かれるが，そのなかで歴代の教皇が地獄に落とされたことは，中世における文化的な成熟とともに，次の時代への転換を示すものと言えよう。ヨーロッパではこうして，古典古代を模範とする政治思想のルネサンスが本格的に進行するのである。

参考文献

「ルカによる福音書」佐藤研訳（『新約聖書II』岩波書店，1995年）

ソールズベリーのジョン（ヨハネス）『メタロギコン』甚野尚志他訳（『中世思想原典集成8』平凡社，2002年）

アクィナス『神学大全』（I-II）山田晶訳，中公クラシックス，2014年

　『精選 神学大全2』稲垣良典，山本芳久編，稲垣良典訳，岩波文庫，2024年

　　※『神学大全』からの引用は，本文中の括弧内に部：問題：項を示し，これらに続けて，第1部は中公クラシックス版の冊と頁数，第2部の第1部は岩波文庫版の頁数を記載している。

　『君主の統治について』柴田平三郎訳，岩波文庫，2009年

パドヴァのマルシリウス『平和の擁護者』稲垣良典訳（『中世思想原典集成18』平凡社，1998年）

ダンテ『帝政論』小林公訳，中公文庫，2018年

将基面貴巳『ヨーロッパ政治思想の誕生』名古屋大学出版会，2013年

8 | ルネサンスと人文主義

《目標＆ポイント》 古代を理想とし，古典や教養に育まれた14世紀から16世紀にかけてのルネサンス期の政治思想を，都市や宮廷を舞台とし，ペトラルカからブルーニ，カスティリオーネなどを経て北方のエラスムスやモアへと伝播した人文主義の多彩な展開において理解する。
《キーワード》 人文主義，都市と宮廷，ペトラルカ，エラスムス，トマス・モア

1. 「ルネサンス」

　「再生」を意味するルネサンスは一般に，14世紀から16世紀にかけて，イタリアから始まりヨーロッパ各地へと伝播した一連の文化運動を指す。19世紀の歴史家ブルクハルトの『イタリア・ルネサンスの文化』1860によれば，この時代において「世界と人間の発見」がなされる。それまでの「暗黒の中世」に対して，ルネサンスは「近代」の始まりであり，「国家」が精密に作られ，「個人」が目覚めた時代であると高く評価されたのである。しかし，このような見解は，それ自体が「近代」を基準とする見方を過去に投影したものとも言えるだろう。前章でも見たように，古典古代の文献の受容という意味での「ルネサンス」は12世紀にも見られた。したがって，たとえばホイジンガの『中世の秋』1919において示されたように，ルネサンスは近代の起源と言うよりも，むしろ中世という時代や文化の「実りの秋」とも言えるのである。
　とはいえ，この時代に世界や人間の見方が変化したことは，遠近法

（透視図法）の採用や個人の肖像画の流行，均衡と調和を重視するルネサンス様式の登場などからも窺える。もっとも，歴史の文脈に沿ってさらに

図8-1　遠近法による理想都市の景観（1480s）

見方を変えれば，ルネサンスはまた，世俗の国家や都市が実際に発展する一方で，神を目的とした「普遍」的な秩序や規範が大きく動揺した時代でもあった。古典古代が新たな拠り所として求められる一方，16世紀にはプロテスタントによる宗教改革が始まるが，このような転変は同時にまた，精神的な緊張や存在の不安を伴っていたとも考えられる。人間を容赦なく支配する「運命」の意識に加え，時代が進むとともに見られたペシミズムの昂進やメランコリーの流行は，ルネサンスに光と影の両面があることを示している。

　14世紀において，ダンテとともに（近代ではなく）古典古代の「再生」や「発見」を通じてルネサンスの開花を促した代表的な人物の一人がフランチェスコ・ペトラルカ（1304-74）である。中部イタリアのアレッツォに生まれ，桂冠詩人の栄誉を得た彼は，その一方で，教皇庁が移されていたアヴィニョンや北イタリアなどを転々とした放浪の詩人でもあった。『親近書簡集』などに残された彼の作品には，アウグスティヌスに加え，プラトンやキケロをはじめとする古典古代への強い傾倒が見られる。ペトラルカはそれゆえ，ローマを訪問した際には巨大な遺跡に圧倒されて茫然自失となる。彼はまた，キケロやリウィウスなどの散逸した作品を実際に発見，収集，復元するだけでなく，それらと対話し，古代人に宛てた書簡まで執筆した。そのうえでペトラルカは，古代ローマとイタリアの再興を願うことになるが，『カンツォニエーレ』におけ

る祖国の美徳と古の勇武を謳った一節は，のちにマキャヴェッリの『君主論』の末尾を飾ることになる。

2. 人文主義

　こうしたなか，ペトラルカは，「帝国の首都にして教皇の座であるべき都ローマ」(『ルネサンス書簡集』179頁) において1347年に起きた書記官コーラの改革を熱烈に支持した。しかし，古代の共和政ローマや，自由や市民，祖国といった理念の復活を夢見たこの企てはあえなく挫折する。しかも，続けて黒死病（ペスト）が大流行し，ヨーロッパの各地で人口の多くが喪われる。ペトラルカと交友関係にあったジョバンニ・ボッカッチョ (1313-75) の『デカメロン』1351は，この黒死病に襲われたフィレンツェを舞台とする。10名の紳士淑女によって10日間で語られた，(よく言えば) 人間の生命力に満ち溢れた100の物語は，誰もが相手を避け，隣人の世話をせず，家族を見捨てるなど，「一人残らず心の傷を負い」(上16頁)，市民の風俗が失われるなかで紡ぎ出されたのである。ペトラルカもまた，多くの友人や終生の恋人を喪った。しかし，このような「運命」の転変に際し，それに抗するかのようにパンデミック以降のヨーロッパに広まったのが，古典古代を模範とし，ダンテやペトラルカ，ボッカッチョらを嚆矢とする人文主義 humanism であった。

　この人文主義は，古代ギリシアやローマの伝統を引き継ぎ，以降のヨーロッパにおける基礎的な教養となる。その中核となるのが，相互に連関する文法，修辞，詩，歴史，道徳哲学から成る人文学 studia humanitatis である。したがって，それはまた，数学的な科目を含む中世の自由学芸や論

図 8-2　ペトラルカ

理的・体系的なスコラ学とは異なり，文学的・博学的な特徴を強く有するとともに，人間性の陶冶や学問の実践を志向するものであった。しかも，レトリックや文書作成の能力に優れていた人文主義者は，詩人や文人，あるいは教師としてだけでなく，都市国家や教皇庁の書記官，宮廷の顧問官，外交使節，君主や貴族の家庭教師などとして活躍することになる。

こうして，たとえばペトラルカは晩年の『無知について』1371のなかで，アリストテレスを権威とするスコラ的な知識人に対して，「人間の本性はいかなるものか，なんのためにわれわれは生まれたのか，どこから来て，どこへいくのか」（34頁）を知るべきことを主張する。ペトラルカはまた，とくにキケロの雄弁を称賛し，「徳を愛し悪徳をにくむよう，ひとの心をかりたてたり燃えたたせたりする」（113頁）言葉の力を強調した。他方でボッカッチョは，フィレンツェの要職を歴任し何度も外交使節を務めながら，フィレンツェ大学におけるギリシア語講座の開設に尽力した。また，15世紀半ばになると，ロレンツォ・ヴァッラによって「コンスタンティヌスの寄進状」が偽造文書であることが判明するが，このことは原典を重視する人文主義者の基本的な姿勢とともに，言語学や文献学の発達を示している。

3. 都市と宮廷

市民的人文主義

このような人文主義的な教養の浸透を背景として，同時代のイタリアにおける活動的生活の舞台となったのが都市と宮廷であった。経済の発展に伴い，中世後期にヨーロッパの各地で自治都市が登場したが，イタリア中・北部では12世紀以降，ヴェネツィアやミラノ，フィレンツェといったコムーネ comune と呼ばれる都市国家が発展した。このコムーネ

図8-3 善政の景観（ロレンツェッティ，1338-40）

は，周辺の農村地域を支配する政治的な共同体であり，従来の貴族に加え，アルテと呼ばれる同業者組合を通じて新興の市民が発言力を強めるようになった。ところが，党派対立の激化に伴って一人支配への傾向が強まり，13世紀後半以降になると，ミラノのヴィスコンティ家やスフォルツァ家，フェラーラのエステ家，パドヴァのカッラーラ家，ウルビーノのモンテフェルトロ家など，多くの都市ではシニョーレと呼ばれる僭主が登場するようになった。

　フィレンツェ共和国においても，ダンテが追放されるに至った党派や階層間の対立が続いていた。しかし，その一方で見逃せないのは，14世紀後半から15世紀前半にかけて，コルッチョ・サルターティ（1331-1406）やレオナルド・ブルーニ（1369/70-1444）などの人文主義者が書記官長を歴任したことであろう。なかでも，レトリックを駆使したサルターティの書簡は千の騎兵に匹敵するとも言われた。もっとも，僭主政のパドヴァの学生への返答として書かれた『僭主論』1400において，彼は僭主を正当な方法で殺害することを容認しながらも，他方で君主政を最善の政体とする。さらに彼は，カエサルは僭主ではなかったと述べ，暗殺者のマルクス・ブルトゥスらを地獄の深淵に落としたダンテの『神曲』を支持した。このことは人文主義の政治論が共和政論だけに限られず，単一の教義やイデオロギーに還元できないことを示すものとも言えよう。そして，このサルターティのもとに人文主義者が集い，多彩で活

発な議論が展開されたが，そこにいた若者の一人がのちの書記官長ブルーニであった。

　ブルーニは市政の要職を担う傍ら，プラトンやアリストテレス，デモステネスなどのギリシア古典をラテン語に翻訳するとともに，『フィレンツェ市礼賛の辞』1404や『フィレンツェ人民の歴史』1429などを執筆した。たとえば，『ナンニ・デッリ・ストロッツィに捧げた追悼演説』によれば，フィレンツェは「あの高貴にして最善の学，人類に最も相応しく公私の生活に不可欠な知，あの文学に基づく博識に彩られた学問」（170頁）である人文学の拠点とされた。しかも彼は（サルターティの『僭主論』とは対照的に）フィレンツェの共和政を以下のように賛美した。

　　「我々は共和政の政治形態を採っておりますが，それはすなわち市民同胞のすべてが自由と平等を最大限に享受するがためにほかなりません。それは構成員全員にとって最も公平な体制ゆえに，民衆的と呼ばれます。そこでは，専制的な支配者を恐れる心配はありませんし，寡頭的な権力に隷属する懼れもありません。自由が等しく保障され，従うべきは法のみゆえに，人々は恐れから解放されて生きることができます」（167頁）。

　フィレンツェの自由や平等を讃えるこの演説は，かつてのペリクレスによる追悼演説を彷彿とさせる。このように，フィレンツェなどの都市を中心に展開され，とくに共和政を理想とする議論は，市民的人文主義 civic humanism とも呼ばれている。次章以下でも述べるように，この伝統はマキァヴェッリの『ディスコルシ』にも継承されるとともに，初期近代における共和主義の展開にも寄与したとされる。

宮廷の人文主義

ところが、他のコムーネが僭主政へと変わり、多くの「君主」（プリンチペ）が新たに登場するなか、15世紀中葉にはフィレンツェでもメディチ家が実権を握るようになった。このように、都市の広場から宮廷という囲われた場に政治の舞台が移るとともに人文主義の傾向も変わり、観念的な新プラトン主義が一方で流行する（その影響はボッティチェリなどの絵画や図像にも見られる）。また、1470年代前半に書かれたランディーノの『カマルドリ論議』では、市民生活に関与する活動的生活に対して、真理を探究する観想的生活の優越が説かれるようになった。

もっとも、君主の宮廷における人文主義は他方で、フェラーラやマントヴァ、とりわけ中部イタリアの小国ウルビーノの宮殿で洗練されたとも考えられる。たとえば、『カマルドリ論議』でも称賛されたウルビーノ公フェデリーコ・ダ・モンテフェルトロは、傭兵隊長の出身でありながら、その人文主義的な教養の高さや蔵書の充実で知られる。彼の食卓では、リウィウスの『ローマ建国史』などが常に朗読されていた。そして、彼を継いだ息子のグイドバルドの宮廷を舞台として書かれたのがバルダッサーレ・カスティリオーネ（1478-1529）の『宮廷人』1528である。彼自身もまた、ウルビーノをはじめとして、マントヴァや教皇庁の大使として、ローマやマドリードなどの各地に派遣され、多くの重要な交渉に携わった宮廷人であった。

この『宮廷人』では、公妃エリザベッタが主宰する夜会に参加した19人の紳士と4人の貴婦人による「愉

図8-4　ウルビーノの宮殿

しい会話と品のよい冗談」（29頁）を通じて，武芸やダンスだけでなく，人文主義的な教養を備えた宮廷人の理想が語られる。すなわち，「完全な宮廷人」には，ラテン語やギリシア語の知識，詩や弁論，歴史の素養などに加え，俗語で詩や散文を書く訓練などが求められるのである。また，とくに重要とされたのが，「さりげなさ」sprezzatura と「気品」grazia であった。それらは，「わざとらしさ」を避け，技巧を表に見せない「技とは見えぬ真の技」である。彼によれば，「宮廷人はその動作，身のこなし，態度，要するにすべての行動に気品を持ってのぞむべき」（85頁）であり，そのうえで，「何を行ない，何を言うか，どこでそれをするか，だれの前でするか，いつするか」（205頁）を考慮する必要がある。このように，『宮廷人』では，上品な会話や洗練された振舞いによって，両性の関係も含めた他者との交際を成立させるための，高度な技術と作法が説かれたのである。

　宮廷はまた，都市と同様に多くの人びとが集まり，交際の作法が洗練される，いわば文明の発信源であっただけでなく，君主を中心とする政治の拠点でもあった。それゆえ，「完全な宮廷人」の目的は，「君主の好意と心を掴み」（621頁），助言によって真実を伝え，徳へと導くことにある。とはいえ，『宮廷人』によれば，今日の君主たちは悪習や無知や追従によって堕落しており，峻厳な哲学者による諫言は聞き入れられない。このような「ありのままの」現実に対する「完全な宮廷人」の振舞い方は，カスティリオーネが，以下で述べるエラスムスやトマス・モア，そしてマキァヴェッリの同時代人であったことを示している。すなわち，宮廷人の役割はまさに，君主の寵愛を得て，音楽や騎馬，詩歌や恋愛談義といったあらゆる手段を駆使し，まさに薬瓶の口に塗った「甘い飴」（633頁）によって善い君主へと導くことにあったのである。そして，このような「技とは見えぬ真の技」，あるいは文明的とも言える作法を

記した『宮廷人』は各国語に翻訳され，以降のヨーロッパの宮廷社会で広く読まれることとなる。

4. 北方ルネサンス

　ルネサンスの人文主義は，16世紀になるとさらに，アルプスを越えてヨーロッパの各地へと伝播する。ところが，イタリアの都市国家とは異なり，神聖ローマ帝国に加えフランスやイングランド，スペインといった諸王国は支配権の拡大を図り，複数の王国や領邦などを包含あるいは統合する，新たな広域の集権国家を形成しつつあった。その一方で，教皇領を有するローマ教皇も紛争の当事者となっていた。それゆえ，北方の人文主義者はとくに，キリスト教共同体の揺らぎだけでなく，模範とすべき古代のポリスやレス・プブリカとは大きく異なる政治の現実に直面することになる。このような現実と理想との乖離の認識は，「ありのままの」国家や宮廷，教会に対する批判を強めるとともに「どこにもない」ユートピアの想像を促すことになろう。以下で見るように，それはまた，所与の現実に対するリアリスティックな態度とともに，それをある種の虚構の舞台＝フィクションと見なす演技の意識を醸成したとも考えられる。

エラスムス

　この北方ヨーロッパにおける「巨星」とも言われる人文主義者がデシデリウス・エラスムス（1466/9-1536）とトマス・モア（1477/8-1535）であった。オランダのロッテルダムに生まれたエラスムスは，ペトラルカのようにヨーロッパ各地を遍歴する生活を送りながら，その人文主義的な教養によって国境を超えた名声を得た。折からの印刷術の普及もあいまって，古典古代の格言を収集・解説した『格言集』1500やラ

テン語会話の例文集を元にした『対話集』1518，そして以下で述べる『痴愚神礼讃』1511などは何度も版を重ねた。こうして，たとえば「戦争は体験しない者に快い」という格言が広く人口に膾炙する。また，彼の『少年礼儀作法書』1530は，カスティリオーネの『宮廷人』やデッラ・カーサの『ガラテーオ』1558などとともに，文明的な振舞い方を示す作法書として読み継がれることになる。

　エラスムスはまた，その教養を駆使して聖書や教父の作品などのキリスト教の原典を読み直し，神学研究を復活させようとした。ヴァッラを先駆とする，このようなキリスト教人文主義とも言われる流れを代表する成果が，エラスムスによる『校訂新約聖書』1516である。ギリシア語原典の正確な理解を試み，新たなラテン語訳を加えたこの作品は，キリスト教の本来の姿の再生を目指すとともに，同時代の教会や神学者に対する批判も伴っていた。その「序文」において彼は，「プラトンの書物を読んだ事のない者は，プラトン主義者ではありません。同様に，キリストの文書を読んだ事のない者は，神学者でもないし，キリスト者でもないのではないでしょうか」（218頁）と述べている。

　エラスムスはまた，ブルゴーニュ公カール（のちの神聖ローマ皇帝カール5世）の名誉顧問官となり，『キリスト者の君主の教育』1516を執筆した。この作品には，君主論の古典であるイソクラテスの『ニコクレスに与う』の翻訳も併せて掲載された。エラスムスはさらに，プラトンやアリストテレス，セネカなどの君主論の伝統を継承して以下のように述べる。「君主であることと良い人間であることを両立させるという立派な仕事が果たせるのなら，そうするにしくはない。けれども，もし両立させることが出来ないのなら，迷わず君主の地位のほうを捨て去るべきである」（314頁）。彼はまた，『平和の訴え』1517において，「人間として人間を，自由人として自由人を，そしてキリスト教徒としてキリ

スト教徒を統治するのだということを夢にも忘れるべきではありません」(69頁)とも訴えた。

このように、エラスムスは、古典古代の原像とキリスト教の源泉を探究し、その再生を目指す北方の人文主義の模範とも言える議論を展開した。その根底にあったのが、『平和の訴え』にも見られた、人間性に対する希望であった。彼によれば、人間にだけ「共通の理性の力」や「友情の特別な仲立人である言語」が授けられ、知識や徳、そして「優しく、おだやかな性向」が与えられている(20-1頁)。もっとも、これとは正反対の悲観的な人間観を提示したのが、言うまでもなくマキァヴェッリの『君主論』である。しかし、エラスムス自身も一方でまた、「ありのまま」の人間の姿を観察していた。『痴愚神礼讃』によれば、「痴愚に囚われ、過ちを犯し、幻想を抱き、無知の闇に沈んでいる」のも人間である(82頁)。この理想と現実との落差から痛烈な諷刺とユーモアが生まれる。それが、このユニークな作品の由縁であった。

『痴愚神礼讃』では、エラスムスの友人であったモア More の名前をもじった登場人物の痴愚神 Moria によって、あらゆる人びとが笑い飛ばされる。人間は真実よりも嘘や見せかけ、虚偽や幻に囚われる。この世では痴愚こそが知恵であり、賢いことは愚かである。幸福も人間の意見や考え方次第。こう述べて既成の価値観を転倒させる痴愚神は、文法学者や弁論家、詩人、文人、法学者、論理学者、哲学者、神学者、修道士に加え、王侯や廷臣、そして教皇、枢機卿、司教までも次々と嘲笑の対象にする。しかも、痴愚神によればまた、哲学者や文人による統治はむしろ災いであり、ソクラテスやプラトン、

図 8-5　壇上から語る痴愚神

アリストテレスの高説で治められた国家はない。そうではなく，幻想や追従，寓話やお伽話，そして「愚かさという甘い蜜」(57頁) によってこそ，相互の人間関係や政治秩序は保たれる。人生は芝居であり，それゆえ，仮面を剥いで舞台を台無しにしてはいけないのである。

　「舞台で役者たちが芝居をしている最中に，その仮面をはぎ取って，見物客たちにその持って生まれた素顔を見せようとする者がいたとすれば，そやつは芝居全体をぶちこわしにしてしまうことになりますよね。〔……〕それにほかならぬ人間の一生全体が，芝居でなくてなんでしょう？　そこでは誰もが仮面をかぶって登場し，自分の役柄を演じ，やがて舞台監督によって表舞台から退場させられるのです」(72頁)。

トマス・モア

　このような理想と現実の乖離の意識，あるいはユーモアの感覚や演技の哲学は，この『痴愚神礼讃』が献呈されたモアにも共有されていた。ロンドンに生まれた彼は，オックスフォード大学や法学院を経て下院議員となり，司政長官補としてロンドンの市政にも携わっていた。その傍らで彼は，最善の状態の「レス・プブリカ」を『ユートピア』1516で描くことになる。

　『ユートピア』は2部構成であり，対話形式で書かれた。その第2部において登場人物のギリシア学者ヒュトロダエウスによって語られる「ユートピア」は，ギリシア語からの造語で「どこにもない場所」を意味する。それは，言語や風習，制度や法などを同じくする54の都市から構成される，大陸から切り離された島であ

図8-6　ユートピア島

り，共同生活と生活物資の共有を原理とする豊かで公正な社会であった。そこでは，統領などの役職は投票で選ばれ，全員が2年交代で農業に携わり，10年ごとに家を交換する。労働は1日6時間であるが，酒場や売春宿はなく，無為や怠惰，金銀や宝石などは蔑まれる。とりわけ，諸悪の根源である高慢心を生む私有財産や貨幣の使用が廃止されているのが大きな特徴であった。このように，全員が公的な事柄に励むのが理想的な「レス・プブリカ」なのである。

　ところで，このような「ユートピア」の発想は一方で，コロンブス以降の「新世界」の「発見」を背景とする。ヒュトロダエウスはポルトガル人であり，オデュッセウスのように船旅をし，世界を周航するなかで文明の進んだ「ユートピア」に暮らしたとされる。ヨーロッパ諸国は実際に世界の端とされた「ヘラクレスの柱」（＝ジブラルタル海峡）を超えて海外へと盛んに進出した。こうして，のちの時代になるが，たとえば1600年には，イングランド人ウィリアム・アダムス（のちの三浦按針）を乗せていたオランダ船デ・リーフデ号が豊後臼杵の海岸に漂着する（その船尾にはエラスムスの木像が据え付けられていた）。そして，ユートピア作品の一つであるベイコンの『ニュー・アトランティス』1627では，ペルーと日本の間の太平洋上の島が舞台となる。

　モアの『ユートピア』に話を戻せば，そこではまた，イングランドを含めた同時代の政治や社会が辛辣に諷刺された。第1部では，「羊が人間を喰らう」囲い込み運動の実態や，領土の拡大や戦争，民衆の圧迫や法の歪曲といった問題が指摘される。しかも，同様に深刻なのは，『宮廷人』や『痴愚神礼讃』でも批判された宮廷の腐敗であった。そこで，対話の相手である登場人物のモアは，プラトンの哲人王の理念に言及し，ヒュトロダエウスに宮廷の顧問官となって国王に奉仕することを勧める。ところが，ヒュトロダエウスは，実際の宮廷では哲学者の助言は聞き入

れられず，「たちまち放り出されるか嘲りの的にされる」（95頁）として
繰り返し提案を斥ける。ユートピアの物語は，このように公的な事柄に
携わる活動的生活を拒否し，ギリシア語で「馬鹿話の大家」を意味する
名前のヒュトロダエウスによって語られたのである。

　このようなプロットは何を意味しているのだろうか。しかも，作者と
同じ名の登場人物モアは一方で，共有制を批判するだけでなく，『ユー
トピア』の末尾に至って，この物語の「すべてについて同意することは
私にはどうしてもできない」（246頁）と述べることになる。これらの謎
については様々な解釈が考えられるが，併せて見逃せないのは，登場人
物モアがヒュトロダエウスに対してさらに，「どんな命題もどこでも通
用する」と考える「観念的な哲学」（105-6頁）とは異なる，以下のよ
うな演技の哲学を説いていたことであろう。

　　「どんな芝居が上演されていても，あなたはとにかく自分の役を最高に
　演じなければなりません。〔……〕まちがった意見を根こそぎにしてしま
　えなくても，習慣で根をおろしてしまったいろいろの悪をあなたの心から
　の確信どおりに癒すことができなくても，レス・プブリカを見捨ててはい
　けません。風を鎮めることができないからといって，嵐のなかで船を放棄
　してはなりません」（106-7頁）。

　このような「自分の配役を型どおりに立派に演じる」（106頁）哲学は，
カスティリオーネやエラスムス，あるいはキケロの「デコールム」論を
想起させる。「聞き慣れぬ新奇な話」を押しつけることなく，「紆余曲折
しながら全力を尽してすべてをうまくさばく」ことを目指し，「改善で
きないものは，少なくともなるべく悪化しないように」（107頁）試みる
それは，一種の洗練された政治哲学とも言えるかもしれない。そして，
現実のモアはその後，実際にイングランド王ヘンリ8世の枢密顧問官と

なり，「嵐のなかで船を放棄」せず，王の右腕である大法官の地位にまで登りつめた。モアは実際に，エラスムスに宛てた手紙のなかで，「与えられた状況に順応するのみ」とも述べている（『エラスムス＝トマス・モア往復書簡』322頁）。

　しかし，北方ヨーロッパでは一方で，キリスト教の再生を目指したエラスムスの意図を超え，ルターによる贖宥状批判を契機として宗教改革の動きが広まる。また，ヘンリは王妃の離婚問題をめぐって教皇と対立するが，その結果，イングランドは1534年の国王至上法などを通じてカトリック教会から分離し，国王を首長とする独自の国教会が設立される。ところが，このような時代の変容をモアは受け入れず，ヘンリによって処刑された。このことは，ルネサンスの影の部分を示すだけでなく，「ユートピア」とは対極的で，古代や中世の共同体とも異なる，新たな集権的な国家の登場を告げる。しかも，フランスなども含め王権を強化した諸国家はさらに対外的な領土の拡大をはかるが，これらの列強による侵攻によって存亡の危機に瀕したフィレンツェ共和国にいたのがマキァヴェッリであった。

参考文献

ブルクハルト『イタリア・ルネサンスの文化』（上下）新井靖一訳，ちくま学芸文庫，2019年
ペトラルカ『ルネサンス書簡集』近藤恒一編訳，岩波文庫，1989年
　　『無知について』近藤恒一訳，岩波文庫，2010年
ボッカッチョ『デカメロン』（上）平川祐弘訳，河出文庫，2017年
サルターティ『僭主論』米田潔弘訳（池上俊一監修『原典 イタリア・ルネサンス人文主義』名古屋大学出版会，2010年）
ブルーニ『ナンニ・デッリ・ストロッツィに捧げた追悼演説』高田康成訳（池上俊

一監修『原典 イタリア・ルネサンス人文主義』名古屋大学出版会，2010年）

カスティリオーネ『宮廷人』（清水純一他訳註『カスティリオーネ宮廷人』東海大学出版会，1987年）

エラスムス『新約聖書序文』木ノ脇悦郎訳（『宗教改革著作集2』教文館，1989年）

　『キリスト者の君主の教育』片山英男訳（『宗教改革著作集2』教文館，1989年）

　『痴愚神礼讃』沓掛良彦訳，中公文庫，2014年

　『平和の訴え』箕輪三郎訳，岩波文庫，1961年

トマス・モア『ユートピア』澤田昭夫訳，中公文庫，改版1993年

エラスムス，モア『エラスムス＝トマス・モア往復書簡』沓掛良彦，高田康成訳，岩波文庫，2015年

9 │ 統治のアート

《**目標＆ポイント**》 近代政治学の嚆矢とされるマキァヴェッリの『君主論』と『ディスコルシ』をともにルネサンス期のイタリアや人文主義の文脈において解釈し，統治のアートが描かれた作品として読み解く。そのうえで，宗教改革によって生じた時代の転換と新たな危機に着目する。
《**キーワード**》 マキァヴェッリ，『君主論』，『ディスコルシ』，人文主義，宗教改革

1. マキァヴェッリのルネサンス

　前章でも述べたように，ブルクハルトは，ルネサンスを「世界と人間の発見」がなされた時代とした。しかし，そのうえで問題となるのは，どのような「世界と人間」が実際に「発見」されたかであろう。16世紀初頭，フィレンツェ共和国の書記官長であったマキァヴェッリ（1469-1527）が目撃した「世界」は，「指導者なく，秩序なく，うちのめされ，まる裸にされ，引き裂かれ，踏みにじられ，ありとあらゆる荒廃に耐えている」，「息絶えだえのイタリア」であった（『君主論』211頁）。もっとも，それ以前の15世紀後半のイタリアでは，ミラノ公国，ヴェネツィア共和国，フィレンツェ共和国，教皇領，ナポリ王国という五つの強国による勢力均衡が保たれていた。ところが，1494年にフランス王シャルル8世がイタリアに侵攻することによって均衡が崩れ，さらにはスペインや神聖ローマ帝国といった列強も加わり，イタリア全土が蹂躙されたのである。

この半世紀以上続くイタリア戦争の開始とともに，フィレンツェもまた動乱の時代を迎える。フランス軍の侵攻に際し，それまでの支配者であったメディチ家が追放され，その後，修道士のサヴォナローラが一時的に人心を得た。しかし，この「武器なき預言者」は

図9-1　フィレンツェ　シニョリーア広場（サヴォナローラの火刑）

1498年に失脚し，火刑となる。マキァヴェッリが内政と軍事を担当する第二書記局の書記官長に選任されたのは，この98年のことであった（サルターティやブルーニはかつて，第一書記局の書記官長であった）。その一方で彼は，外交使節としてフランス王やローマ教皇，神聖ローマ皇帝，そして教皇アレクサンデル6世の庶子であるチェーザレ・ボルジアなどのもとに何度も派遣される。しかし，1512年，教皇と同盟を組んだスペイン軍の侵攻に伴い，今度はメディチ家が復権する。これによりマキァヴェッリは解任され，フィレンツェから離れた山荘に引き籠ることになる。彼の『君主論』と『ディスコルシ』（『リウィウス論』）は，「運命」の気まぐれに翻弄された，この失意の時期に書かれた。

　とりわけ，死後の1532年に出版された『君主論』は，今なお大きな衝撃を与え続けている。そこには，「人間」に対する極めてペシミスティックな見解が示される。すなわち，「民衆というものは頭を撫でるか，消してしまうか，そのどちらかにしなければならない」（25頁）。「人間は，恐れている人より，愛情をかけてくれる人を容赦なく傷つけ

る」(142頁)。「人間は邪悪なもので，あなたへの約束を忠実に守るもの
でもないから，あなたのほうも他人に信義を守る必要はない」(148頁)。
したがって，マキァヴェッリは，「想像の世界」ではなく「生々しい真
実」や「現実の姿」を見る必要を以下のように主張した。

　　「しかし，わたしのねらいは，読む人が役に立つものを書くことであっ
　て，物事について想像の世界のことより，生々しい真実を追うほうがふさ
　わしいと，わたしは思う。これまで多くの人は，現実のさまを見もせず知
　りもせずに，共和国や君主国のことを想像で論じてきた。しかし，人が現
　実に生きているのと，人間がいかに生きるべきかというのとは，はなはだ
　かけ離れている。だから，人間いかに生きるべきかを見て，現に人が生き
　ている現実の姿を見逃す人間は，自立するどころか，破滅を思い知らされ
　るのが落ちである」(131頁)。

　こうして，マキァヴェッリはのちに「悪の教師」などと非難され，目
的のために手段を選ばないことや，権謀術数を弄することが「マキァ
ヴェリズム」と呼ばれるようになった。もっとも，現代になると，政治
と道徳を区別し，権力や国家の実態に迫るリアリズムなどが評価され，
彼は近代政治学の嚆矢とも見なされるようになる。しかし，第1章でも
述べたように，彼の政治思想は一方で，古典や歴史と対話するルネサン
スの人文主義のなかで育まれた。それゆえ，ローマ駐在大使のヴェッ
トーリに宛てた1513年12月10日付の書簡によれば，マキァヴェッリは，
追放された際にもダンテやペトラルカの書物を携えて外出し，夜になっ
て山荘に戻ると礼服に着替え，「古の人々が集う古の宮廷」のなかで過
去の人々と語り合う日々を送っていたのである（「書簡」244頁）。

2.『君主論』

統治のアート

　このような古典との対話を通じて書かれた『君主論』では実際に，「古えの勇武」とイタリアの再興を歌ったペトラルカの一節が末尾に掲げられることになる（216頁）。それでは，マキァヴェッリはなぜ，この『君主論』を執筆したのか。ヴェットーリ宛の書簡には以下のような言及がある。

　　「学んだことも覚えなければ知識とはならない，とダンテは言っています。だから私も，彼らとの会話で得たものを書き留め，『君主論』と題する小論にまとめました。〔……〕この作品を読めば，政治の術 arte dello stato を探求してきたこの十五年の間，私が惰眠をむさぼり遊び暮らしていたわけではないことがわかるでしょう」（「書簡」244-5頁）。

　『君主論』は単なる「暴君の手引き」ではない。「息絶えだえの」イタリアにおいて書かれたそれは，人文主義的な教養や書記官としての「十五年」の経験を踏まえて探究された「政治の術」，あるいは統治のアートが描かれた作品であった。それはまた，アリストテレス以来の政治的な思慮への着目を促すものでもあった。『君主論』によれば，思慮とは，「いろいろの難題の性質を察知すること，しかもいちばん害の少ないものを，上策として選ぶことをさす」のである（187頁）。

　この『君主論』の前半では，共和国と対比される君主国の種類や，その獲得や維持の方法が議論されるが，そこで前提とされるのは，戦争や征服が常態化した当時のイタリアの現状であった。マキァヴェッリによれば，「領土欲というのは，きわめて自然な，あたりまえの欲望である」（31頁）。彼はここで，古代ローマやアレクサンドロスの帝国などを模

範とする一方で，フランスのルイ12世が言語や風習などを異にするロンバルディアの支配に失敗した要因を細かく分析した。もっとも，このように自国に新たな領土を付け足した混合型の君主国に加え，とくにマキァヴェッリが着目したのが，新しく設立された君主国である。そして，この『君主論』が献呈されたのが，フィレンツェに復帰するだけでなく，一族から教皇レオ10世を輩出し，支配権の拡大を図るメディチ家の面々であった（当初は『宮廷人』にも登場する教皇軍総司令官のジュリアーノへの献呈を予定していたが，1516年に亡くなったため，甥の小ロレンツォに変更された）。

　しかし，世襲の君主国に比べ，権力基盤や支配の正当性が弱い新君主国は統治の難易度が高く，大きな困難に直面する。そこで新君主に必要とされたのが，伝統的な「徳」とは異なる「力量」としての「ヴィルトゥ」virtù であった。マキァヴェッリによれば，この世は「運命」fortuna に支配されており，その猛威にイタリアは翻弄されている。しかし，「われわれ人間の自由意志は奪われてはならないもので，かりに運命が人間活動の半分を，思いのままに裁定しえたとしても，少なくともあとの半分か，半分近くは，運命がわれわれの支配にまかせてくれているとみるのが本当だと，わたしは考えている」（202頁）。このような運命の支配に抗し，危機や難題を克服するために，新しく君主となる人物はとくに，時には悪徳に踏み込み，冷酷で非道な振舞いを辞さない力量を備えなければならないのである。

君主の振舞い

　このような力量ある君主の模範となるのが，預言者のモーセ，アテナイのテセウス，ローマのロムルス，ペルシアのキュロスである。これに対して，他人の力や幸運によって君主になった人物が見習うべきとされ

たのが，マキァヴェッリの同時代人であり，教皇を後ろ盾としながら教皇軍総司令官としてロマーニャ地方の小国を次々と征服したボルジアであった。しかも，マキァヴェッリは，ボルジアが要所で見せた非情さだけでなく，彼が外国軍や傭兵軍の問題に気づき，自前の軍を用いたことを高く評価する。マキァヴェッリによれば，武力は国家の基盤であり，軍事は為政者の本分である。ところが，イタリアの諸国は傭兵に頼るようになったために外国によって簡単に征服された。それゆえ，一方で『戦争の技術』1521を書くなど軍事にも通じた彼は，市民が戦士でもあった古代の共同体に倣い，自国兵の重要性を力説した。そして，実際に市民軍の編成を担い，隣国のピサを攻略したのである。

　こうして，平和ではなく戦争を論じるマキァヴェッリはまた，エラスムスにも見られた伝統的な君主論とは異なり，君主の徳についても判断を逆転させる。すなわち，君主には気前の良さよりも吝嗇，憐れみ深さよりも冷酷さ，愛されるよりも恐れられることが求められるのである。彼によれば，半人半馬のケイロンに教育されたアキレウスに見られるように，君主はまた，野獣と人間を使い分け，獅子の力や狐の狡猾さといった非人間的な資質も備えるべきである。君主は常に善人である必要はない。したがって，君主には徳の「見せかけ」が大事であり，実際には状況の変化に合わせ，「信義に反したり，慈悲にそむいたり，人間味を失ったり，宗教にそむく」ことや，必要に応じて「悪」に踏み込むべきことが以下のように提言された。

図9-2　アキレウスを教育する半人半馬のケイロン

「要するに君主は，前述のよい気質を何から何まで現実にそなえている必要はない。しかし，そなえているように見せることが大切である。いや大胆にこう言ってしまおう。こうしたりっぱな気質をそなえていて，後生大事に守っていくというのは有害だ。そなえているように思わせること，それが有益なのだと。〔……〕国を維持するためには，信義に反したり，慈悲にそむいたり，人間味を失ったり，宗教にそむく行為をも，たびたびやらねばならないことを，あなたは知っておいてほしい。したがって，運命の風向きと事態の変化の命じるがままに，変幻自在の心がまえをもつ必要がある。そして前述のとおり，なるべくならばよいことから離れずに，必要にせまられれば，悪に踏みこんでいくことも心得ておかなければいけない」（149-50頁）。

　このように君主に偽りの演技を説き，悪徳を容認するマキァヴェッリの議論は，やはり「マキャベリズム」として非難されるべきであろうか。たとえば，のちのシェイクスピアの戯曲『ヘンリ六世』第3部には，カメレオンのように色を変え，「笑顔を浮かべて人を殺せる」王位簒奪者のリチャードが，「残忍さにかけてはマキァヴェッリも勉強のしなおしだ」（第3幕第2場，504-5頁）と述べる場面がある。しかし，『君主論』を改めて読むと，たとえば第8章では悪辣非道なシチリアの君主アガトクレスが批判されていることに気づく。また，第19章では，歴代のローマ皇帝を例として，民衆からの軽蔑と憎悪を避けるべきことが強調される。すなわち，君主は無節操，軽薄，臆病，優柔不断であってはならない。また，財産の没収や名誉の剥奪は憎しみを生むとされるなど，すべての悪徳が容認されているのではない。しかも，先の引用によれば，君主は「なるべくならばよいことから離れず」，悪に踏み込むのは，あくまでも「必要」に迫られた場合に限られるのである。

3.『ディスコルシ』

歴史と制度

　マキァヴェッリの政治思想が，通俗的な「マキャベリズム」や，あるいは近代政治学へと単純に還元できないことは，『ディスコルシ』などの他の作品を通じても確認できる。生前の彼はむしろ喜劇『マンドラーゴラ』（上演1518）などの作者として知られ，晩年には『フィレンツェ史』1532を執筆した。同じ晩年に書かれたグイッチャルディーニ宛の書簡では，自らを「歴史家，喜劇作家，悲劇作家」と呼んでいる（「書簡」316頁）。これらに加え，近年ではとくに，17世紀以降の共和主義の展開を促した作品として『ディスコルシ』が再評価されている。メディチ家の小ロレンツォに献呈された『君主論』に対し，『ディスコルシ』は，知的な集いを主宰していたルチェッライなどの，「君主であるにふさわしい」資質に恵まれ，統治に通じることが期待されるフィレンツェの若者に捧げられた（18–9頁）。しかも，『ディスコルシ』は，共和政ローマの歴史を扱ったリウィウスの『ローマ建国史』に依拠した論考である。それゆえ，この作品には，ブルーニなどに見られたフィレンツェにおける市民的人文主義の持続を見出すことができるだろう。

　人文主義は古典との対話に加え，過去の歴史から統治のアートや政治的な思慮を学ぶ。マキァヴェッリによれば，古代の先例は，共和国の整備や王国の統治，市民軍の編成，戦争の指導，支配権の拡大などの手本となる。人間の本性は現在も過去も同一であり，同様の出来事が異なった時代や場所で起きる。それゆえ，第5章でもすでに引

図9–3　マキァヴェッリ

用していたように，『ディスコルシ』の冒頭では，リウィウスを通じて古代ローマの歴史や制度を学ぶことの意義が次のように説明された。

> 「ローマの草創はどのようなものであったか，またローマの立法者たちやその政治機構がどのようなものであったかをこれから読む人は，ローマで何世紀にもわたって，豊かな力量が保たれたこと，そして，この力量こそがその共和国が大版図 imperio を生む原動力となったことを知っても，さして驚くようなことはあるまい」(24頁)。

マキァヴェッリは，このローマの建国以来の歴史から，力量だけでなく，自由や共通善，そして栄光や偉大さといった理念や実例を見出した。彼によれば，ローマは建国時から自由であり，外部の支配から独立していた。都市が領土や豊かさを増していくのは自由な政体である場合に限られる。ローマはさらに共和政に移行し，個別の利益ではなく共通善を追求することによって発展し，偉大になったとされた。

マキァヴェッリはまた，ローマの制度 ordini に着目する。彼はここで，古代以来の政治思想の伝統や資源を活用し，アリストテレスの政体分類論やポリュビオスの政体循環論を踏まえ，キケロにも見られた混合政体論を展開する。マキァヴェッリによれば，アテナイのデモクラシーは混合政体であったスパルタとは異なり，それが単一の政体であったために短命に終わった。これに対して，ローマは執政官と元老院だけでなく，のちに護民官が加わることによって安定したのである。もっとも，護民官の設置に至るまでは貴族と平民との内紛が続いたが，彼によれば，それはむしろ自由な制度を生み出す原動力であった。

共和政の帝国

共和政ローマをモデルとする以上の議論は，一見すると『君主論』と

は大きく異なっているように見える。とりわけ，『ディスコルシ』においては，『君主論』では前面に出ていなかった制度や法律の重要性が強調される。しかし，それは君主国の統治にも不可欠であった。すなわち，「君主政体にしろ，共和政体にしろ，それが長期にわたって存続するためには，いずれもが法律によって秩序づけられていなければならない」のである（257-8頁）。逆に言えば，「共和国または王国の安寧秩序は，その生命の続く限り慎重この上なく統治をしていく支配者がいるかどうかということにあるのではない」。マキァヴェッリによれば，「むしろ，自分の死後でも，国家がうまく維持されるように，法律 ordini をあらかじめ与えておいてくれる人物がいるかどうかにかかっている」（83頁）。したがって，『ディスコルシ』において，「力量」を備えた統治者に求められた役割はむしろ，その死後も国家が維持されるよう，中長期的な観点から制度や法律を整えることにあったのである。

　もっとも，古代ローマは一方で，「ユートピア」のような島ではなく，戦争や征服などを通じて支配権を拡大した帝国でもあった。このことの是非についてマキァヴェッリは，スパルタやヴェネツィアのような現状維持国家よりも，ローマのような拡大国家を模範とする。彼によれば，ヴェネツィアは平民を戦争に使わず，スパルタは外国人に門戸を閉ざすことで平穏を享受した。ところが，ローマは逆に平民を武装させ，外国人の移住を促して人口を増やした。このことは内紛の原因にもなったが，ローマを偉大な帝国へと成長させた。しかも，対外関係は流動的であり，拡大する必要に迫られるのが常である。こうして，『ディスコルシ』では，古代のポリスや同時代のヴェネツィアではなく，門戸を開放し，自国が主導する同盟を結び，金銭ではなく精兵を戦争の要としたローマの拡大政策が考察されることになった。彼によればまた，ローマの特徴は他国に寛大であったことに求められる。しかし，ここで問題となるのは

強く抵抗する自由な共和国を征服する場合である。この場合は，中途半端を避けるのが肝要であり，恩恵を与えるか，さもなければ皆殺しにする，というのが彼のリアルな結論であった。

ところで，マキァヴェッリはなぜ，『君主論』と同時期に，フィレンツェの若きエリートたちに向けて，以上のような『ディスコルシ』を執筆したのだろうか。むろん，かつてのローマのような共和政の制度や帝国の版図をそのまま復活させることはできない。しかし，彼によれば，フィレンツェやシエナ，ルッカを含むトスカーナ地方には自由と共和政の伝統があり，イタリアの内部であれば支配権の拡大も可能かもしれない。しかも，「新しい国家の設立，または旧い制度の徹底的な改革は，一人の人間が単独でなすべきことである」(67頁)。それゆえ，とくに大きな危機に直面した非常時には，古代の教養を備えた，一人の思慮ある人物による新たな共和国の創設か，あるいは改革を通じた建国原理への回帰が期待されたのである。以下の引用は，『君主論』と『ディスコルシ』における議論の重なりとともに，「マキャベリズム」と非難された彼の議論が，「祖国」の存亡と「自由」の維持を強く意識していたことを示している。

　「ひたすらに祖国の存否を賭して事を決する場合，それが正当であろうと，道に外れていようと，思いやりに溢れていようと，冷酷無残であろうと，また称賛に値しようと，破廉恥なことであろうと，一切そんなことを考慮に入れる必要はない〔……〕。そんなことよりも，あらゆる思惑を捨て去って，祖国の運命を救い，その自由を維持しうる手だてを徹底して追求しなければならない」(『ディスコルシ』639頁)。

4. ルネサンスから宗教改革へ

　マキァヴェッリはその後，『君主論』を献呈した小ロレンツォが1519年に亡くなると，メディチ家の枢機卿ジュリオ（のちの教皇クレメンス7世）からの諮問を受け，『小ロレンツォ公没後のフィレンツェ統治論』を執筆する。マキァヴェッリはここで，平等が行き渡っているフィレンツェでは共和政が相応しいとしながらも，メディチ出身の教皇レオ10世と枢機卿のジュリオが存命中の期間に限り，両者に全権を委任する案を提示する。マキァヴェッリによれば，「この共和国は君主国と変わる処がない」（148頁）。そのうえで彼は，プラトンとアリストテレス，ソロンとリュクルゴスの名前に言及しながら，存命中に共和政の制度を整えることにより，祖国への貢献という栄誉と栄光を得ることを提言したのである。ここには，人文主義的な教養を踏まえつつ，君主政か共和政かの二者択一ではなく，状況の変化に応じて適切な判断を導く政治的な思慮，あるいは理想と現実をつなぐ統治のアートの実践例を見出すことができよう（このような観点からは，『君主論』第9章で議論された市民型の君主国も見逃せない）。

　しかし，マキァヴェッリによって古代ローマの再生が目指されたルネサンスのイタリアは，エラスムスが『キリスト者の君主の教育』を献呈し，その後に神聖ローマ皇帝となったカール5世（スペイン王カルロス1世）

図9-4　1530年のフィレンツェ包囲（ヴァザーリ，1558）

の軍隊によって蹂躙される。そして，ドイツ人傭兵によって1527年に
ローマが劫略されると，フィレンツェではメディチ家が再び追放され，
マキァヴェッリは書記官への復帰を試みる。しかし，彼は政治の舞台に
戻ることなく，失意のうちに亡くなった。フィレンツェもまた，同じ
カールの軍勢に包囲されて降伏し，新たに世襲の公国（のちにトスカー
ナ大公国）となる。そして，これ以降，ブルーニからマキァヴェッリへ
と受け継がれた共和政の伝統が復活することはなかった。

　しかし，その一方で，アルプスを越えた北方のヨーロッパにおいても，
教皇レオ10世が発行した贖宥状を批判するマルティン・ルター（1483-
1546）の「九五箇条の論題」1517を契機として宗教改革が始まり，混乱
が広がっていた。また，セネカの『寛恕について』の註解を公刊し，人
文主義者として出発したジャン・カルヴァン（1509-64）は，突然の回
心を経て，ジュネーヴを拠点として運動を指導する。ルター派はドイツ
や北欧を中心に，カルヴァン派はフランスやオランダ，スコットランド
などに広まる。これに対抗して，カトリックの側でもイエズス会やトリ
エント公会議などを通じて改革が進められ，サラマンカ学派においてア
クィナスの再評価がなされた。しかも，このような対立は世俗国家を巻
き込み，イングランドはカトリック教会から離脱する。神聖ローマ帝国
内では，1555年のアウクスブルクの和議によって，各領邦はカトリック
かルター派のどちらかを選択できるようになった。

　ところで，マキァヴェッリは，このような宗教の政治的な効用にも目
を向けていた。ロムルスの跡を継ぎ，ローマに宗教を導入したヌマの事
例に見られるように，神に対する畏敬は秩序の維持や祖国への献身など
に役立つ。ところが，キリスト教については，マキァヴェッリはそれを
強く批判した。なぜなら，ローマ教会が悪例となって信仰心が失われた
だけでなく，それが世俗の政治に深く関与することでイタリアの分裂が

もたらされたからである。しかも，その一方で，来世を志向するキリスト教は，活動よりも観想を重んじ，服従や謙遜を貴いものとして日常的な事柄を蔑むとされた。『ディスコルシ』によれば，「このような生き方が広がっていくにつれて，世の中はますます惰弱となって，極悪非道な連中の好餌にならざるをえない」のである（288頁）。

　もっとも，キリスト教の側でも，ウィクリフやヤン・フスなどによって，プロテスタントの運動以前から繰り返し「改革」が試みられてきた。ルターもまた，信仰義認論や万人司祭論などによって既存の教会制度を批判した。彼によれば，人間は「信仰のみ」によって救われる。また，キリスト者はすべて司祭であって，聖職者と一般の信徒は平等である。そのうえで彼は，『この世の権威について』1523などで霊的な統治と現世の統治を改めて区別した。この二王国（二統治）論を通じて彼は，帝国や領邦国家といった「現世の剣」を神学的な観点から基礎づけるとともに，教会による政治への介入と世俗権力による信仰への介入をともに禁じたのである。

　これに対してカルヴァンは，「真の宗教」や「神の栄光」のために戦う組織として，長老会を中心に教会を再編する。しかし，その一方で彼もまた，聖と俗の秩序を区別する。もっとも，世俗権力には神への奉仕や教会との協働が求められるが，『キリスト教綱要』1536によれば，「神の代理人」である為政者には服従すべきであり，例外的な場合を除いて抵抗は抑制された。こうして，プロテスタントによる改革は一方で，ローマ教皇やカトリック教会を中心とした中世的な秩序を解体するとともに，政治権力の自立化や世俗国家による新たな秩序形成を促進したのである。

　ところが，ルターやカルヴァンの意図を超えて，改革運動の伝播と進展，そして弾圧や迫害の強まりとともに，ドイツの農民戦争など各地で

図9-5 サン・バルテルミの虐殺（デュボア，c.1572-82）

抵抗や反乱が見られ，内戦が惹き起こされた。16世紀後半のフランスにおけるユグノー戦争では，1572年のサン・バルテルミの虐殺において多くのカルヴァン派（ユグノー）が殺害される。その首謀者とされた母后カトリーヌ・ド・メディシスの父は『君主論』が献呈された小ロレンツォであったため，それとの連想でマキァヴェッリの悪名も高まることとなった。このような，信仰上の対立が政治的な闘争に転化するコンフェッショナリズムとも呼ばれる状況のなかで，カルヴァン派によって，さらにはのちにカトリックの側からも，宗派を異にする君主への抵抗や暴君の放伐を説く議論が次々と提出された。こうして，次章でも述べるように，古代の再生とともに宗教の改革を経たヨーロッパは，「国家という船」を大きく揺るがす「嵐」に巻き込まれ，「万人の万人に対する戦い」とも言い得る内戦や内乱，そしてアナーキーの危機に直面することになる。

参考文献

マキァヴェッリ（マキアヴェリ）『君主論』池田廉訳，中公文庫，新版2018年
　『ディスコルシ』永井三明訳，ちくま学芸文庫，2011年
　『小ロレンツォ公没後のフィレンツェ統治論』石黒盛久訳（『マキァヴェッリ全集6』筑摩書房，2000年）
　「書簡」松本典昭，和栗珠里訳（『マキァヴェッリ全集6』筑摩書房，2000年）
シェイクスピア『ヘンリ六世』（松岡和子訳『ヘンリー六世』ちくま文庫，2009年）

ルター『この世の権威について』徳善義和訳（『ルター著作選集』教文館，2012年）
カルヴァン『キリスト教綱要』全3冊，渡辺信夫訳，新教出版社，改訳版2007-9年
鹿子生浩輝『マキァヴェッリ』岩波新書，2019年

10 | 「リヴァイアサン」と「ビヒモス」

《**目標＆ポイント**》「初期近代」における宗教改革に起因する内戦や，主権国家や複合国家の統治をめぐる論争を概観する。そのうえで，近代国家理論の創始者とされるホッブズの『リヴァイアサン』と『ビヒモス』を17世紀中葉における「ブリテン」の内戦という文脈に沿って読み解く。
《**キーワード**》 内戦，主権，国家理性，複合国家，ホッブズ，『リヴァイアサン』

1. 内戦の政治学

　ルネサンスを経た「近代」ヨーロッパの歴史はかつて，現代へと単線的に至る進歩や発展の歴史として考えられてきた。政治思想史においても，近代デモクラシーや自由主義，あるいは近代国家の起源がそこに求められてきた。しかし，とりわけ16世紀から18世紀にかけての時代は近年，いわゆる「近代」とは区別され，「初期近代」early modern，あるいは「近世」と呼ばれるようになっている。中世やルネサンスの見直しと同様に，歴史の文脈の観点からこの時代を眺めると，そこにどのような風景が見えてくるだろうか。

抵抗と寛容

　前章でも述べたように，古代の再生を経た16世紀のヨーロッパが目にしたのは，人々の紐帯であったキリスト教がカトリックとプロテスタントに分裂し，「真の宗教」の名のもとに内戦・内乱 civil war が惹き起こ

される事態であった。こうしたなか，カルヴァン派のノックスやオトマン，ベーズなどからは「モナルコマキ」（＝「王殺し」）の議論が提示される。たとえば，古代ローマで国王を追放した「ブルトゥス」を名乗った『反暴君論』1579によれば，君主は神によって選ばれ，人民によって立てられている。それゆえ，神法に反する君主や，国家を抑圧して滅ぼす暴君に服従する義務はない。しかも，それだけでなく，人民全体や高位の者などによる抵抗や，近隣の君主による介入までもが認められる。これらの抵抗論や暴君放伐論によって，世俗の共同体は内と外から引き裂かれ，アナーキーの危機に直面したのである。

　もっとも，この時代は一方で，絶対王政や絶対主義を経て，対内的に権力を集中させ，対外的にも独立した一元的な主権国家が誕生した時代としても理解されてきた。とはいえ，神聖ローマ帝国を端的な例として，この時代の国家はむしろ，複数の政治的な単位を包含する「複合」的な，あるいは「礫岩」のような国家であることが常態であった。当時はまた，アメリカなどでの植民地の建設も始まっていた。このような均質的でない複合国家，あるいは多元的な帝国にコンフェッショナリズムが重なり，「万人の万人に対する戦い」が現実のものとなった。そして，このような「嵐」に翻弄され，高度な舵取りの技術が要請されるなか，国家や権力，正義，あるいは政治とは何かが強く問い直されたのである。

　こうしたなか，ユグノー戦争の渦中にあったフランスでは，両派とは別に，大法官のロピタルらによって，暫定的な秩序の維持を優先して政治的寛容を説く「ポリティーク派」の議論が展開された。その一員でもあったミシェル・ド・モンテーニュ（1533-92）の『エセー』1580，88によれば，「残酷さという悪徳の，信じがたいほどの実例があふれかえるような時代に，このわたしは生きている」（2：11；（3）211頁）。ボルドーの貴族であり，戦乱を避けて塔の中の書斎に籠った彼は，市長な

どの公的な役割とは別の,「モンテーニュ」としての「私」を深く省察しながら,「確実なものが何もないということだけは確実である」として正義についての判断を留保した。哲学は「正義にさまざまな色彩を塗り,さまざまな顔かたちに作りかえる」(2:12;(4)252頁)のであり,真理や善,自然法などは昨日と明日で,そして山や川の向こう側とこちら側で異なる(彼によればまた,新大陸の「未開」とされる人々ではなく,信仰や宗教によって殺し合いをする「われわれ」の方が「野蛮」である)。このような懐疑を踏まえた上で彼は,習慣の力や個人の良心を重視し,革新を警戒する一方で,政治的な寛容を通じた文明的な秩序の維持や再建を試みた。

主権と国家理性

　以上のような過程で併せて見逃せないのは,法学者のジャン・ボダン(1529/30-96)によって「主権」sovereigntyの概念が提示され,新たな国家理論の展開が促されたことである。古代ローマのインペリウムの概念を捉え直し,最高の命令権としての主権の概念を導き出した彼は,『国家論』1576において,主権を「国家の絶対かつ永久の権力」とし,国家の概念を再定義する。すなわち,「国家」républiqueは「いくつもの家族およびそれらが共有するものから成る,かつ主権を備えた正当な政体」なのである(175,171頁)。この絶対的で永続的な主権は,対内的にはあらゆる勢力に優越し,対外的には神聖ローマ皇帝などの外部からの干渉を排除する。そして,この主権により,国家は立法や宣戦講和,官職任命,裁判,恩赦,貨幣鋳造,度量衡の統一などを独占的に行う。その中心となるのは立法権であるが,そこでの法は主権者の命令とみなされ,他者の同意は不要とされた。

　こうして,古代や中世の共同体とは異なる,権力が一元化された,新

たな主権国家の理論が提示された。そこでは，抵抗権に対抗しアナーキーを克服するために，安全や平和，秩序の維持が何よりも優先される。それゆえ，政体の善悪は問われないが，混合政体は理論的にも経験的にもありえないとされ，市民はあくまでも主権者に従う臣民となる。もっとも，その一方で正義が強調され，神や自然の法を前提とするボダンの国家論には伝統的な性格も色濃く残る。しかし，このボダンの議論を一つの契機として，ヨーロッパの各国では「国家」を意味する言葉として，人的な共同体としての「レス・プブリカ」や「キウィタス」などとは別に，新たに英語の「ステイト」stateﾞ，フランス語の「エタ」état といった一連の語彙が使われ始めるようになった。こうして，国家は次第に，善悪や正義，そして倫理や道徳，宗教などから離れ，絶対的な主権を備えた非人格的な統治機構として認識されるようにもなっていったのである。

とはいえ，このような新たな理論の登場は逆に，従来の思考では対応できない「ありのまま」の戦争や内乱の深刻さ，そして権力の行使や国家の舵取りの難しさを反映する。これに呼応してマキァヴェッリの議論も次第に浸透するが，一方でそれは，ユグノーであるジャンティエの『反マキァヴェッリ』1576をはじめとする「マキャベリズム」への強い反発も招いた。もっとも，16世紀の後半にはまた，帝政ローマにおける宮廷の腐敗や権謀術数を描いたタキトゥスの歴史書やセネカの悲劇が広く読まれるようになる。このタキトゥス主義や新ストア主義の流行は，モンテーニュから「現存するもっとも博学な人物」（2:12;（4）250頁）とも称賛されたオランダの人文学者ユストゥス・リプシウス（1547-1606）によって促進された。カトリックのスペインに対するオランダ独立戦争（八十年戦争1568-1648）に際してストア主義的な恒心を説いた彼はまた，『政治学六巻』1589では，タキトゥスなどを典拠として，

歴史や経験によって育まれる政治的な思慮の教則を統治の羅針盤として
提示した。

　このように高度な統治のアートが要請される状況で，主権や国家（ス
テイト）とともに「国家理性」reason of state という言葉が新たに用い
られるようになった。この国家理性は，国家に固有の利益や合理性を意
味し，ジョバンニ・ボテロ（1544-1617）の『国家理性論』1589などを
通じて広く流布した。サヴォイア公国の出身であり，のちに公子の家庭
教師などを務めた彼によれば，国家理性は，国家の創設と維持と拡大に
関する教則である。ここで，新君主国の創設や支配権の拡大に着目した
マキャヴェッリとは異なり，ボテロがとくに重視したのが，内外の困難
に同時に対処しなければならない「維持」である。こうして彼は，マ
キャヴェッリやタキトゥスが宮廷社会で広く読まれている現状を強く意
識しながら，国家を適切に統治するための技術や思慮を論じた。もっと
も，「マキャベリズム」に対する批判と同様，ここでも問題となったの
が，権謀術数や悪徳，暴力的な手段などとの違いであった。このような
善悪や正邪の問題を孕みながら，国家理性は，ルイ13世の宰相を務めた
枢機卿リシュリューなどに「支配の秘密」arcana imperii として受け継
がれることになる。

2.「ブリテン」と「ビヒモス」

　とはいえ，先にも述べたように，新たな主権国家の概念が生み出され
る一方で，初期近代の国家は複合的であることが常態であった。たとえ
ば，1066年にノルマンによって征服されたイングランドは，ノルマン
ディーやアキテーヌなどに広がる大陸国家の一部となった。その後，フ
ランスとの百年戦争に敗北して大陸から切り離されるが，その一方で
ウェールズを併合し，アイルランドの再征服と植民に乗り出す。さらに，

スコットランドとの統合を企てるなかで「グレイト・ブリテン帝国」のヴィジョンが提示されたのである。そして、エリザベス１世の死去に伴い、1603年にスコットランド王ジェイムズ６世（1566-1625）がイングランド王ジェイムズ１世として戴冠することによって、ブリテン島の両国とアイルランドはステュアート王家のもとで同君連合を形成することになった。

ジェイムズ６世・１世は一般に、王権神授説を展開した絶対君主として知られている。しかし、この当時、神による王権の正当化は一般的であり、そこではむしろ、神に対する責任が強調されるとともに、ローマ教皇への対抗が意図されていた。権力を恣意的に行使できたわけでもない。のちのホッブズやロックからも学識ある君主と評価されたジェイムズの課題は、スコットランド出身の「異国」の王として複合的な「ブリテン」をいかに統治するかにあった。また、彼の顧問官のなかには、近代哲学の祖とされるフランシス・ベイコン（1561-1626）も含まれていた。人文主義的な教養をもとに古代ローマを模範とした彼は、帰化政策や植民地建設などによって「偉大」な「ブリテン帝国」を創設、維持、拡大するための思慮を助言する。しかも、タキトゥスなどの歴史書から統治のアートを学んだ彼は、『学問の進歩』1605において、「人間はどんなことをするか」を記して「どんなことをすべきか」を記さなかったマキァヴェッリを高く評価していた（282頁）。

ところが、宗教的な問題に加え、このような高度な統治のアートが必

図10-1　スピード『グレイト・ブリテン帝国の劇場』（1611）

要とされる複合国家の統治に失敗したことが17世紀中葉の「ブリテン」における内戦の主要な原因の一つになった。この「ピューリタン革命」とも呼ばれた転変を促したのはまた、イングランドにおける王権と議会との緊張である。1215年の「マグナ・カルタ」を経て、13世紀半ば以降に成立した議会では、慣習法であるコモン・ローの専門家（コモン・ローヤー）を中心に、「記憶に残る以前」から続くイングランドの自由の伝統を主張する「古来の国制」論が展開されていた。たとえば、15世紀のジョン・フォーテスキュー（1390前後-1480前後）の『イングランド法の礼賛について』（執筆1470頃）などによれば、イングランドは「政治的・王政的支配」であり、単に王政的なフランスとは異なって、立法や課税には臣民の同意が必要とされたのである。

　これに対して、王権の側では、ローマ教会から離脱して国教会制度を導入したヘンリ8世などを通じて主権国家の体裁を整えようとする。もっとも、王権と議会は常に対立していたわけではないが、当時のピューリタンと呼ばれた人びとは教会改革の徹底を求めた。また、ジェイムズの後を継いだチャールズ1世は、1628年の議会で権利の請願が可決されると、翌年に議会を解散し、それ以降11年間議会を開かなかった。ところが、その一方で王権は、国教会制度の強化や強制に乗り出すことになる。これに対して、カルヴァン派のスコットランドやカトリックのアイルランドで反乱が起こり、イングランドでも内戦が誘発された。不安定な複合国家に宗教的な対立が重なり、チャールズの処刑という「王殺し」を招いた一連の「革命」は、近年では三王国戦争としても理解されている。

　トマス・ホッブズ（1588-1679）は、晩年の作品である『ビヒモス』（合法版1682）において、この内戦の勃発から共和政の樹立、クロムウェルの護国卿就任、そして1660年の王政復古へと至る「転回」

revolution の原因や歴史を記した。「ビヒモス」とは『旧約聖書』に登場する陸上の怪物である。これに対して、ホッブズの『ビヒモス』は、内戦における「あらゆる不正と愚行」を「一望」（17頁）するが、そこで彼が目にしたのはオピニオンの混乱であった。彼によれば、「権力者の

図10-2　チャールズ1世の処刑

力の基盤は人民の意見と信念以外にはない」（40頁）。ところが、とくに宗教問題については、誰でも聖書を読めるようになった結果、「誰もが宗教の判断者となり、自分で自分の聖書の解釈者になった」（48頁）。それゆえ、長老派やカトリックをはじめ、独立派、再洗礼派、第五王国派など様々な宗派が対立することになったのである。しかも、議会においては、「主権の本質」（207頁）を理解しない混合政体論が、法律家のみならず、国王派によっても主張されていた。

　ホッブズはまた、内戦をイングランドだけでなく、三王国の問題とも見なしていた。彼は『リヴァイアサン』のなかで、ジェイムズ6世・1世を「われわれのもっとも賢明な王」として高く評価する。ジェイムズは「政治の真の諸規則」を知る古代ローマ人と同様に、イングランドとスコットランドの統合を推進したのであり、それに成功していれば悲惨な内戦を防ぐことができた（第19章、上313頁）。ホッブズは『ビヒモス』においても、クロムウェルによるアイルランド征服を批難する一方で、「イングランド人もスコットランド人も、互いを外国人と呼び合うのは間違っていると思う」と述べていた（68頁）。

3. ホッブズ『リヴァイアサン』

ホッブズの政治学

　このような内戦や三王国戦争を招いたオピニオンの混乱や，あるいは自由意志を抑えるために，ホッブズは「真の政治学」（『ビヒモス』105頁）を大学で教える必要を強調する。彼によれば，当時の大学は逆に，「野心的」な聖職者だけでなく，古代ギリシアやローマの歴史に触発されて王に反抗し共和政を理想とする「野心的」なジェントルマンを生み出していたのである（50頁）。とはいえ，オックスフォード大学を経て貴族のキャベンディッシュ家に仕え，ベイコンの秘書も務めたホッブズも一方で，トゥキュディデスの『歴史』の英訳版1629を出版し，アリストテレスの『弁論術』の翻訳にも関与していた。晩年にはホメロスの『イリアス』と『オデュッセイア』の翻訳も手掛けるなど，彼自身，そうした人文主義的な教養を豊かに有していた。

　ところが，ホッブズは他方で，貴族の子弟による大陸旅行に家庭教師として随伴するなかで，メルセンヌなどの大陸の哲学者と交際し，デカルトやガリレオらによる新たな知の世界に接する。とりわけ，厳密で確実な学としての幾何学に大きな衝撃を受けたホッブズは，その方法を，のちに3部構成の『哲学原理』（『物体論』1655，『人間論』58，『市民論』42）となる新たな学問体系の構築に役立てようとした。科学革命とも呼ばれる知的な変化，あるいは天動説から地動説へといったパラダイムの転換のなかに彼もいた。

　こうしたなか，内戦の危機に直面したホッブズは1640年にフランスへ亡命する。彼はそこで，亡命の原因となった『法の原理』に続けて『市民論』をラテン語で出版し，ヨーロッパに広く名前を知られるようになった。幾何学をモデルとする確実な知識によって「武器もしくはペン

による闘争」（6頁）を抑えようとし，その一方で人間の社会性を前提とするアリストテレス以来の伝統を斥けたホッブズは，政治哲学はこの作品以前には遡らないと自負する。彼はまた，同じく亡命してきた王太子（のちのチャールズ2世）の数学教師を務めたが，本国におけるチャールズ1世の処刑を契機として，『法の原理』や『市民論』を拡充する形で書かれたのが『リヴァイアサン』1651であった。

　ホッブズの政治哲学，あるいは「真の政治学」においては，マキァヴェッリやリプシウスなどの人文主義的な思慮とは対比される「普遍的で，永遠で，不変の真理」に立脚することが目指される（第46章，下461頁）。そこではまた，原子のようにバラバラで，平等な個人を基礎にした社会契約論が展開されることから，『リヴァイアサン』は近代デモクラシーの理論的な起源としても注目されてきた。しかし，その「総括および結論」によれば，彼の意図はあくまでも，無秩序を克服するために「保護と服従の相互関係」を示すことにあった（下531頁）。

　そのためにホッブズは，「キウィタス」や「レス・プブリカ」の訳語である「コモンウェルス」commonwealthや，あるいは「ステイト」とも呼ばれるようにもなった国家を，アリストテレス以来の目的論ではなく，新たに機械論的な観点から捉え直した。すなわち，国家（コモンウェルス／ステイト）は，最高の善を目的とした至高の共同体なのではなく，「ぜんまい」や「ばね」などから組み立てられた時計のように，あくまでも人間の技術（アート）によって創造された「リヴァイアサン」なのである。

　　「人間の技術は，神がそれによって世界を創造し，また世界を支配する術である「自然」を他の多くのものごとの場合と同じように，人工的な動物を作りだすことができるという点においても模倣する。〔……〕技術は，

さらに進んで，自然の理性的でもっとも優れた作品，すなわち人間を模倣する。というのは，技術によって，ラテン語の「キウィタス」に当たり，「コモンウェルス」あるいは「ステイト」と呼ばれるかの偉大な「リヴァイアサン」が創造されるからである」(序説，上19頁)。

設立のコモンウェルス

図10-3　『リヴァイアサン』表題頁の上半部

「リヴァイアサン」とは『旧約聖書』に登場する海の怪物である。これに対してホッブズの『リヴァイアサン』は，その表題頁の寓意画にも示されるように，個人から構成され，世界を睥睨する巨大な国家を理論的に構築する。彼によれば，人間は平等である。しかし，このことは，身分や財産によって差別されないユートピアを直ちに導くものではない。むしろ逆に，互いに平等であるからこそ人は同一のものを求め，競争や不信，誇りを主要な原因として互いに争い，「万人の万人に対する戦い」に突入する。これが人間の自然状態であり，「そこでは，継続的な恐怖と暴力的死の危険とがあり，人間の生は，孤独で，貧しく，不快で，残忍で，しかも短い」(第13章，上206-7頁)。当時の内戦を思わせる，このようなアナーキーからどのように秩序や平和，そして国家が生み出されるのか。

人間は自己保存の権利を有する。ホッブズはこの自然権を「各人が，自分自身の自然，すなわち，自分自身の生命を保全するために自らの力

を自らが欲するように行使する自由」（第14章，上212頁）と定義する（彼によればまた，この「自由」は「外的障害の欠如」を意味する）。しかし，この自然権によって自己保存を求める人間は，その一方で，相互の恐怖から，自由と平等のゆえに生じる悲惨な戦争状態から脱出しようと試みる。そこで導きとなるのが，「理性によって発見される戒律あるいは一般的規則」である自然法である（上212頁）。したがってそれは，ストア的な宇宙の摂理でも，トマス的な永遠法の分有でもない。『リヴァイアサン』では全部で20の自然法が提示されるが，その第1の自然法は「平和を求め，それに従え」と命じる（213頁）。それが困難な場合は自然権が行使され戦争状態となるが，平和への努力を他の人々も受け容れた場合はその自然権を「放棄すべき」であり，これが第2の自然法となる（214頁）。もっとも，自然法には限界があり，それを遵守させるための権力が必要となる。そのため，各人が相互に信約を結んで主権者を任命し，「リヴァイアサン」が設立されるのである。

　　「一つのコモンウェルスが設立されたと言われるのは，人々から成る群衆が次のことに合意し，それについて各人と各人とが相互に信約を結ぶ場合である。すなわち，そのこととは，人々すべての人格を代表する権利，換言すれば彼らの代表となる権利が，多数派によって，どの人またはどの人々の合議体に与えられたとしても，それに反対票を投じた者も，それに賛成票を投じた者と同様に，各人が彼らの間で平和裡に生活し，他の人々に対して保護してもらうために，その人あるいは人々の合議体のすべての行為および判断を，それらがあたかも彼ら自身のものであるかのように権威づけるということにほかならない」（第18章，上279頁）。

この「設立によるコモンウェルス」においては，一人の人物（国王）もしくは合議体（議会）が主権者となり，人々は自然権を放棄し，臣民

として主権者に服従する。こうして，ボダンにも見られた絶対的な主権が立ち現れる。臣民は統治形態を変更できず，主権は剥奪されない。主権者はまた，すべての人々の代表として権威付与された一人格であり，すべての臣民は主権者の行為や判断の本人と見なされるため，主権者に対する非難はありえない。そして，この主権者は立法や裁判，言論統制，宣戦講和，官職任命などについての絶対的な権力を有するのである。むろん，このような無制限の権力には危険もある。しかし，ホッブズによれば，内戦や分裂状態の悲惨さや災厄に比べれば大した問題ではない。

征服と宗教

　以上のような理論が展開されたホッブズの政治哲学は一般に，社会契約論もしくは近代国家論の代表例として紹介される。しかし，『リヴァイアサン』の議論はここで終わらない。というのも，ホッブズは，「設立によるコモンウェルス」だけでなく，「獲得によるコモンウェルス」という別の道筋も想定していたのである。彼によれば，それは「主権者権力が実力によって獲得される」コモンウェルスであり，「人々が，個別的に，あるいは集合した多くの者の多数意見によって，死や監禁への恐怖から，彼らの生命と自由とを手中に握る人または合議体のすべての行為を権威づける場合」である（第20章，上317頁）。両者の違いは，「設立によるコモンウェルス」が，相互の恐怖によって主権者を選ぶのに対し，「獲得によるコモンウェルス」は自分たちが恐れる人物に臣従する点にある。また，ここで例として挙げられるのは，親子関係に見られるような父権的な国家と，征服や戦争の勝利によって獲得された専制的な国家である。とりわけ，後者はまさに，彼が直面した内戦と議会軍の勝利という時代状況にリンクする点が見逃せない。

　もっとも，内戦と戦うホッブズの最大の課題は，その大きな要因であ

図10-4　『リヴァイアサン』表題頁の下半部　政治的コモンウェルスと教会的コモンウェルスが左右に描かれる。

る宗教との対決にあった。そうした観点から併せて見逃せないのは、4部構成の『リヴァイアサン』の後半で展開された宗教論である。『リヴァイアサン』の副題は、「教会的および政治的コモンウェルスの素材、形態、権力」であり、その表題頁の巨人は右手に剣を、そして左手には教会を統べる杖を握っていた。このキリスト教の国家＝教会的コモンウェルスを主題とした後半において彼は、自然の原理から主権者の権利と臣民の義務を導いた前半とは異なり、聖書を基礎としたキリスト教の政治学を展開する。そして、そのうえで彼は、世俗の主権者が国家と教会をともに支配すべきことを強調したのである。

　この国家と教会、あるいは政治と宗教の関係について、ホッブズはまず、『旧約聖書』における「神の王国」の記述に着目する。それは、神を王としたイスラエルの民によって設立された国であり、アブラハムやモーセに続いて、神の代理人である大祭司が主権者となった。しかし、「サムエル記」にも記されているように、イスラエルの民は大祭司による支配を退け、人間の王を求めた。これにより、地上における「神の王国」は消滅し、サウルやダヴィデ、ソロモンといった人間の王が主権者となり、聖職者は政治権力を失ったのである。キリストも救済者であって現世の王ではない。「神の王国」はもはや、来世にしか存在しないのである。それゆえ、カトリックや長老派、独立派などの主張とは異なり、現在の教会は「神の王国」ではない。この現世において、教会の成員は

国家の成員と同一であり，臣民でもあるキリスト教徒は，政治的な主権者に服従しなければならないのである。

　ホッブズはこうして，国家と教会をともに支配し，政治によって宗教を統御する「リヴァイアサン」を創造した。彼は手書きの『リヴァイアサン』を亡命中に即位を宣言したチャールズ２世（スコットランドとアイルランドも彼を王と宣言した）に献呈する。ところが，亡命宮廷において国教会の聖職者から強い非難を浴びたホッブズは，出版の翌年に海を渡って帰国した。しかし，改めて確認すれば，彼がそこで目にしたのは，のちに『ビヒモス』で描かれるような「転回」の只中にあるイングランドであった。しかも，そこではまた，「ブリテン」における三王国の分裂や内戦の悲惨，そして王殺しを経て，これまでに経験したことのない共和政，あるいは「国王も貴族院もない」コモンウェルスへの移行が宣言されていたのである。

参考文献

モンテーニュ『エセー』（１～７）宮下志朗訳，白水社，2005-16年
　　　　※本文中の括弧には『エセー』の巻と章，翻訳の冊と頁数を示した。
ボダン『国家論』（抄）平野隆文訳（『フランス・ルネサンス文学集１』白水社，
　2015年）
ボテロ（ボッテーロ）『国家理性論』石黒盛久訳，風行社，2015年
ベイコン（ベーコン）『学問の進歩』服部英次郎，多田英次訳，岩波文庫，1974年
ホッブズ『ビヒモス』山田園子訳，岩波文庫，2014年
　『市民論』本田裕志訳，京都大学学術出版会，2008年
　『リヴァイアサン』（上下）加藤節訳，ちくま学芸文庫，2022年
梅田百合香『ホッブズ リヴァイアサン』角川選書，2022年

11 | 統治と寛容

《目標＆ポイント》　オランダとイングランドにおける共和政の経験や17世紀後半の名誉革命に至る時代の転回，宗教的な迫害が強まるなかで展開された王権と議会，寛容をめぐる論争を踏まえつつ，近代デモクラシーの祖とされるジョン・ロックの政治思想を再考する。
《キーワード》　共和政，ハリントン，寛容，ロック，統治

1. 共和政の経験

オランダとイングランド

　17世紀の人びとが目にしたのは，近代化や世俗化の進展というよりは，大陸における三十年戦争（1618-48）やブリテンの三王国戦争など，宗教を大きな要因とする戦乱が止まず，人びとが分裂し対立を続けるヨーロッパであった。そうしたなか，イングランドは短い共和政の時代（1649-60）から王政復古（60），そして名誉革命（88-9）への転回を経験する。初期近代の国家は君主政が一般的であったが，ホッブズも懸念していたように，ギリシア・ローマの古典は共和政の歴史も伝えていた。マキァヴェッリの『ディスコルシ』は，自由や共通善，混合政体といった共和政ローマの理念や記憶を再生させる。イタリアでは，フィレンツェが大公国となった後もヴェネツィアが共和政を維持していた。また，独立戦争を経て連邦共和国となったオランダは，交易によって繁栄し，東インド会社を設立するなどして日本を含む海外へと進出する。これら

の新たな経験は、どのような政治思想の展開をもたらしたのであろうか。

こうしたなか、オランダのデルフトに生まれ、幅広い人文主義的な教養を有していたフーゴー・グロティウス（1583-1645）は、『自由海論』1609において航海と通商の自由を論じた。その後、ロッテルダム市の法律顧問などを務めた彼は、亡命先のパリで執筆した『戦争と平和の法』1625において、モンテーニュにも見られた懐疑主義を斥け、諸国民の間に共通する法の存在を主張する。のちにプーフェンドルフやスコットランド啓蒙にも受け継がれた彼の自然法論は、「万人の万人に対する戦い」ではなく人間の社会性を基礎とする。そのうえで彼は、キケロなどに由来する正戦論の伝統を踏まえ、防衛や損害の回復といった戦争の目的や戦争遂行中のルールを定めることを通じて、その抑制を試みた。

また、17世紀後半のオランダに目を移すと、バルーフ・デ・スピノザ（1632-77）が、『神学・政治論』1670において「哲学する自由」を説いた。彼が生まれたのは、迫害から逃れてポルトガルから移住したユダヤ人の家庭であった。その彼によれば、「哲学する自由を認めても道徳心や国の平和は損なわれないどころではなく、むしろこの自由を踏みにじれば国の平和や道徳心も必ず損なわれてしまう」（上25, 37頁）。その一方で、迷信が群衆を支配し、数多くの騒乱や戦争を招くことを目にした彼はまた、啓示の知である聖書と、自然の光に導かれる哲学の知を区別した。そのうえで彼は、「誰にでも、考えたいこと

図11-1　「デルフトの眺望」（フェルメール、c.1660-1）

を考え，考えていることを口にすることが許される」国家を最善とし（下299頁），デモクラシーを最も自然で，自由に近い政体としたのである。

　王政復古までの11年という短い期間ではあるが，「コモンウェルスにして自由な国家」となるイングランドでもまた，（ホッブズが逆に危惧したように）多くのオピニオンや論争が見られた。1642年に始まる内戦の直前には，王権の制限を求めた「十九箇条の提案」に対する回答のなかで，国王の側もイングランドが混合政体であることを認めるに至る。その一方で，議会の内部では，抗戦を主張する独立派や，多数の穏健な長老派などによる意見の対立が見られた。

　こうしたなか，1647年の10月末から開かれた議会軍の総評議会での議論（パトニー討論）を経て，急進的なレヴェラーズと呼ばれる人々によって「人民協約」が提出された。この討論において，クロムウェルやアイアトンといった軍の幹部は，古来の国制における伝統的な権益の側に立つ。これに対してレヴェラーズは，「最も貧しい人といえども，最も大いなる人と同様に，生きるべき生命を持っている」（「パトニー討論」176頁）として，抽象的な生得の権利の観点から，平等な選挙や信教の自由，言論の自由などを主張したのである。

　他方で，のちに『失楽園』によって文学的な名声を得るジョン・ミルトン（1608-74）もまた，『アレオパジティカ』1644において言論・出版の自由を訴えた。この作品のタイトルは，

図11-2　長期議会（1640-53）

古代のアテナイにおいて往時のデモクラシーの再建を訴えたイソクラテスの演説（「アレイオス・パゴス会演説」）に由来する。このように古典古代の学問や雄弁を高く評価した彼は，議会によって新たに制定された検閲法を批判した。彼によれば，「不平が自由に聞かれ，考慮され，すみやかに改められるとき」に「最大の自由」がある（8頁）。こう述べた彼はまた，『為政者在位論』1649において，古典や聖書，そして翌年の第2版では諸々の抵抗論などを動員して王の処刑を正当化した。すなわち，為政者は人民の善を目的とするのであり，人民は最善と考える場合は常に，「王を選ぶことも拒否することもできるし，任につかせるも，またたとえ暴君でなくても王廃位を行なうこともすべてできる」のである（270頁）。

ハリントンの「オシアナ」

　ところが，王権を批判するだけでなく，さらに進んで君主政を廃し，共和政を樹立することを多くの人々は想定していなかった。王の処刑は，議会から長老派が追放され，共和政についての明確な理念やヴィジョンがないまま，残った少数の独立派が中心となって行われたのである。しかも，軍の実力によって事実上成立したデ・ファクトな政権の正当性も明らかではないまま，クロムウェルが終身の護国卿に就任した。そのクロムウェルが急逝し王政復古が迫ると，政権の広報官的な役割を担っていたミルトンは，『自由共和国建設論』1660において自由や徳などの理念を訴え，終身の総評議会の設置を提案する。そして，このように共和政とは何かが問われるなか，ミルトンとはまた別のヴィジョンを提示し，以降の共和政論（共和主義）の展開に大きな影響を与えたのがジェイムズ・ハリントン（1611-77）であった。

　ハリントンは王室や宮廷とも関わる名家の出身であり，オランダや

ヴェネツィアなどへの大陸旅行を通じて政治の理解を深めた。彼はまた，内戦の渦中にチャールズ１世の侍従となるが，その一方で，共和政の末期には政治的な討論の場であるロータ・クラブを主宰した。その彼が，クロムウェルによる強権化が進む1656年に出版したのが『オシアナ共和国』である。「北海の見事な島」を意味する「オシアナ」を描いたこの作品において，ハリントンは土地や財産の所有バランスの変化に着目し，共和政への移行を歴史の必然とした。すなわち，かつての封建的な土地所有（ゴシック・バランス）とは異なり，民衆にも土地が分与されることによって，政体も君主政から共和政に変化するのである。しかも，新たに土地を保有した農民は，優れた歩兵となって共和国を支えることが期待された。

　そのうえでハリントンは統治の二つの定義を挙げ，「古代の思慮」と「近代の思慮」とを区別した。彼によれば，古代の思慮は，アリストテレスやリウィウス，そしてマキァヴェッリによって展開されたものである。それは，共通の権利や利益を基礎として政治社会を設立し維持する技術であり，法の支配とも言える（対して，これを破壊しようとしたのがホッブズとされる）。また，その模範として挙げられるのは古代イスラエルや共和政ローマ，ヴェネツィアなどであり，混合政体が理想とされる。これに対して，近代の思慮は，特定の個人や少数者の利害によって都市や国家を統治する技術である。そして，この種の統治はカエサルに始まり，ゲルマンを経て現在に至るが，そこでは法ではなく人間が支配するとされた。

　ハリントンは古代の統治を理想とした。そのうえで彼は，共通の利益を実現するための制度として，平等な土地分配法を土台としつつ，三つの秩序から成る混合政体を上部構造とする共和国を構想し，それを統治の完成と見なした。すなわち，討議や提案を行う元老院と議決を行う民

会，官職輪番制を採用する行政部である。彼はとくに，元老院と民会の二院制について，その役割分担の必要を二人の少女の例を用いて印象的に説明した。食卓で求められる振舞いのように，個別の好みを優先するのではなく，共通の利益を尊重するように強いる秩序はどのようにすれば確立できるのか。彼によればそれは，一つのケーキを前にした少女たちが常にそうしているように，ケーキを切る役割と選ぶ役割を分ければよいのである。

　こうして，ハリントンのユートピア＝オシアナでは，制度的な工夫や詳細な規則・儀礼を通じて統治の安定がもたらされ，共通善を志向する市民の徳が涵養される。それはまた，スコットランドとアイルランドを属州とする複合国家であり，マキァヴェッリも展望した拡大共和国でもあった。

2. 寛容論の展開

迫害と良心

　ところが，ミルトンやハリントンの構想も空しく，イングランドは短い共和政の経験を経て君主政に戻り，ステュアート朝が復活した。ホッブズはこの「転回」revolution を支持し，『ビヒモス』において「ここで長く留まればよろしいのです」と述べる（330頁）。また，のちに名誉革命を支持するジョン・ロック（1632-1704）も，「英国人のペンはその剣と同じく罪深い」（『世俗権力二論』13頁）として内戦の悲惨を批判する一方，王政復古による平和と安定の到来を歓迎した（質素なジェントリの家に生まれた彼は当時，オックスフォード大学で自然科学や医学などを学んでいた）。そして，チャールズ2世は実際に，復位前にオランダで発した「ブレダ宣言」において和合を訴えるなど，一定の信仰の自由や国教会の枠を広げる包容の姿勢を示したのである。ところが，保守的な国教

徒が復帰した議会は逆にピューリタンの排除を求め，クラレンドン法典と呼ばれる一連の法律によって非国教徒に対する抑圧が強まることとなった。さらに，王室による親フランス外交への転換やカトリック化に対する疑念が加わり，再び政治的・宗教的な緊張が高まることとなった。1673年には公職を国教徒に限定する審査法が制定される。

その一方で，ヨーロッパ諸国を巻き込んだ三十年戦争に見られるように，大陸でも騒乱は収まることはなかった。「自由な国」とされたオランダで，厳格なカルヴァン主義のホマルス派と予定説を否定するアルミニウス派との紛争によってグロティウスが拘禁され，パリに亡命したことはその一例である。もっとも，フランスでは一定の信教の自由を認めた1598年のナント勅令によって国内のユグノー戦争は終結を見た。しかし，ルイ14世（在位1643-1715）の親政とともにユグノーへの圧迫が再び強まり，1685年にはナント勅令が廃止されるに至った。この過程において多くのユグノーが他国に逃れる（その結果，フランスの商工業が衰退することになる）が，セダンのプロテスタント系大学の哲学教授であったピエール・ベール（1647-1706）もその一人であった。

オランダのロッテルダムに移住したベールは，ナント勅令の廃止に抗議して『哲学的註解』1686-7を出版する。彼はまた，彗星に対する迷信を批判し，無神論者も有徳である（そのなかにはスピノザも含まれた）とした『彗星雑考』82や，雑誌『文芸共和国便り』84-7の編集，のちに啓蒙思想に影響を与えた『歴史批評辞典』96などで知られる。『哲学的註解』において彼は，迫害の正当化に用いられた聖書の一句「強いて入らしめよ」（「ルカによる福音書」14：23）の解釈を，理性という「自然の光」の観点から強く批判した。彼によれば，迫害のような「罪悪を犯す義務を含むような字義どおりの意味はみな誤りである」（91頁）。彼はまた，情念や偏見，慣習，私益といった障害を除去し，

すべての人を照らす公正な「自然の光」を認識するために、次のように思考し、問いかけることを求めた。すなわち、「これこれのことは正しいだろうか、それが行なわれておらず、採用するもしないも自由な国に持ち込む場合、冷静に検討したら、それは採用に値するほど正しいと思われるだろうか」（95頁）という一般的な問いである。

　ベールによれば、「秤や物差しを二つ持ってはならない」のであり、「他人を測る物差しで自分も測られねばならないことを忘れるべきではない」（234頁）。ところが、対立する宗派が相互に「真の宗教」を掲げ、「真理は俺の側にあるのだから、強制する権利があるのは俺だけだ」（158頁）と主張したために各地で不断の戦争が起こった。これに対して彼は、人間の精神の限界を認め、「意見が分かれることは人間につきもの」（230頁）としたうえで、良心の自由と寛容の必要を説いた。彼によれば、たとえ「誤れる良心」であっても、その良心の命令に逆らうことは罪である。換言すれば、「私たちのあらゆる義務の内で第一のもっとも不可欠なものは、良心の勧告に反して行動しないという義務」なのである（248頁）。

図11-3　ロック

ロックの寛容論

　同じ頃、やはりオランダに亡命していたロックもまた、ナントの勅令の廃止やオランダの宗教対立による不寛容の高まりに対して『寛容についての手紙』をラテン語で執筆した。もっとも、王政復古を歓迎した彼は当初、秩序や権威を尊重し、宗教的な儀式や礼拝などの「非本質的な事柄」に対する世俗権力の介入を認めていた。ところが、彼はその後、草稿の『寛容論』（執筆1667-75頃）

において，統治者の限界を認め，包容・寛容策に目を向けるようになる。その理由としては，寛容政策を支持するアシュリー卿，のちの初代シャフツベリ伯に仕えたことや，諸宗派が共存するクレーフェ公国を訪れた経験などが考えられる。また，のちの『人間知性論』1689に見られるような，人間理性の自律性とその限界についての哲学的な洞察の深まりとも無関係ではないだろう。

　『寛容論』ではまた，かつてのポリティーク派のような，統治や思慮の観点からの政策的な判断も見られた。ロックによれば，義務が普遍的な規則であるのに対し，思慮は個別の状況によって異なる。それゆえ，寛容と強制のどちらが妥当なのかも状況的に判断される。それゆえ，国内の騒擾や外国からの侵略を招くカトリックは，イングランド王が盟主となるプロテスタントの団結という観点からも抑圧すべきとされる。これに対して，狂信者は逆に寛容の対象となり，説得を通じて国家に取り込むことが提案されるのである。彼はまた，日本におけるキリシタンの弾圧を一例として，暴力が効果的でなく逆に党派を結束させることなどを重ねて指摘した。

　このように，哲学や良心の自由を求めるスピノザやベールとは異なり，ロックの寛容論には統治の視点が織り込まれる。『寛容についての手紙』ではさらに，寛容が統治の一般原則とされ，ホッブズとは対照的に政治と宗教の分離が強調された。ロックによれば，コモンウェルスとは各人の現世的な利益を確保し，維持し，促進するための人間社会であり，魂の救済や来世とはまったく無関係である。これに対して，教会はあくまでも自発的な結社であり，火や剣などの実力によって信仰を強制することはできない。こうして，国家と教会は「絶対的に切り離され，区別される」（42頁）。「福音の下においては，キリスト教コモンウェルスなどというものは絶対に存在しない」（77頁）のである。しかも，国家と教

会のいずれも，そして私人間においても寛容の義務が求められ，宗教的な理由による個人への侵害は認められない。彼によれば，「人は誰でも自ら判断を下す至高で絶対的な権威をもっている」のであり，「何ごとも，支配を求めてなされてはならない」のである（85頁）。

　しかし，人間は「不死なる魂」だけでなく，「この地上における現世的な生」を有している（86頁）。したがって，『寛容論』でも見られたように，政治的な理由による不寛容は容認される。「人間の社会に反し，政治社会の維持に不可欠な道徳的規則に反する意見は為政者によって寛容に扱われるべきではない」（92頁）のである。この不寛容の対象には，外国の君主に仕えるカトリックに加え，約束や契約に縛られない無神論者も含まれる。なぜなら，「たとえ思考のなかにおいてであっても神を取り去れば，すべてが解体してしまう」（96頁）からである。しかし，それ以外であれば秘密集会のような例にも問題はない。というのも，騒乱や戦争の原因は意見の相違ではなく，むしろ寛容を拒否し，迫害を加えたことに求められるからである。こうして，（1689年のポップルによる英訳版においては）諸宗派や異教徒の寛容が以下のように説かれた。

　「厳粛な集会，祭日の遵守，公的な礼拝がある種の宗派に許されたのなら，これらのことはすべて，長老派にも，独立派にも，再洗礼派にも，アルミニウス派にも，クエーカー教徒にも，そしてその他の人々にも等しく自由に許されなければなりません。いや，真実を，そして，人間同士にふさわしいことをもっと公然と申し上げていいのなら，異教徒でもマホメット教徒でもユダヤ教徒でも，宗教のゆえに，コモンウェルスにおける政治的権利が許されないということがあってはならないのです」（106-7頁）。

3. ロック『統治二論』

政治権力の起源

　ところが，王政復古後のイングランドでは，王弟のジェイムズがカトリックであることが明らかとなるに至り，彼を王位継承から排除する運動が展開された。この排斥危機（1679-81）に際し，国王派のトーリと排除を求めるウィッグが対立する。ロックが仕えたシャフツベリはウィッグの領袖であったが，この闘争に敗れ，亡命先のオランダで客死する。ここで見逃せないのが，のちの名誉革命に際して出版された『統治二論』1689が，実は，この排斥危機のなかで執筆されていたことである。それゆえ，執筆時の意図と，名誉革命を支持した出版時の意図は区別される必要がある。マキァヴェッリやホッブズなどとともに近代の政治学や政治原理，あるいはデモクラシーや自由主義などの祖とされるロックの『統治二論』もまた，同時代の状況に応じて書かれた作品であった。

　さて，そのロックによれば，当時のエリートであるジェントルマンの職務に必要な政治学には二つの分野がある。その一つが「統治の術」であり，人文主義や思慮の伝統にも見られたように経験や歴史によって学ばれる「アート」である。もう一つが，『統治二論』に見られるような政治権力の起源と範囲に関わるものであった（『ロック政治論集』332頁）。その『統治二論』は前篇と後篇に分かれるが，その前篇では，ロバート・フィルマー（1588-1653）の王権神授説や父権論が徹底的に批判される。フィル

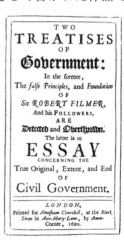

図11-4　『統治二論』表紙

マーによれば，君主の絶対権力は神がアダムに与えた父親としての支配権に由来し，すべての人間は生まれつき自由なのではない。こう述べた『パトリアーカ』が執筆されたのは内戦の前であったが，これを含む彼の作品が排斥危機の際に出版され，国王派や聖職者の主張を支えたのである。もっとも，一見すると時代錯誤なフィルマーの所説も無秩序への対抗を課題としていた。それゆえに，暴力や実力が肯定され「不断の無秩序，悲惨，騒乱，反乱，叛逆」（292頁）が生じる危険を回避するためにも，統治の発生や政治権力の起源についての，フィルマーの「神学」とは異なる理論が必要とされたのである。

こうして，続く後篇ではロックの統治論が展開される。彼によれば，政治権力は，子供に対する父親，家僕や奴隷に対する主人，妻に対する夫，そして専制君主の権力とは異なる。それは，「公共善」のために，そして「プロパティ」property の調整と維持のために死刑を含む法を制定，執行し，外国の侵略からの防衛のために共同体の力を行使する権力である。ここでプロパティとは，財産や資産などの所有権に加えて，ロックの用法においては，生命や健康，自由を広く含む人間に固有な権利を意味する。

そのうえでロックは，この政治権力の起源を自然状態に求めた。そこでは，フィルマーの所説とは異なり，人間は自由で独立で平等である。ところが，そこではまた，ホッブズの言う戦争状態とも異なり，各人は自然法の下にあり，プロパティの侵害が禁じられる。ロックによれば，自然状態とは，「人それぞれが，他人の許可を求めたり，他人の意志に依存したりすることなく，自然法の範囲内で，自分の行動を律し，自らが適当と思うままに自分の所有物や自分の身体を処理することができる完全に自由な状態」（296頁）とされる。そして，その自然法は「全人類に対して，すべての人間は平等で独立しているのだから，何人も他人の

生命，健康，自由，あるいは所有物を侵害すべきではないということを
教える」（298頁）のである。

　それでは，ロックの想定する自然状態はなぜ「万人の万人に対する戦
い」にならないのか。その大きな理由の一つは，人間を「神の作品」と
する彼のキリスト教的な世界観・人間観に求められる。

　　「というのは，人間が，すべて，ただ一人の全能で無限の知恵を備えた
　造物主の作品であり，主権をもつ唯一の主の僕であって，彼の命により，
　彼の業のためにこの世に送り込まれた存在である以上，神の所有物であり，
　神の作品であるその人間は，決して他者の欲するままにではなく，神の欲
　する限りにおいて存続すべく造られているからである」（298-299頁）。

　近代の祖とされたロックの政治思想は，このように，キリスト教的な
パラダイム（思考の枠組み）のなかで育まれていた。それゆえ，自然法
もまた，理性によって明らかとなる「神の意志」とされたのである。

政治社会と統治

　しかし，だとすればなぜ，「政治社会」political or civil society が必
要となるのか。ロックによれば，自然状態には一方で法や裁判官や執行
権力が欠けているために，プロパティの享受は「きわめて不安定であり
不確実」（441頁）である。それゆえ，この恐怖と危険に満ちた状態から
脱出するために，すべての成員が自然権を放棄し，政治社会が設立され
るのである。もっとも，神の作品であり，「生来的に自由で平等で独立
した存在である」人間は，「自分自身の同意なしに」政治権力に服する
ことはない（406頁）。しかも，統治は公共善やプロパティの保全などを
目的とするため，ここでもホッブズとは異なり，絶対的な権力がおのず
と生み出される訳ではない。政治権力は，あくまでも「信託」されたも

のに過ぎないのである。さらに，最高権力は立法権にあるとされるが，
それとは別に執行権が想定され，いわゆる権力分立の制度が導入される。
このように，彼が絶対的で恣意的な権力，すなわち専制権力を忌避した
ことは，国家を示す語彙として，絶対王政を連想させる主権やステイト
を積極的に使わず，キウィタスやレス・プブリカといった共同体に由来
するコモンウェルスを用いたことにも示されている。

　とはいえ，ロックはデモクラシーや自由主義の理念を新たに提唱し，
ミルトンのように君主政を否定したわけでも，権力をすべて法によって
規制しようとしたわけでもない。それゆえ，コモンウェルスの形態は，
立法権の所在に応じて君主政や寡頭政，あるいは混合的でもありうる。
また，戦争や和平，盟約や同盟などの交渉を行う権力は連合権とされる
が，それは執行権と比べて法の規制を受けず，それを担う者の思慮に委
ねられる。さらに，法の規定や議会の同意を必要としない大権について
も，「公共の善のために思慮にもとづいて行動する」（489頁）権力とし
て容認されたのである。ここには，寛容論にも見られた統治の思慮や
アートの契機が窺えるだろう。

　しかし，だとすれば，こうした権力に対する抵抗はいかにして生じ，
正当化されるのか。ロックによれば，その原因は，外国からの征服に加
え，立法部の改変，そして信託違反による「統治の解体」に求められる。
たとえば，君主が恣意的に支配したり，立法部や君主によってプロパ
ティが侵害されたりした場合には戦争状態となり，服従から解放される。
ところが，この『統治二論』を執筆していたロックはカトリックのジェ
イムズ（のちの2世）の排斥に失敗し，1683年にオランダに亡命した。
しかし，その数年後，名誉革命によってジェイムズが追放され，プロテ
スタントであるオランダのオラニエ公が新国王ウィリアム3世として迎
えられる。また，ウィリアムの妻であり，ジェイムズの長女でもあった

メアリ（2世）も共同統治者となる。そして，このステュアート王家を継ぐメアリとともに帰国したロックは，匿名で出版した『統治二論』の緒言において，外国出身の新君主による統治が「人民の同意」（17頁）に基づくことを強調したのである。

参考文献

スピノザ『神学・政治論』（上下）吉田量彦訳，光文社古典新訳文庫，2014年

「パトニー討論」（大澤麦，澁谷浩訳『デモクラシーにおける討論の生誕』聖学院大学出版会，1999年）

ミルトン『アレオパジティカ』（原田純訳『言論・出版の自由』岩波文庫，2008年）
　　　『為政者在位論』（原田純訳『イギリス革命の理念』小学館，1976年）
　　　『自由共和国建設論』（原田純訳『言論・出版の自由』岩波文庫，2008年）

ハリントン『オシアナ共和国』（浅沼和典「ハリントンと『オーシアナ共和国』（その二）」『政経論叢』第59巻1・2号（1990年））

ホッブズ『ビヒモス』山田園子訳，岩波文庫，2014年

ベール『哲学的註解』（野沢協訳『ピエール・ベール著作集』第2巻，法政大学出版局，1979年）

ロック『世俗権力二論』友岡敏明訳，未来社，1976年
　　　『寛容論』山田園子訳（山田『ジョン・ロック『寛容論』の研究』渓水社，2006年）
　　　『寛容についての手紙』加藤節，李静和訳，岩波文庫，2018年
　　　『完訳 統治二論』加藤節訳，岩波文庫，2010年
　　　『ロック政治論集』ゴルディ編，山田園子，吉村伸夫訳，法政大学出版局，2007年

12 | アンシャン・レジームと啓蒙

《目標＆ポイント》 モンテスキューやヴォルテール，『百科全書』などに代表される，18世紀フランスを一つの中心とした「啓蒙」の世紀における多彩な言論の展開を，同時代のイギリス（ブリテン）における市民的公共圏やフランスのアンシャン・レジームとの関連で捉え直す。
《キーワード》 公共圏，啓蒙，アンシャン・レジーム，モンテスキュー，ヴォルテール

1. 「啓蒙」の世紀

名誉革命体制と市民的公共圏

　本章から第14章までは，「啓蒙」の時代とも言われる18世紀の政治思想を探究する。近代デモクラシーや自由主義などの祖とされたジョン・ロックはまた，この18世紀の啓蒙思想を先導した人物とされてきた。しかし，前章で述べたように，『統治二論』は時代の転変のなかで書かれ，その議論はキリスト教的なパラダイムのなかで展開されていた。しかも，ブリテンにおいては，先の内戦とは異なり，君主政は名誉革命によって廃止されることなく，ステュアート朝が継続する。この複合君主政の国家を社会契約によって新たに設立されたコモンウェルスと認識することは難しい。これに対して，イングランドについてはむしろ，内戦から王政復古，そして名誉革命に至る転回を経て，国王と議会を中心とする古来の国制に戻ったとも考えられた。

　名誉革命によってカトリックの王は追放された。しかし，その後の課

題はむしろ，更なる革命や抵抗を抑え，新たな秩序や統治の体制を確立することにあったとも考えられる。『統治二論』における抵抗論の記述も，よく読むと抑制的な面が見られる。それによれば，あくまでも「実力をもって抵抗すべきはただ不正で不法な暴力に対してのみ」であり，それ以外の場合には「神と人間との双方から正当な非難を受ける」（541頁）のである。ところが，この名誉革命体制は，フランスに亡命したジェイムズと彼の子孫の支持者（ジャコバイト）による，アイルランドやスコットランドにおける抵抗や反乱に悩まされるようになった。

　もっとも，その一方で，権利章典の制定にも見られるようにイングランドは立憲王政となり，議会は毎年開催され，王権を支持するトーリとそれに対するウィッグ，あるいはコート（宮廷）とカントリ（地方）とも呼ばれた党派の対立が国政を動かすようになる。また，寛容法によってカトリックを除く非国教徒の信仰の自由が一定程度認められるとともに，寛容を尊重する広教会主義が次第に浸透した。1707年にはスコットランドと統合し，グレイト・ブリテン王国が成立する（以降は「ブリテン」を「イギリス」とも表記する）。

　こうしたなか，ハリントンが主宰したロータ・クラブにも見られたように，17世紀後半以降，ロンドンのコーヒー・ハウスやクラブなどを中心に人びとが集まり，商取引や情報交換，そして政治的な討論が活発に行われるようになった。また，1695年には事前検閲が廃止され，多くの出版物が

図12-1　コーヒー・ハウスの様子

流通するようになる。併せてジャーナリズムの発達が見られ，デフォー
の『レヴュー』1704-13やスウィフトが主筆を務めた『エグザミナー』
1710-14，ボリングブルックらによって1726年に創刊された『クラフツ
マン』などの新聞や雑誌も盛んに読まれた。なかでも，アディソンとス
ティールが中心となった『スペクテイター』1711-12,14は，哲学を書斎
や図書館，大学などから一般に広めることを目指し，社会の諸相を「観
察者」の視点から批評して多くの話題を提供した。

　このような「市民的公共圏」（ハーバーマス）とも呼ばれるオピニオ
ンの空間ではさらに，パンフレットや小説，書簡などを通じて他者を説
得するレトリックが多彩に駆使された。たとえば，『ガリヴァー旅行記』
1726の作者としても知られるジョナサン・スウィフト（1667-1745）は，
古代の歴史を題材とした『アテネとローマにおける貴族・平民間の不和
抗争』1701において，混合政体を危機に陥れる「軽率で嫉妬深く無定見
な民衆の気まぐれ」や「民衆の専制」（16-7頁）を批判する。彼はまた，
『ドレイピア書簡』1724などを通じて，彼の出身地でもあるアイルラン
ドに対するイングランドの圧制を告発した。

　スウィフトは他方で，かつてのエラスムス（もしくは痴愚神）と同様
に，「虚構」や「想像」が真実や理性などに優る力を有することを強く
意識していた。それゆえ，スウィフトは『桶物語』1704において，ピー
ター，マーチン，ジャックという兄弟の物語を提示した。三人はそれぞ
れ，カトリック，国教会，カルヴァン派の寓意であり，国家という船を
転覆させる宗教対立が兄弟の仲違いとして諷刺される。そして，彼は
『ガリヴァー旅行記』においても同様に，小人国や巨人国，空飛ぶ島と
いったフィクションを通じて党派対立や権謀術数，科学，そして堕落し
たヤフー（人間）などを次々に揶揄したのである。

「啓蒙とは何か」

　さて，このように多彩なオピニオンやフィクションが活発に展開されるようになった18世紀は「啓蒙」の世紀でもあった。のちにイマヌエル・カント（1724-1804）は『啓蒙とは何か』1784において，人間が理性を公的かつ自由に使用して未成年状態から抜け出ることを「啓蒙」Aufklärung と呼んだ。「啓蒙」はまた「光」lumière を原義とする。1751年から72年にかけて本巻が刊行された『百科全書』の口絵には，光を放つ真理の女神を中心とする理性，哲学，想像力，諸学問・技芸などの寓意画が描かれた。ドゥニ・ディドロ（1713-84）らが編集に携わり，「フィロゾーフ」とも呼ばれた多数の啓蒙思想家によって集合的に執筆されたそれは，知識の体系や連環とともに，諸学や技芸，工芸の土台となる一般的原理や細目が示された「合理的」な辞典であった。その一方でまた，ヨーロッパ各地にはフランスの王立アカデミーや，ニュートンらが活躍したロンドンの王立協会をモデルとした学術団体が多く設立されるようになる。

　とはいえ，英語の「啓蒙」Enlightenment が19世紀後半になってから（しかも，ロマン主義の観点から否定的に）用いられたことにも示されているように，「啓蒙」にはしばしば現代の視点からの評価が投影される。かつての「中世」と「ルネサンス」もそうであったように，「啓蒙」もまた，伝統的な身分社会である旧体制（「アンシャン・レジーム」）に対して，ヨーロッパにおける近代の起源，あるい

図12-2　『百科全書』第1巻（1772版）の口絵

は理性の時代や文明の進歩をもたらす「光」として称賛され，あるいは批判されてきた。そして，「アンシャン・レジーム」という言葉にもまた，それ以前の「旧い」時代遅れの体制という意味合いが含まれていた。

　これに対して，歴史的な観点からの「啓蒙」のリヴィジョンが様々に進められている。啓蒙思想の展開はフランスに限定されず，スコットランドなどヨーロッパ各地で見られた。啓蒙においてはまた，人間の理性が絶対視されたのではなく，そうした理性の限界や，非合理的な情念の働きなども着目された。しかも，啓蒙による批判の対象とされたアンシャン・レジーム，あるいは伝統的な王権や貴族，教会や聖職者などの役割も見直されるようになっている。たとえば，のちの『永遠平和のために』1795などで共和政の理念を示すことになるカントも，フランス革命前の時点ではまだ，啓蒙専制君主としてのフリードリヒ2世に期待を寄せていた。東プロイセンのケーニヒスベルクで過ごした彼にとって「啓蒙の時代」はまた，「君達はいくらでも，また何ごとについても意のままに論議せよ，ただし服従せよ！」と君主が言明できる「フリードリヒの世紀」（10，17-19頁）でもあった。

フランスの「アンシャン・レジーム」

　これに対して，フランスのアンシャン・レジームはルイ14世（在位1643-1715）と15世（在位1715-74）によって統治された。とくに，内戦や革命などが続いたブリテンとは対照的にフロンドの乱（1648-53）を抑えたルイ14世の時代は，ヴェルサイユ宮殿や「朕は国家なり」という言葉にも示される絶対王政の最盛期とされる。しかし，当時の実態は，貴族などの諸身分や諸団体との交渉や調整，協力が必要な社団国家であり，ジェイムズ6世・1世などと同様，ルイもまた専制君主として恣意的に権力を行使できたわけではない。その一方で，たとえば啓蒙思想を

代表するヴォルテール（1694-1778）の『ルイ14世の世紀』1751によれば，ルイの時代はむしろ，古代ギリシアやローマ，イタリアのルネサンスの時代に比肩する「これまでに最も啓かれた世紀」であった。それゆえ，同時代のヨーロッパはルイの宮廷に「洗練と社交の精神」を学んだのである（（1）7, 9頁）。そして，太陽王のルイ自身も宮廷の日課や作法に縛られていた。

　このルイ14世を支える王権神授説を展開したのが，王太子の教育係であり，モーの司教であったボシュエ（1627-1704）である。しかし，たとえば彼の『聖書の言葉から引いた政治学』1709においても，絶対的な権力と恣意的な権力との混同が批判されていた。さらに，王孫ブルゴーニュ公の教育係であり，カンブレーの大司教であったフランソワ・フェヌロン（1651-1715）の『テレマックの冒険』1699では，王の権威が次のように語られた。すなわち，「王は善をなすため絶対的権力をもっているが，悪事をなそうと思うと途端に，手を縛られてしまう」（上97頁）。この『テレマックの冒険』は，古代ギリシア神話の英雄オデュッセウスの息子テレマックによる遍歴の物語を通じた君主教育の書であった。それによれば，たしかに王権は神に由来する。しかし，それは私益のためではない。王は人民あっての存在であり，万人の幸福に献身することが王位に相応しい。王は法の擁護者にして人民の奴隷であり，その仕事は超人的な勇気と忍耐とを必要とする「苦しい屈従」（下174頁）なのである。

　その一方で，アンシャン・レジームの時代にはまた，君主の宮廷に加えて，有力貴族の婦人などが主宰するサロンに紳士淑女が集まった。そこには文人や哲学者，芸術家なども招かれ，「ル・モンド」とも呼ばれる社交の世界が花開いた。17世紀にはランブイエ夫人やスキュデリ嬢，18世紀にはタンサン夫人やデファン夫人，レスピナス嬢，ルイ15世の公

図12-3　ジョフラン夫人のサロン

的な愛人であったポンパドゥール夫人などのサロンが知られる。そこにはヴォルテール，ディドロ，ダランベールといった啓蒙思想家も出入りし，知的な会話が繰り広げられた。ジョフラン夫人は実際に『百科全書』の出版を支援する。しかも，パリではまた，ロンドンと同様に多くの新聞や雑誌が発行され，カフェで活発な議論が展開された。ランベール夫人も愛読したモンテスキューの『ペルシア人の手紙』1721 によれば，パリは自由と平等，快楽と利益，そして婦人が支配する最も享楽的な都市とされた。しかも，フランス人は「社交的な動物」の典型であり，「社交のためだけに作られているように見える」とも評された（303 頁）。

2. モンテスキュー

「ペルシア」と「ローマ」

　この『ペルシア人の手紙』に加え，『法の精神』の著者として一般に知られるシャルル＝ルイ・ド・モンテスキュー（1689-1755）は，ボルドー近郊のラ・ブレードに城館を構える貴族であり，ボルドー高等法院の副院長の職を継いでいた。出世作となった『ペルシア人の手紙』では，パリに滞在するペルシアの亡命貴族（ユズベクとリカ）などによる架空の書簡を通じて同時代の世相や風俗が描かれる。そこでは，東洋からの異邦人という視点から西洋の世界が観察され，相対化される。たとえばリカによれば，東洋の占星術は西洋の代数学と同様であり，「それぞれ

の国にそれぞれの科学」があり，「その科学に従って政治を調整している」（463頁）。さらに，フランス王やローマ教皇は精神を操る「魔術師」とされ，とくに「ヨーロッパ最強の君主」であるフランス王はトルコやペルシアのような「東洋の政治を重んじている」とも評された（93-94，134頁）。

　この『ペルシア人の手紙』にはまた，複数の物語が重層的に織り込まれていた。その一つに，人間の幸福や，徳と奢侈の問題などをめぐるトログロディットの寓話がある（寓話による語りは，時として抽象的な理屈や繊細な哲学よりも有用とされる）。このアラビアの小国ではかつて，邪悪な気性の人びとによって王や王族などが皆殺しにされた。しかも，人びとはその後，「もはや誰にも従わず，それぞれの利益しか気にかけず，他人の利益については考慮しないことを取り決めた」。こうして，ホッブズやロックの説とは逆に，「自分のことだけ」を考えることで全員が一致した結果，互いに争って滅亡する（55頁）。もっとも，これに対して「人間味に溢れ，正義を弁え，徳を愛していた」二人の男性とその家族が生き残り，「共通の利益」（60頁）に配慮する質朴な理想社会が営まれるようになる（同様のユートピアは『テレマックの冒険』におけるベティック国にも見られる）。ところが，その後の人口の増加とともに，そこでは王に統治を委ねることになった。なぜなら，人びとが野心を抱き，富や享楽を求めるようになって「徳が負担となり始めた」（68頁）からである。

　『ペルシア人の手紙』では，この寓話に続けて，実際に「ヨーロッパ最強の君主」を擁するに至ったフランスにおける習俗の腐敗が諷刺される。なかでも最も強く批判されたのが，「富への癒やしえぬ渇き」（522頁）によって生じた財務長官のジョン・ローによる金融・財政政策の破綻と人心の堕落であった（このことは西洋の「代数学者」による愚行と

図12-4　ルイ14世とペルシアからの使節
（c.1715）

も揶揄される）。

　もっとも，このような同時代の西洋やフランスを批判・分析する際にモンテスキューが用いた視座は「ペルシア」だけに留まらない。彼はその後，1728年から31年にかけて自らヨーロッパ旅行に出かけ，ウィーンやハンガリー，イタリア，ドイツ，オランダなどを経てイギリスにも渡り，見聞を広めた。彼はさらに，『ローマ人盛衰原因論』1734において古代ローマの歴史にも目を向ける。しかも彼は，「世界を支配するのは運命ではない」と述べたうえで，君主国を興隆させ，維持し，没落させる「精神的もしくは物質的な一般的原因」を探究したのである（205頁）。

　モンテスキューは，ローマの興隆の大きな要因として，（クラウディウスの演説などにも見られたように）敵対した相手からも優れたものを取り入れたことを強調する。また，ポリュビオスらによって繰り返し指摘されたように，共和政の自由を支えた制度も見逃せない。すなわち，ローマは「人民の精神，元老院の力，あるいは，何人かの政務官の権威」によって「権力のあらゆる濫用を常に是正できるような働きを保っていた」（95頁）。さらに，マキァヴェッリも指摘したように，内紛や対立もローマの偉大さに寄与した。モンテスキューによれば，不協和音が全体の調和に加わるように，「あらゆる部分が，われわれにはどのように対立して見えようとも，社会の全体的福祉のため協力している」（103頁）ことが真の結合なのである。

　もっとも，第6章でも述べたように，モンテスキューはローマの没落

にも着目する。彼によれば，その衰退の原因はローマの拡大と帝政への移行にあった。すなわち，軍団が「アルプスを越え，海を渡って」行動するようになり，首都ローマを「はるか遠くから眺めるようになり始めた」ため，次第に「公民としての精神を失った」のである（99頁）。しかも，ローマの法律は小さな共和国を大きくするには適していたが，帝国を維持し統治するには政体の変更が必要となった。こうして，征服を早くに達成したがゆえにローマは自由と偉大さを失い，専制と隷従に陥ったのである。そして，このような議論は一方で，ルイ14世にも見られた対外拡張（世界君主政）を目指す動きに対する牽制にもなった。

『法の精神』

　『法の精神』1748は，所与のアンシャン・レジームのなかで，以上のような古今東西の教養と一般的な原理への関心をもとに「20年」の歳月をかけて書かれた。それはまた，ペルシアやローマにも見られた専制を強く警戒する。そのうえで，モンテスキューは最も広い意味での「法」を「事物の本性に由来する必然的な諸関係」とした（上39頁）。したがって，あらゆる存在には「法」があり，人間もそれに支配される。しかし，人間は他方でまた，神が定めた法を破り，自ら定めた法律も変更する。それゆえ，人間は自らを導かなければならないが，人間はあくまでも「有限な存在」であり「無知と誤謬に陥りやすい」（上43頁）。しかも，人間は弱く臆病な存在とされ，それゆえにこそ，自然状態において平和と社交を求める。ところが，ホッブズの説とは異なって，人間は社会生活を始めることによって逆に戦争状態に突入する。ここで，各種の実定法を

図12-5　モンテスキュー

定める必要が生じるが，その際に参照すべきとされたのが「政体の本性と原理」であり，「法の精神」であった。

　　「それらの法律は，その国の自然的なるもの，すなわち，寒いとか，暑いとか，あるいは，温いとかの気候に，土地の質，位置，大きさに，農耕民族，狩猟民族，遊牧民族といった民族の生活様式に相関的でなければならない。それらの法律は，国制が容認しうる自由の程度に，住民の宗教に，その性向に，その富に，その数に，その商業に，その習俗に，その生活態度に関係していなければならない」（上48-9頁）。

　「法の精神」（「一般精神」）は，立法の経緯や目的だけでなく，このように政体や自然，習俗などを広く含む，多種多様な「事物」の関係の総和として形成される。モンテスキューは，抽象的な理論から法を一律に演繹するのではなく，所与の，個別具体的な事物の諸々の関係や秩序の「すべてを見渡して」（上49頁）法を考察するのである。

　モンテスキューは，このような「法の精神」の観点から政体論を展開し，独自に共和政，君主政，専制政体の3種類に分類する。そのうち，彼の言う共和政には民主政と貴族政が含まれるが，とくに人民全体が最高権力を有し公職が籤で選ばれる民主政について，それを動かす原理やバネとされたのが「政治的な徳」であった。彼によれば，それは道徳的な徳やキリスト教の徳とは異なり，「祖国への愛」や「平等への愛」を新たに意味し，「公共の利益」を常に優先させる（上31, 95頁）。ただし，この徳は「自己犠牲」を要求するため「いつでも極めて骨の折れる」（上95頁）。また，共和国は小さな領土しか持たないが，古代ギリシアや同時代のオランダ，ドイツ，スイスなどのように対外的な問題に対処するために連合する例が見られる。

　これに対して，君主政は一人が統治するが，同時にまた，法によって

統治される。しかも，君主には貴族や聖職者といった様々な身分や団体などとの協調が必要とされる。このような社団国家的な，あるいは「中間的，従属的そして依存的な諸権力」（上64頁）から構成される政体は，中世のゲルマンに由来することから「ゴシック政体」とも呼ばれる。また，君主政を動かす原理やバネは，共和政とは異なり，徳ではなく「名誉」である。身分制社会を前提とする名誉は，他者からの評判に基づき，個人の利益でありながら共通の善を促進する。しかも，この君主政にはフランスやスペインなどの中規模な国家が適しているが，執行の迅速さや安定性などの面で，極端に走りがちな共和政や専制政体に優るとされた。

　これに反して，「人間の本性に恐るべき害悪を引き起こす」（上66頁）として強く批判されたのが専制政体である。それは，法ではなく恣意と気紛れによる一人支配である。そこでは名誉ではなく「恐怖」が原理となり，人間はすべて平等かつ奴隷である。そして，このような専制政体はペルシアや中国などの大帝国に見られる。

　こうして，『法の精神』では以下，三つの政体の原理や風土などに即した法律論が多様に展開される。その一方で，『法の精神』はのちに，とくにアメリカ憲法の制定にあたって三権分立論の典拠とされ，なかでもイギリスの国制を参照した一つの章（第11編第6章）の記述が注目されてきた。もっとも，この第11編の主題は「政治的自由」であり，それは「人が望むことを行なうこと」ではなく，法律が許容する範囲内で「望むべきことをなしうること，そして，望むべきでないことをなすべく強制されないこと」と説明される（上288-9頁）。しかも，この政治的自由は穏和な政体において，かつ権力が濫用されない時にのみ見出される。

　『法の精神』ではこうして，三つの政体の分類に加え，政治的自由や

権力抑制の観点から穏和な政体の重要性が強調された。彼によれば、穏和な政体を作るには「もろもろの権力を結合し、それらを調整し、緩和し、活動させなければならない」のであり、これこそがまさに「立法の傑作」である（上142頁）。このように立法による「事物の配置」の重要さを説いた彼はまた、「政治の善は、道徳の善と同じく、常に両極の間にある」のであり、「中庸の精神が立法者の精神でなければならない」とも述べていた（下259頁）。

3. ヴォルテール

　このモンテスキューとともに時代の多彩な精神を代表する、もう一人の人物がヴォルテール（本名フランソワ＝マリ・アルエ）である。もっとも、彼はルイ14世の世紀を讃え、ルイ15世の修史官となる一方で、文人や哲学者として時代の誤謬や迷妄を強く批判した。そうした彼の言動は多くの軋轢を生み、彼はイギリスへの2年半の亡命に加え、ポツダムのフリードリヒ2世の宮廷に身を寄せるなど流転の生涯を送る。晩年にはフランスとスイスの国境にあるフェルネーに土地を購入し、劇場と庭園のある館を構え、自作の劇を上演するなどしたが、そこにはヨーロッパ各地から名士と情報が集まった。彼はまた、理性によってキリスト教を捉え直そうとする理神論（自然宗教）の立場から、「もし神が存在しないなら、神を発明しなければならないだろう」と述べたことでも知られる（デファン夫人は同時代を「ヴォルテールの世紀」とも呼んだ）。

　ヴォルテールはイギリスでの見聞を『哲学書簡』1734（英訳33）に記した。彼はこの「イギリス便り」において、ロックやニュートンに代表さ

図12-6　ヴォルテール

れる経験論や幾何学的精神を称賛するとともに，『パンセ』において悲観的な人間観を展開したパスカルを批判した。ヴォルテールはまた，モンテスキューと同様に，イギリスにおける「賢明な政治」や「仕合せな混淆」を理想化する（47, 52頁）。彼によれば，イギリスでは王権が制限され，「君主は善を行うには全能であるが，悪を行うには手が縛られて身動きならず」，貴族に加え，人民も「ごたごたなしに政治に参与している」（48頁）のである。

　ヴォルテールはさらに諸宗派・異教徒の共存を目撃した。「イギリス人は自由な人間として己れの好む道を通って天国に往く」（33頁）。彼はロンドンの取引所に「人間の利得のために万国の代表者たちが蝟集している光景」を以下のように描いた。

　　「そこでは，ユダヤ教徒，マホメット教徒，そしてキリスト教徒が，まるで同じ宗旨の人間のようにお互同士を扱っていて，異教徒呼ばわりするのは破産なんかする奴に対してだけだ。そこでは，長老派が再洗礼派に信用を与え，国教派がクェーカー派の約定を納れたりする。そしてこのなごやかな自由な寄り合いを出た途端，ある者はシナゴーグに行き，他の者は飲みにゆく。〔……〕そしてみんなめでたし，めでたしである」（40頁）。

　ところが，ベールの『哲学的註解』にも見られたように，フランスでは逆に，ナント勅令の廃止などを経て迫害が続いていた。教会への諷刺を含む『哲学書簡』も焚書となり，ヴォルテールは，物理学者でもあったシャトレ夫人とともにドイツ国境近くのシレーに隠棲する。さらにその後，ポツダムやジュネーヴなどを経てフェルネーに移っていた晩年のヴォルテールを激怒させたのが，トゥールーズで起きたカラス事件であった。彼はこの事件で処刑されたユグノーのカラスの無実を晴らすため，関連文書の印刷などを通じてオピニオンを喚起し，宮廷の要人や政

府の高官だけでなくフリードリヒ2世などの王侯にも書簡を送るなどして実際に当局を動かした。

　ヴォルテールはこうして，言論の力を通じて時代の狂信や卑劣さと闘った。この過程で書かれた『寛容論』1763において彼は，「哲学が多大の進歩を成就させた時代」に，「一段と猛り狂ってもがいているように思われる」狂信を強く批判する（15-6頁）。彼によれば，不寛容は内乱を招き，地上を「殺戮の修羅場」にした（44頁）。これに対して，理性は「柔和で，人間味に富み，寛容へと人を向かわせ，不和を解消させ，徳をゆるぎないものにする」（48頁）。こうして彼は，寛容を理性や人間性にもとづく普遍的な原理とした。それは，「自分にしてほしくないことは自分もしてはならない」（51頁）という原理に立脚する。彼はまた，『寛容論』の結語で次のようにも述べた。

　　「自然はあらゆる人間に教えています。〔……〕お前たちは力弱きものなのだから，お互いに助け合わねばならぬ。お前たちは無知なのだから，お互いの知識を持ち寄り，お互いに許し合わねばならぬ。お前たちのことごとくがそろって同じ見解を持つことは，とうていありえぬが，もしそんな場合にたった一人の者が見解を異にしたとしても，お前たちはこの者を大目に見なければならない」（179頁）。

参考文献

ロック『完訳 統治二論』加藤節訳，岩波文庫，2010年
スウィフト『アテネとローマにおける貴族・平民間の不和抗争』中野好之訳（『スウィフト政治・宗教論集』法政大学出版局，1989年）
　『桶物語・書物戦争』深町弘三訳，岩波文庫，1968年
カント『啓蒙とは何か』篠田英雄訳，岩波文庫，改版1974年

ディドロ，ダランベール編『百科全書』桑原武夫訳編，岩波文庫，1971年

フェヌロン『テレマックの冒険』（上下）朝倉剛訳，現代思潮社，1969年

モンテスキュー『ペルシア人の手紙』田口卓臣訳，講談社学術文庫，2020年

　　『ローマ人盛衰原因論』田中治男，栗田伸子訳，岩波文庫，1989年

　　『法の精神』（上中下）野田良之他訳，岩波文庫，1989年

ヴォルテール『ルイ十四世の世紀』（1 ～ 4 ）丸山熊雄訳，岩波文庫，1958-83年

　　『哲学書簡』林達夫訳，岩波文庫，改版1980年

　　『寛容論』中川信訳，中公文庫，2011年

犬塚元編『岩波講座 政治哲学 2 』岩波書店，2014年

13 | 文明社会

《**目標＆ポイント**》 18世紀の文明社会における社交の洗練や商業の発展，ヒュームやアダム・スミスらを中心に展開されたスコットランド啓蒙を主な対象として，政治と社会，そして政治と経済の新たな関係を観察するとともに，ルソーによる文明批判に目を向ける。
《**キーワード**》 文明社会，社交，商業，スコットランド啓蒙，ヒューム，スミス，ルソー

1. 社交と商業

社交の世界

　ヨーロッパの啓蒙は，のちに「アンシャン・レジーム」とも呼ばれる初期近代の社会のなかで育まれた。そこでは伝統的な王権や教会，身分制社会を所与の枠組みとしつつも，都市を中心とする文明化や商業化の進展が見られ，人的交流や経済活動が盛んになった。このような「文明社会」civilized / civil society のなかで，学問や技芸が発展し，習俗や振舞いが洗練されるようになる。前章でも述べたように，ロンドンのコーヒー・ハウスやクラブ，パリのサロンなどを拠点に人びとが集まり，（常に理性的で公的ではないにせよ）議論が交わされ，オピニオンが形成された。たとえば，言論を武器としたヴォルテールは『哲学書簡』において，「イギリスでは，一般に誰も物を考えて」おり，「どこへ行ってもアテナイやローマの政治の話で持ち切り」だとして，その理由をイギリスの議会政治に求めた。

「ロンドンでは，議会で演説し，国民の利益を擁護する権利をもつおよそ八百人からの人がいる。そしておよそ五，六千人が自分たちも同様の栄誉を獲ようと志している。残りの全人民は，これらの人々の審判者をもって任じており，各人は公けの問題について己れの所信を印刷に付すことができる。これでは全国民たるもの否応なしに識見を高めずにはいられまい」（156頁）。

　啓蒙の時代である18世紀は，このように人びとが活発に交際し，政治的な教養が高められる文明的な社交の時代でもあった。その一方で，この時代にはまた，上品さや洗練を意味する英語の「ポライトネス」politeness や，習俗や生活様式に関連する「マナーズ」manners，キケロの『義務について』を典拠とする「デコールム」decorum などの，適切な振舞いや礼儀作法に関連する一連の語彙が用いられるようになる。なかでも，ラテン語のキウィタスに由来する「シヴィリティ」civility（「シヴィリテ」civilité）は，丁寧さや秩序などに加え，文明と礼儀を同時に意味していた（英語の civilization が広く用いられるのは18世紀後半以降である）。たとえば，ルイ14世の時代に出版され，その後も版を重ねたアントワーヌ・ド・クルタンの『礼儀作法書』1671では，「シヴィリテ」は「何事もしかるべき場で行い，話すための知」とされた（41頁）。

　これらの文明の作法は，カスティリオーネの『宮廷人』にも見られたように，ルネサンス期以降の宮廷を中心に洗練され，デッラ・カーサの『ガラテー

図13-1　18世紀中葉のロンドン・ホワイトホール（カナレット，1747）

オ』といった作法書やアディソンとスティールの『スペクテイター』などを通じて文明社会に広まった。また，これとともに，『ペルシア人の手紙』でも言及された人間の社交性と自己愛をめぐる論争も展開された。人間の社会性・社交性を前提とするアリストテレス以来の伝統に対して，ホッブズやパスカルは自己愛や利己心を強調する。これに対して，バーナード・マンデヴィル（1670-1733）は「私悪すなわち公益」を副題とする『蜂の寓話』1714において，欲望や偽善といった「人間のいちばん下劣で忌まわしい性質」（3頁）こそが人間を社交的な動物にするという逆説を提示した。彼によればまた，「美徳とは追従が自負に生ませた政治的な申し子である」（46頁）。そして，このように私悪を公益へと巧みに転換させることこそが政治の役割であるとした。

　その一方で，ホッブズの言う自己保存を前提としながらも，グロティウスと同様に社交性を自然法に基礎づけたのがザムエル・フォン・プーフェンドルフ（1632-94）である。彼の『自然法と万民法』1672や，その縮約版である『自然法にもとづく人間と市民の義務』1673によれば，自然法は「人間社会にふさわしい成員となるために，人がどのように振る舞うべきかを教える」（54-55頁）。彼の著作はバルベラックによる仏訳などを通じてヨーロッパで広く読まれた。また，この大陸自然法学はスコットランドでも受容されたが，たとえばグラスゴウ大学の道徳哲学教授となるフランシス・ハチスン（1694-1746）は，『美と徳の観念の起原』1725などで利己主義を斥け，高次の道徳感覚を生得的に備えた人間の社交性や普遍的な仁愛を講じた。さらに，ロックの教え子でもあった第3代シャフツベリ伯（1671-1713）もまた，ホッブズを強く批判し，『人間，風習，意見，時代の諸特徴』1711などにおいて，社会の形成に必要なコモン・センスやユーモア，会話の自由，そしてポライトネスの重要性を説いた。

政治と経済

　社交の洗練に加え，もう一つ見逃せないのが商業の発展である。人と人の交流は物資の流通を伴う。古代ギリシアにおいて，政治（ポリス）の領域と日常生活に関わる家政（オイコス）の領域は区別されていた。ところが，15世紀後半以降の地理上の発見に伴い，非西洋世界や植民地を通じた世界的な交易が盛んになるなどして，このオイコスを語源とする経済 economy の政治的な重要性が高まる。とくに，軍事力を整備・維持するための財政の充実が求められると，自国の富や利益を優先させる「国家理性」や他国の繁栄を妨げようとする「貿易の嫉妬」の観点から，各国は重商主義とも言われる保護主義的な政策を採用するようになった。

　こうしたなか，たとえばダニエル・デフォー（1660-1731）は『イギリス通商案』1728において，人口や国富を増加させ，世界を繁栄させる商業の恩恵を強調し，植民地の拡大を提案した。彼によれば，「われわれやその他のヨーロッパ人がすでに入植した国を文明化したこと，つまり裸の未開人に服を着せ，野蛮な民族に生活の仕方を教えたことが，まさにいま目に見える効果を生んでいる」のは「もっとも明らかな事実」（5頁）なのである。彼はまた，『レヴュー』の刊行や，1665年に流行した疫病を題材にした『ペスト』1722などの著作でも知られる。

　なかでも『ロビンソン・クルーソー』1719は，経済活動を担う新たな自律的・合理的な人間像が描かれたことでも注目されてきた。その主人公であるクルーソーは奴隷の密輸に関わり南米ギアナの沿岸で難破するが，異国を遍歴・観察するテレマックやユズベク，あるいはガリヴァーとは異なり，無人島を独力で開発する。そのクルーソーによれば，「理性こそ科学の本質であり起源である」。それゆえ，「なにごとも理性に基づいて明晰かつ慎重に考えることで，さらにものごとを徹底して理性的

に判断していくことで，だれでもいつかあらゆる物づくりの達人になる」とされた（101-2頁）。

　もっとも，クルーソーはその一方で，放浪への衝動や欲望を抑えられず，常に孤独で不安や苦悩を抱えていた。このことが示唆するように，商業の発展は，土地所有を基礎とした所与の秩序や価値観を揺るがすとともに，伝統的な徳や公共精神を損なう富や奢侈，自己愛や私益，腐敗や堕落，そして非西洋世界の植民地化といった様々な問題を前景化させた。マキャヴェッリの『ディスコルシ』にも見られるように，古代の共和政ローマを模範とする，いわゆる共和主義の言説においては，戦争の要は富ではないとされ，戦士＝民兵として祖国に献身する質素で有徳な市民が求められる。また，その一方で，ディドロの『ブーガンヴィル航海記補遺』にも見られるような，モンテーニュ以来の「善良な未開人」のイメージが広まり，翻ってヨーロッパ文明の頽廃が批判された。

　これに対して，ヨーロッパの商業は他方で，古代のスパルタやローマの徳とは異なり，洗練や勤勉を促進し，習俗や生活様式を穏和にさせるとも考えられた。計算可能な利益の追求は逆に，非合理的な情念の噴出を抑制するかもしれない。モンテスキューの『法の精神』によれば「商業は破壊的な偏見を癒す」のであり，「習俗が穏やかなところではどこでも商業が存在している」（中201頁）。しかも，商業の精神は征服や掠奪とは対立し，国民間の相互依存を強めることにより平和をもたらす。「商業の自然の効果は平和へと向かわせることである」。なぜなら，「一緒に商売をする二国民はたがいに相依り相助けるようになる」（中202頁）からである。そして，前章でも述べたように，ヴォルテールは実際に，ロンドンの取引所に万国から人が集まり，様々な宗教や宗派が共存している光景を目撃した。

　こうしたなか，たとえばルソーは『百科全書』の「エコノミー」の項

目において，家政とは区別される国家の統治や経営，財政を叙述し，のちにそれを『政治経済論』1758として出版した。また，ルイ15世の宮廷侍医であったフランソワ・ケネー（1694-1774）は『経済表』1758において富の再生産の過程を明らかにする。彼を

図13-2　ロンドン王立取引所

中心とする「フィジオクラット」は，個人が自由に利益を追求する「自然秩序」の観点から富を新たな統治原理にするとともに，特権的な重商主義を批判し，富を生産する農業を重視した（重農主義）。しかもケネーはまた，モンテスキューとは対照的に，伝統的な身分社会や中間団体などによって掣肘されない，中国を模範とする正統な専制君主や後見的な権力の必要を訴えた。

2. スコットランド啓蒙とアダム・スミス

こうして，社交と商業が活発になされる文明社会において，人間と社会に関する道徳哲学 moral philosophy が発展するとともに，政治経済学 political economy という新たな学問が生み出された。また，歴史叙述においても，キリスト教的な摂理の歴史や社会契約論的な自然状態ではなく，未開や野蛮から文明へと至る社会の変動を総合的に描く「哲学的な歴史」が試みられるようになる。たとえば，王立科学アカデミーの終身書記であったコンドルセ（1743-94）はのちに，『人間精神の進歩の歴史表の素描』1795において古代から近代に至る知識や学問の進歩を描いた。そして，これらの知識や学問の洗練は，イングランドとの統合後

に経済活動が盛んになったスコットランドでも見られた。ハチスンの道徳哲学などをはじめとして，エディンバラ大学やグラスゴウ大学などを中心に展開された，スコットランド啓蒙と呼ばれる一連の知的運動である。こうして，たとえばエディンバラ大学で道徳哲学を担当したアダム・ファーガスン（1723-1816）の『市民社会史論』1767では，未開人の徳や文明社会の洗練，技芸の歴史，国家の衰退や人間の堕落の問題などが論じられた。

　『国富論』1776の著者であり，経済学の祖としても知られるアダム・スミス（1723-90）は，スコットランドの東海岸にある小さな港町に税関吏の息子として生まれた。のちにグラスゴウ大学の論理学と道徳哲学の教授を務めたことにも示されるように，彼の関心は経済学に留まらず，さらに修辞学や法学，天文学史など広範囲に及ぶ。そのうえで彼は，人類の歴史を狩猟から牧畜，農耕，商業へと至る4段階の社会の発展として捉えた。同時代にも広く見られたこの歴史認識においては，古代ギリシアやローマは野蛮な時代とされ，商業が発達した近代の文明社会と対比される。しかも，彼によれば，火器が発達し軍事費も増大した近代においては，古代をモデルとする民兵よりも，富裕な文明国における規律正しい常備軍の方が優るとされた。

　スミスはまた，『道徳感情論』1759（第6版90）において，この文明社会を支える社交的な人間の振舞いを考察し，「人間がまず隣人の，次に自分自身の行為や特徴を，自然に判断する際の原動力」（第4版1774で追加された副題）を分析する。彼によれば，人間は他者に共感し，憐れみや同情といった感情を抱く。すなわち，「いかに利己的であるように見えようと，人間本性のなかには，他人の運命に関心をもち，他人の幸福をかけがえのないものにするいくつかの推進力が含まれている」（30頁）。こうして彼は，何が適切な行為であるかを「共感」sympathy

や「公平な観察者」impartial spectator の観点から示し、「他人にはよ
り多く、自分にはより少なく思いやること、我々の手前勝手を抑制する
こと、および、他人を思いやる心的傾向に身を任せること」が「人間本
性の極致」であると主張した。換言すれば、「隣人が我々を愛すること
ができるように我々自身を愛するに留めること」こそが「自然の偉大な
教え」なのである（58頁）。

　スミスの『国富論』は、この『道徳感情論』が版を重ね、さらに「法
と統治の一般理論」が構想されるなかで執筆された。したがってそれは、
飽くなき利益追求や市場原理を無条件に容認したものではない。彼によ
れば、人間には他者と物を取引し、交易し、交換する性向があるため、
「文明社会では、人間はいつも多くの人たちの協力と援助を必要として
いる」。とはいえ、常に仲間の好意に期待することはできない。それゆ
え、むしろ相手の自己愛に訴え、相互の利益をはかる方がよい。すなわ
ち、「私の欲しいものを下さい、そうすればあなたの望むこれをあげま
しょう」と申し出ることで互いに好意を受け取れるのである（Ⅰ：52-3
頁）。

　このような相互依存や互酬の関係を踏まえ、スミスは『国富論』にお
いて諸国民の富の本質や原因の解明を試み、分業や資本の役割を論じた。
彼はまた、自由貿易を推進する立場から重商主義を批判するが、いわゆ
る「見えざる手」にすべてを委ねるのではなく、軍事や司法、公共事業、
教育、租税、公債といった国家の役割や制度にも目を向ける。さらに、
次章でも述べるように、イギリス「帝国」におけるアイルランドの統合
やアメリカの植民地支配の是非も収入や経費の観点から判断される。こ
うして、彼は政治経済学について、それを政治家や立法者の学問とみな
し、国民と主権者をともに富ませることをその目的としたのである（な
お、「法と統治の一般理論」について、彼はさらに法学の構築を試みグ

図13-3 ヒューム

ラスゴウ大学で講義もしていたが未完に終わった)。

3. ヒューム

このようなスコットランド啓蒙を育んだ文明社会において、学問と社交の世界にともに生きた哲学者・歴史家がデイヴィッド・ヒューム（1711-76）であった。ベイコンやロックに由来する経験論に棹差し、形而上学を批判した『人間本性論』1739-40における懐疑的な哲学は、のちにカントの「独断のまどろみ」を覚ましたことでも知られる。もっとも、無神論者と見なされたヒュームは大学の職を得ることはできなかったが、『イングランド史』1754-62の成功によって歴史家としての名声を得る。しかも、スミスの年長の友であったヒュームは社交にも長け、のちにフランス駐在大使の秘書や外務（北部担当省）次官を務めた。長年に亘って増補改訂を繰り返した『道徳・政治・文学論集』1741-77のエッセイにおいて、彼は自らを「学問の領国」から「会話の領国」への「大使」とみなしている。彼によればまた、そうした「会話の帝国」と「文芸の共和国」の主権者は「女性」であった（431頁）。

『人間本性論』

ヒュームはまず、『人間本性論』において経験と観察に基づく独自の人間学の構築を試みた。それは、人間本性との結びつきがより密接な論理学と道徳学、文芸批評、政治学によって構成され、とくに政治学は「結合して社会を形成し相互に依存し合う限りでの人間を考察する」（第1巻7頁）。そのうえで見逃せないのは、人間の知性と情念を考察

した彼が，観念に対する印象，そして理性に対する情念の強さを強調したことであろう。彼によれば，「理性は情念の奴隷であり，またただ情念の奴隷であるべき」（第 2 巻163頁）である。こうして彼は，行為や情緒に影響を及ぼす道徳が，真理や虚偽を発見する理性ではなく，印象や感情に由来すると主張した。

　ヒュームはさらに，他者との交際における「共感」sympathy と「コンヴェンション」convention の重要性を指摘する。スミスも同様に着目する共感は，ヒュームによれば人間本性における「非常に強力な原理」（第 3 巻139, 179頁）である。もっとも，共感は必ずしも一定でないが，他者との社交や会話を通じて，より一般的な基準が形成される。その一方で，コンヴェンションは「共通の利益」に対する「一般的な感覚」とされる（44頁）。「取り決め」や「黙約」，「慣習」，「協調」などとも訳されるコンヴェンションについて，彼はそれをボートの漕ぎ手を例にして説明する。すなわち，ボートを漕ぐ二人の人物は，事前に約束せずとも暗黙の了解によって息を合わせ，一緒にオールを漕ぐのである。そして，所有や約束の履行などに関する正義や自然法は，生得的な道徳感覚や普遍的な原理などからではなく，このような共通の利益の感覚によって人為的に導かれるとされた。

　このように情念や共感，そしてコンヴェンションを重視するヒュームは，それゆえ，ホッブズやロックによって展開され，ウィッグが主張していた社会契約説を斥けることになる。『道徳・政治・文芸論集』でも論じられたように，社会契約は，古代のアテナイや名誉革命なども含め，歴史的・経験的な事実としてはありえない。彼によれば，統治は自然状態における自発的な同意ではなく，もっぱら征服や簒奪を起源とする。したがって，統治や為政者に対する忠誠もまた，約束ではなく，コンヴェンションによって成立する。すなわち，社会には権威が不可欠なの

であり，そうした必要や一般的な利益に対する考察こそが忠誠と義務の源泉なのである。言い換えれば，「約束を守らねばならないから」ではなく，「そうしなければ社会が存続できないから」服従する，というのが彼の回答であった（386頁）。

『道徳・政治・文学論集』

　第1章でも述べたように，ヒュームはまた，統治の基礎はオピニオンであるとも述べる。彼によれば，この原理は最も専制的で軍事的な統治にも当てはまる。しかも，混合政体であるブリテンにおいては，為政者に対する警戒心から言論・出版の自由が広く享受されていた。それゆえに彼は，以上のような「学問の領国」の議論を，エッセイ形式の『道徳・政治・文学論集』を通じて「会話の領国」にも広めようとしたのである。このような，学問や技芸の発展によって社交や会話が促進され，人間性が高まる文明社会の様相を彼は以下のように描いた。

　　「これらの洗練された技芸が進歩すればするほど，人びとはますます社交的となる。学識が豊かで豊富な会話の蓄えをもち合わせている場合には，人びとが孤独のままの状態で満足したり，あるいは無知で未開な国民に特有なあの疎遠な仕方で同胞と暮らすなどということはありえない。彼らは都市に集まり，知識を得てそれを交換したり，自分たちの機智や教養を，また会話や暮らしや衣服や家具の好みを，見せびらかしたりするのを好む」（223頁）。

　このようなポライトネスの時代には統治の技術も洗練され，人間性が顕著となり，穏和や中庸が生まれ，「党争は宿怨を減じ，革命はより悲惨でなくなり，権威は過酷さを減じ，騒乱はより稀になる」（224頁）。また，学問と技芸は自由な政体で育成されるが，文明化された君主政で

はとくに、他者に敬意を払い、尊大さと傲慢さを抑制する礼儀作法＝シヴィリティが洗練される。なぜなら、そこでは「君主から小作人に至るまでの従属・依存関係の連鎖」が存在するため、他者に対する態度や振舞いがおのずと発達するからである（109頁）。

ところが、混合君主政であるブリテンの文明化は党派の対立によって妨げられていた。ヒュームによれば、利害関係や愛着心だけでなく、キリスト教の登場以降はとくに、宗派対立に見られるような抽象的・思弁的原理によって党派が生み出されるようになった。このコンフェッショナリズムという宿痾を生んだ迷信と熱狂を彼は強く批判する。また、その一方で彼は、オピニオンの穏和化を図り、トーリの王権神授説とウィッグの社会契約説の難点をともに指摘して党派の歩み寄りを促した。すなわち、「どんな論争の場合にも適切な中庸を得た立場を見つけ出し、反対派もときには正しいこともありうるということを、各々の党に納得させ、また、どちらの党に寄せられるにせよ、称賛と非難が均衡を失わないようにすることが一番」なのである（397頁）。このようなヒュームの振舞いは、オピニオンが対立や分裂を助長しないようにするための、一つの政治的な、あるいは文明的な作法とも言えるだろう。

4. ルソーの文明批判

とはいえ、モンテスキューからヒュームやスミスに至る啓蒙思想が前提とした初期近代のアンシャン・レジーム、あるいは洗練された文明社会は一方で、多くの諷刺や批判の対象にもなった。なかでも、上品さや礼儀作法の裏側に隠された偽装や欺瞞、外面と内面との乖離、見せかけの徳などを痛烈に批判したのがジャン＝ジャック・ル

図13-4　ルソー

ソー（1712-78）であった。

ジュネーヴの時計職人の家に生まれたルソーは，プルタルコスの『対比列伝』などの古典に親しむ一方で，若くして出奔する。その後，音楽の仕事などで身をつなぎ，パリに出てディドロなどの知己を得る。こうしたなか，ディジョンのアカデミーの懸賞論文に応募して入選したのが『学問技芸論』（『学問芸術論』）1750であった。そして，この作品でルソーは，学問や技芸の復興がむしろ習俗を堕落させたという逆説を提示したのである。

ルソーによれば，学問や技芸は「人間を縛っている鉄鎖」を飾る「花環」（14頁）であり，魂を腐敗させ，徳を失わせる。彼が理想とするのは，雄弁家や哲学者が活躍した上品で風雅なアテナイではなく，武勇を誇る質朴なスパルタであった。彼にとっての「真の哲学」は，あくまでも「自分自身の中にかえり，情念を静めて自己の良心の声に耳をかたむける」ことにある（54頁）。これに対して，「ありのままの姿」が見失われた同時代の頽廃は次のように描かれた。

> 「一そう精緻な研究と一そう繊細な趣味とが，ひとをよろこばす術を道徳律にしてしまった今日では，つまらなくて偽りの画一さが，われわれの習俗で支配的となり，あらゆるひとの精神が，同一の鋳型の中に投げこまれてしまったように思われます。たえずお上品さが強要され，礼儀作法が守らされます。つねにひとびとは自己本来の才能ではなく，慣習にしたがっています。ひとびとはもはや，あえてありのままの姿をあらわそうとはしません」（17頁）。

ルソーはまた，『人間不平等起原論』1755において，人類の進歩を示した啓蒙の歴史観に対し，人間の精神や能力が発達し，社会が形成されることによって逆に人間は堕落し，不平等が拡大したと主張した。彼は

そこで，ヒュームとは対照的に歴史的な事実を括弧に入れ，「もはや存在せず，恐らくは存在したことがなく，多分これからも存在しそうにもない」（27頁）自然状態を想定し，そうした仮説的な推論を通じて人間本性や自然法を明らかにしようと試みた。しかも，彼によれば，ホッブズとは異なり，未開の自然状態において人間は無垢な存在である。そこでは互いを縛る鉄鎖もなく，人間は自己保存の欲求と「憐憫の情」pitié に導かれながら，森の中において独りで平穏に暮らしていたのである。

ところが，ルソーによればまた，動物とは異なって自己を改善する「完成能力」を有している人間は，外的な偶然も重なり，他者と交わることによって「利己心」amour-propre に目覚め，森を出て土地を囲うようになる。とくに，冶金と農業の発明（鉄と小麦）が転機となって，私的所有や富の蓄積がなされ，労働が必要となり，不平等が拡大した。こうして諸々の悪徳が生まれ，人は強欲や野心を抱き，内面と外観が分離し，狡猾で冷酷になり，他者との競争や嫉妬に駆られるようになる。人間は社交によって逆に邪悪となり，戦争が惹き起こされるのである。このような観点からルソーは，強者や富者が支配し，最終的には専制国家に至る不平等な社会の起原を次のように説明した。

　　「この社会と法律が弱い者には新たなくびきを，富める者には新たな力を与え，自然の自由を永久に破壊してしまい，私有と不平等の法律を永久に固定し，巧妙な簒奪をもって取り消すことのできない権利としてしまい，若干の野心家の利益のために，以後全人類を労働と隷属と貧困に屈服させたのである」（106頁）。

このように，ルソーによって啓蒙と文明社会の影に潜む欺瞞や偽善が白日の下に晒された。しかし，人間はもはや自然に還ることはできない。人間はなぜ，哲学や人間性，洗練や上品さのなかで自己を見失い，「徳

なき名誉，知恵なき理性，幸福なき快楽」といった「偽瞞的で軽薄な外面」（130頁）だけを持ち，「鉄鎖」に縛られるようになったのか。初期近代のヨーロッパは，こうした根源的な問いを一方で抱えながら，18世紀の後半に至り，アメリカの独立とフランス革命を迎えることになる。

参考文献

ヴォルテール『哲学書簡』林達夫訳，岩波文庫，改版1980年

クルタン『礼儀作法書』（『クルタンの礼儀作法書』増田都希訳，作品社，2017年）

プーフェンドルフ『自然法にもとづく人間と市民の義務』前田俊文訳，京都大学学術出版会，2016年

マンデヴィル『蜂の寓話』泉谷治訳，法政大学出版局，新装版2015年

デフォー『ロビンソン・クルーソー』武田将明訳，河出文庫，2011年

　　『イギリス通商案』泉谷治訳，法政大学出版局，2010年

モンテスキュー『法の精神』（中）野田良之他訳，岩波文庫，1989年

ケネー『経済表』平田清明，井上泰夫訳，岩波文庫，2013年

アダム・スミス『道徳感情論』高哲男訳，講談社学術文庫，2013年

　　『国富論』（Ⅰ～Ⅲ）大河内一男監訳，中公文庫，改版2020年

ヒューム『人間本性論』全3巻，木曾好能他訳，法政大学出版局，普及版2019年

　　『道徳・政治・文学論集』田中敏弘訳，名古屋大学出版会，2011年

ルソー『学問技芸論』（『学問芸術論』前川貞次郎訳，岩波文庫，1968年）

　　『人間不平等起原論』本田喜代治，平岡昇訳，岩波文庫，改訳1972年

14 | 独立・建国・革命

《**目標＆ポイント**》 18世紀後半，アメリカの独立と建国，そしてフランス革命によって初期近代ヨーロッパの秩序や文明社会が大きく動揺するなかで登場した議論の諸相を，ルソーの『社会契約論』や『ザ・フェデラリスト』，バークの『フランス革命の省察』を中心に追跡する。
《**キーワード**》 独立，建国，フランス革命，『社会契約論』，『ザ・フェデラリスト』，バーク

1. ルソー『社会契約論』

　初期近代のヨーロッパは，18世紀の後半に至り，アメリカの独立と建国，そしてフランス革命という，アンシャン・レジーム，あるいは文明社会を覆す大きな変動に直面する。それらに先立ち，既存の秩序を根底から批判したルソーは，『人間不平等起原論』において所与の事実に依拠することなく，「おお人間よ，お前がどこの国の人であろうと，お前がどんな意見をもっていようと，聴くがよい」（39頁）と訴えていた。とはいえ，近代デモクラシーの先駆とされ，フランス革命を導いたとされる彼自身は，そうした体制転換や市民革命を世界に呼びかけたわけではない。彼はまた，歴史の文脈から遊離した真空状態にいたのでもない。実際に彼は，古代の質朴なスパルタやローマを理想とする一方，「ジュネーブ市民」を名乗り，祖国のジュネーヴ共和国を讃美した。もっとも，その一方で彼は，若い頃にヴェネツィアを観察して「すべては根本的には政治につながる」（『告白』中197-8頁）ことを見抜いてもいた。その

図14-1　ルソー

うえで、政治制度論の執筆を試みた彼は、そのラディカルな議論の一部を『社会契約論』1762として発表することになる。

　ルソーによれば、「人間は自由なものとして生まれた、しかもいたるところで鎖につながれている」（15頁）。そのうえで彼は、人間を鎖から解き放つのではなく、服従がどのような場合に正当化されるのかを論じた。彼によれば、他人ではなく、自分自身に服従する時にのみ、それは正当化される。だとすれば、「各人が、すべての人々と結びつきながら、しかも自分自身にしか服従せず、以前と同じように自由である」（29頁）にはどうすればよいか。このアポリアに対して彼が提示したのが社会契約の理論であり、「一般意志」という独特な概念であった。

　すべての人は生まれながらに自由であり、自分の主人である、とルソーは言う。それゆえ、そうした人間に対する権威の基礎は力ではなく、約束だけである。しかし、個人はそれぞれ、異なる特殊な意志を抱くという問題がある。そこで、ルソーが想定したのが「国家のすべての構成員の不変の意志」（149頁）である一般意志であった。そして、この一般意志に従って社会契約を結び、すべての権利を共同体に全面的に譲渡することによって、人民は人民となり、「共同の自我」や「公的な人格」とも言える共同体が形成されるのである。

　このように、ルソーの社会契約においては、ホッブズやロックとは異なり、主権者に対する服従や権力の信託が導かれるのではなく、「各人は自己をすべての人に与えて、しかも誰にも自己を与えない」（30頁）。主権とは「われわれ」による一般意志の行使であり、それゆえ譲渡も分割もできず、モンテスキューが想定したような諸々の中間団体とは相容

れない。それはまた、常に正しく公共の利益を目指し、普遍的である。しかし、そうであるがゆえに、人びとは一般意志に服従し、「自由」であるように強制される。一般意志は「自分自身」の意志でもあるからである。しかも、それゆえにまた、統治者が「お前の死ぬことが国家に役立つのだ」と言う時、「市民は死なねばならぬ」（54頁）。

　ルソーの『社会契約論』はそれゆえ、のちに徹底的な人民主権の理論を提示したと評価される一方で、全体主義につながる議論として批判されることにもなる（もっとも、彼によれば主権にも限界があり、個別的な事柄には及ばないとされる）。そうした近代デモクラシーのイメージにはそぐわない彼の側面はまた、続く立法者論や政府論にも窺うことができる。彼によれば、共同体を動かす法は一般意志を具現するものであり、この法によって治められる国家は公的な利益に支配されるため、それが君主政であっても共和国と呼ばれる。ただし、この立法は実際にどのようになされるのか。彼は第２編第６章から第７章にかけて、民衆は盲目であり導き手が必要であるとして、古代のスパルタにおけるリュクルゴスのような特別な立法者の必要を主張する。こうして彼は、原因と結果を転倒させ、法を制定する前に、人民が「法によってなるべきものになること」を次のように述べた。

　　「生まれたばかりの人民が、政治の健全な格率を好み、国是の根本規則にしたがいうるためには、結果が原因となること、制度の産物たるべき社会的精神が、その制定自体をつかさどること、そして、人々が、法の生まれる前に、彼らが法によってなるべきものになっていること、などが必要なのであろう」（65頁）。

　ルソーはさらに、第３編で主権者と政府を区別したうえで、主権者である人民に仕える政府（狭義の政体）について、それを君主政、貴族政、

民主政，混合政に分類する。このうち最善の政府・政体は場合によって異なり，たとえば貴族政は中位の国に，君主政は大国に適する。そして民主政について，彼はそれが成立する条件を四つ挙げる。すなわち，①小国であること，②習俗が極めて単純であること，③人民の地位と財産が大体平等であること，そして④奢侈が極めて少ないか存在しないことである。

　ところが，本書の第2章でも述べたように，ルソーは「多数者が統治して少数者が統治されるということは自然の秩序に反する」として，次のような判断を下した。すなわち，「民主政という言葉の意味を厳密に解釈するならば，真の民主政はこれまで存在しなかったし，これからも決して存在しないだろう」（96頁）。しかも，民主政ほど内乱や内紛が起こり，政体が変わり易いものはない。それゆえ，「もし神々からなる人民があれば，その人民は民主政をとるであろう。これほどに完全な政府は人間には適しない」（97-8頁）と彼は述べていたのである。

　ルソーにとってはまた，イギリスに見られる代議制も批判の対象となる。主権や一般意志は代表されず，議員は人民の使用人に過ぎないからである。それゆえ，イギリスの人民が自由なのは選挙の期間だけであり，「議員が選ばれるやいなや，イギリス人民はドレイとなり，無に帰してしまう」（133頁）。こうして彼は，主権や政治体を維持するための方法として定期的な人民集会の開催を求めるとともに，第4編では共和政ローマをモデルとして民会や護民府などの制度を考察した。しかも，その際に彼は，マキァヴェッリと同様にキリスト教を批判する一方で，国家の基礎となる市民宗教の必要を主張したのである。

2. 独立と建国

ヨーロッパの拡大とアメリカの独立

　ルソーの議論は様々な広がりを見せた。たとえば彼は，『社会契約論』の要旨を教育書の『エミール』1762においても繰り返し述べた。主人公のエミールには一連の教育の仕上げとして，テレマックのように各地を旅するなかで統治の格率や各国の習俗を学ぶことが求められたのである。ルソーはまた，未完の『コルシカ国制案』（執筆1764-5）や『ポーランド統治論』1782（執筆70-1）において自ら「立法者」となり，それぞれの「国民的性格」を踏まえた改革案を提示した（さらに，『社会契約論』は海を渡って広く読まれ，たとえば明治期の日本でも「東洋のルソー」と呼ばれた中江兆民によって『民約訳解』1882（巻之一，明治15）として訳された）。

　ところが，18世紀の「西洋」の国際情勢は，そのコルシカの独立が阻止され，ポーランドがプロイセンとオーストリア，ロシアによって分割されたことにも示されるように，いわば「各国の各国に対する戦い」の様相を示していた。これに対して，アベ・ド・サン＝ピエールは『永久平和論』1713, 17を著し，その国家連合による平和の構想はルソーを経てカントの『永遠平和のために』1795へと受け継がれた。もっとも，カリエールの『交渉の技術』（『外交談判法』）1716やヴァッテルの『諸国民の法』1758などにも見られるように，ヨーロッパ諸国では一方で相互依存が進み，大使や使節が交換され，外交交渉を通じた勢力の均衡が試みられてもいた。また，モンテスキューらの指摘にもあるように，商業の進展は平和を促進するとも考えられた。しかし，その一方で，スペイン継承戦争1701-14やオーストリア継承戦争1740-8，七年戦争1756-63など，「一つの共和国」とも見なされたヨーロッパの「内」では戦争が続

き，それらは海外の植民地にも波及した。

　これまでの諸章でも触れてきたように，この「外」においてヨーロッパ諸国は「帝国」としての拡大を続けていた。15世紀末以降の「新世界」の征服と植民地化は，キリスト教と文明化の名のもとに行われた。ここで時間を巻き戻せば，とくにスペインによる征服の是非（インディアス問題）は，サラマンカ学派のビトリアなどを通じて議論された。たとえばラス・カサスは『インディアスの破壊についての簡潔な報告』1552において，西インド諸島や南アメリカなどにおける破壊と虐殺の実態を告発した。これに対し，セプールベダの『アポロギア』1550などでは，キリスト教徒が野蛮人を服従させ，支配することの正当性が主張されたのである。

　また，北アメリカにおいては17世紀以降，イングランドやフランスなども加わって植民地が建設された。とくにニューイングランドでは国王の勅許状を得てタウンにおける自治の伝統が培われる一方，ロジャー・ウィリアムズのように他者への礼節や宗教的な寛容を説く例も見られた。アメリカを自然状態と見なしたロックも，領主植民地であるカロライナの憲法草案の作成などを通じて植民・通商政策に関与する。『統治二論』によれば，「最初の頃は，全世界がアメリカのような状態であった。いや，現在のアメリカ以上であった」（350頁）。しかし，労働の投下によって植民者の所有地が拡がるとともに，先住民の抑圧や排除が進み，とくに南部では黒人奴隷が酷使された。

　その後，イギリスは，フランスに対する七年戦争（フレンチ・インディアン戦争1754-63）の勝利によって北アメリカでの版図を拡大し，インドなども含めた植民地帝国（第一次帝国）となる。しかし，戦費の回収などを求めて本国が規制や課税を強化したことからアメリカ側の反発が高まり，ボストン茶会事件などを経て武力衝突に至った。こうして，

1776年7月4日，大陸会議において「独立宣言」が出されたのである。

もっとも，13の植民地の離脱は必然ではなく，当初は本国との和解も考えられていた。しかし，王政と世襲制を否定し，自由と独立の必要を「常識」として強く訴えたトマス・ペイン

図14-2　アメリカ独立宣言

（1737-1809）の『コモン・センス』1776の出版などを機に独立への気運が高まる。また，土地所有者としての有徳な市民を理想とし，本国で政権批判に用いられていた共和主義の言説も受容された。同じ頃，アダム・スミスは『国富論』の末尾において，大西洋の西側にあると思っていた「一大帝国」が「ただ想像のうちにしか存在しない」ものであり，利益が見込めないのであれば「黄金の夢」から醒め，アメリカから手を引くべきことを提言する（III：513-4頁）。そして，ヴァージニアでは先行して独立が決議され，憲法が制定された。

「独立宣言」は，ヴァージニア出身でのちに第3代大統領となるトマス・ジェファソン（1743-1826）が中心となって起草された。これにより，13の植民地が「自由にして独立なる国家 States」（『人権宣言集』115頁）であることが内外に宣言される。そこにはまた，「自明の真理」として，「すべての人は平等に造られ，造物主によって，一定の奪いがたい天賦の権利を付与され，そのなかに生命，自由および幸福の追求の含まれることを信ずる」（114頁）とも記された（ただし，奴隷制への言及は削除された）。政府はこれらの権利を確保するために組織されたの

であり，権力は被治者の同意に由来する。こうして，イギリスの度重なる「暴政」に抗して政治的な紐帯を断ち，新たに政府を組織して独立することが，ロックを想起させる自然法や自然権などの言説を用いて正当化されたのである。このことはまた，ヴァッテルが示したような，自由で独立し，相互に対等な主権国家による国際社会にアメリカが新たに参入することを意味した。

『ザ・フェデラリスト』

　このアメリカ独立革命とも言われる過程において，フランスなどの支援を得た諸邦連合 United States が戦争に勝利し，1783年のパリ条約によって独立が承認される。しかし，諸邦の結びつきは緩やかであり，王政という枠を外して「自由にして独立」した13の「共和国」をいかにまとめるかが新たな課題となる。各邦が独自に動き，「デモクラシーの行きすぎ」とも評された状況のなか，フィラデルフィアに各邦の代表が改めて集まった。その結果，1787年に制定されたのがアメリカ合衆国憲法（発効88）であり，各邦にその批准を促す目的で書かれたのが『ザ・フェデラリスト』1788である。

　『ザ・フェデラリスト』は，1787年10月からニューヨークの複数の新聞に発表された85篇の論説から構成される。執筆者は，アレグザンダー・ハミルトン（1755-1804），ジョン・ジェイ（1745-1829），ジェイムズ・マディソン（1751-1836）の３名である。ニューヨークの代表であるハミルトンはのちに初代財務長官，ジェイはのちに初代最高裁首席判事や外務長官などを務め，ヴァージニア代表のマディソンは国務長官を経て第４代の大統領となる。新聞連載時は「パブリアス」という共通の匿名が使われたが，これは古代ローマの英雄の一人であり，王を追放して共和政を樹立し，「人民の友」とも呼ばれたプブリウス・ウァレリ

ウスに由来する。

　『ザ・フェデラリスト』ではこうして，国家の基本的な枠組みを作る「立法者」として憲法案の理解を広め，新たな連邦国家を建設することが目指された。しかし，そこには連邦政府と13の邦（州），あるいは

図14-3　アメリカ憲法の署名

権力と自由との高度な緊張が孕まれていた。ハミルトンが執筆した第1篇にも示されたように，「強力な政府」の必要と「共和政治」の原理をいかに両立させるかが大きな課題となったのである。モンテスキューも指摘したように共和政は小国に適しており，規模が大きくなると専制の危険が増す。これに対して，『ザ・フェデラリスト』では，共和政の弱点を克服するとともに君主政の利点を得るためにこそ各邦がまとまり，連邦を形成すべきことが主張される。すなわち，連邦共和国においては，強い政府によって対外的な脅威に対抗し，諸邦への外国の介入が阻止されるだけでなく，国内の内紛や暴動を抑制することが可能になるのである。

　連邦制にはまた，全体の利益に反する派閥の弊害を抑制する効果があることが強調された。もっとも，ヒュームやルソーなども含め，常に問題とされてきた派閥や党派についてはむしろ，その原因である自由を除去するか，あるいは，あらゆる市民の意見や感情，利害を同一にできれば，その方が根本的な解決になるかもしれない。しかし，そのような見解に対してマディソンは，第10篇において，自由は政治生活に不可欠であるため，それを廃棄することはできないと主張する。彼によれば，そ

れは「動物の生活にとって不可欠な空気を，それが火に破壊的な力を付
与するからといって一掃してしまうことを願うのに劣らず愚かなこと」
なのである（54頁）。彼はまた，オピニオンの統一は実行不可能である
として次のように述べる。すなわち，「およそ人間の理性が誤りうるも
のであり，人間がその理性を自由に行使しうるものである限り，相異
なった意見が生ずるのは当然であろう」（54-5頁）。しかも，人間の才
能は多様であり，それを保護することこそが政府の目的なのである。

　このように，マディソンによれば，派閥の存在は自由や多様性といっ
た人間の本性に由来するため，その原因を除去することはできない。し
かも，そうであるがゆえにまた，純粋なデモクラシーを採用することも
できない。なぜなら，全市民がみずから統治する小さな社会では，多数
派の感情や利益が全体のものになってしまうからである。したがって，
そこでは派閥の弊害を匡正することはできず，弱小の党派や個人が犠牲
になる危険がある。こうして彼は，共和政と民主政を区別し，後者の実
態と理論を以下のように批判した。

　　　「それゆえに，直接民主政諸国家は，これまでつねに混乱と激論との光
　　景を繰りひろげてきたのであり，個人の安全や財産権とは両立しがたいも
　　のとなり，また一般的にその生命は短く，しかもその死滅に際しては暴力
　　をともなうものとなってきたのである。この種の民主政治形体を支持する
　　理論好きな政治家は，人間をその政治的諸権利において完全に平等なもの
　　とすれば，ただちにその財産・思想・感情においても完全に平等なものと
　　なり，かつ相互に同一化されるであろうと考える誤りを犯してきたわけで
　　ある」（60頁）。

　これに対して，共和政は少数の選ばれた代表によって統治され，それ
ゆえに見解の洗練や視野の拡大がなされる。しかも，それはまた，連邦

を組むことによってより多くの市民と広大な領域を含むことができるがゆえに，党派や利益も多様化し，多数派による侵害も少なくなる。こうして，抽象的な理論とは異なり，大きな連邦共和国こそが，派閥という共和政の病弊に対する実践的な，そして共和政的な匡正策になるのである。

　このような大きな共和国における権力と自由の両立はまた，具体的な複数の制度によって支えられる。それが外交や徴税，通商や軍事を担う中央政府とそれ以外を管轄する州政府，そして立法（上院・下院）・行政・司法という三権分立と抑制・均衡の仕組みであった。第51篇によれば，政府は「人間性に対する省察の最たるもの」であり，「万が一，人間が天使ででもあるというならば，政府などもとより必要としないであろう」（238頁）。しかし，人間は天使でないゆえにまた，人間が人間の上に立つ統治には抑制が求められる。すなわち，権力を抑制するには単に人民に依存するだけでなく，「経験が人類に教えるところに従えば，やはりこれ以外に補助的な，警戒的な措置が必要なのである」（239頁）。

3. フランス革命とバーク

　アメリカ独立革命の衝撃は世界各地に及んだ。「独立宣言」は以降，帝国支配からの独立を目指す各国のモデルとなる。たとえば，福沢諭吉は『西洋事情』初編1866（慶應２）にその翻訳を載せ，『学問のすすめ』1872-6（明治５-９）の冒頭に「天は人の上に人を造らず人の下に人を造らず」の一文を掲げることになる。また，同時代の常態であった君主政を斥け，13の州からなる共和政国家を新たに建設するという実験は，フランスのコンドルセなどにも影響を与える。「建国の父」の一人であるベンジャミン・フランクリン（1706-90）は，全権公使としてフランスに滞在するなどして，このような大西洋を跨いだ思想交流に寄与した。

図14-4 ノートルダム大聖堂における「理性の祭典」(1793.11.10)

フランス革命が勃発したのは、アメリカ憲法が発効した翌年の1789年のことであった。それは、国王や貴族、聖職者といった特権階層が支配してきた身分制社会＝アンシャン・レジームを過去のものとして否定した。たとえばエマニュエル・シィエス（1748-1836）は『第三身分とは何か』1789において、これまでは「無」であった第三身分を「全て」であるとし、「何がしかのものになること」を要求した（9頁）。こうして、身分制を前提とする旧来の三部会に代わる国民議会が新たに成立し、「人の譲渡不能かつ神聖な自然権」を提示する「人権宣言」が採択される（『人権宣言集』130頁）。それによれば、「人は、自由かつ権利において平等なものとして出生し、かつ生存する」（131頁）。その後、1792年に設置された国民公会において君主政の廃止とルイ16世の処刑、そして共和政への移行が決定された。パリではまた、「理性の祭典」や、新たな市民宗教としての「最高存在の祭典」が開催される。この「理性の祭典」においては、「自由と理性の女神」が登場し、「哲学に捧ぐ」の碑文の下にモンテスキューやヴォルテール、ルソー、フランクリンの胸像が設置された。

ところが、近代デモクラシーへの大きな転換点にもなったこのフランス革命は同時にまた、ジョゼフ・ド・メーストルなどによる多くの反革命論を呼び起こすことになる。なかでも、対岸のイギリスから革命を激しく批判したのがエドマンド・バーク（1729-97）であった。もっとも、

アイルランドのダブリン出身である彼は，ロンドンに渡り『崇高と美の観念の起原』1757によって文人としての名声を得た人物でもある。また，その一方で彼は，ウィッグのロッキンガム侯のもとで政界入りし，下院議員として活躍した。『現代の不満の原因を論ず』1770では，政治家を「行動の場における哲学者」と見なすとともに，これまでは徒党として批判されてきた政党の存在を肯定し，それを「特定の原理」にもとづいて「国家利益の促進のために統合する人間集団」とする（80–1頁）。また，「ブリストル演説」1774では，議会を全国民の利害が代表される場とし，議員は選挙区の特定の利害ではなく，全体の普遍的な利益を指針にすべきことを訴えた。しかも，彼はインド問題に注力して植民地統治の不正を糾弾し，さらにはアメリカの独立を支持するなど「自由の闘士」として知られていた。

　バークはまた，イギリスの名誉革命については，それを古来の国制や自由の伝統を維持した革命として評価していた。しかし，フランスで新たに起こった革命は，彼にとって，抽象的な理性や形而上学的な原理によって所与の秩序や文明社会の伝統を覆す前代未聞の事態であった。書簡という体裁で書かれた『フランス革命の省察』1790において，彼はレトリックを駆使し，その「奇怪な悲喜劇」（15頁）を痛烈に批判する。彼によれば，人間に関わる事柄について，「その対象を，あたかもすべての関係性を剥ぎ取られたかのように，まったく裸のまま形而上学的抽象の中に孤立させて単純に考え，断定的に毀誉褒貶するなど，私にはできない相談」なのである（12頁）。

　これに対して，「ルソーへの改宗者」や「ヴォルテールの徒」ではない（109頁）と述べるバークが重視したのは「伝統」や「偏見」や「時」の効力であり，「国家と煖炉と墓標と祭壇」（44頁）であった。彼によれば，人間は古くからの偏見を慈しむのであり，そこには知恵が潜み，愛

図14-5　バークの諷刺画

情が含まれる。古来の国制の精神も，抽象的な原理ではなく，「我が国の歴史，我が国の記録，我が議会の法令や議事録」の中に見出せる（41頁）。自由もまた，それを「遺産」として考え，「恰も列聖された先祖の眼前にでもいるかのように」行動することで無秩序の危険を回避できるのである（45頁）。

　ヨーロッパの歴史にはさらに，騎士道という麗しい伝統があった。バークによれば，それは「詭弁家，守銭奴，計算屋の時代」とは対照的に，「身分と女性に対するあの高雅な忠節，あの誇り高い服従，あの尊厳な信従，心情のあの恭順」（97頁）や，権力や権威を和らげる習俗や社会の評判による統治をもたらした。そして，紳士の精神と宗教の精神，すなわち貴族や聖職者の存在こそがヨーロッパの文明社会を成立させたと彼は主張する。

　ところが，バークにとって，このようなヨーロッパの伝統の重みを否定し，白紙の上に国家を描いたのがフランス革命であった。彼によれば，統治は自然権によって作られるのではなく，あくまでも「人間の必要に応ずべく人間の智恵が考え出したもの」である（77頁）。しかも，人間や社会は複雑多岐であり，一定の規則や計画に還元できるものではない。したがって，統治の学問も先験的に教えられるものではなく，実践を目的とし，一生を費やしても習得できないような経験を必要とする。もっとも，彼は単に旧套を墨守し，改革を否定した訳ではない。むしろ，王政復古や名誉革命に見られたように，保守するためにこそ修正が必要になる。「私は変更をもまた排する者ではありません。しかしたとえ変更を加えるとしても，それは保守するためでなければなりません」（313

頁）。それゆえ，「行動の場における哲学者」である政治家には，船の操縦のように，目的の統一性を維持するために手段を変更し，船の平衡を保つことが求められるのである。

バークは「保守主義の父」とも言われる。しかし，「保守主義」は何を基準にするかで内容が変わる相対的な概念であるだけでなく，19世紀になってから使われた言葉であることに注意が必要であろう。また，彼の議論は一方で，ペインの『人間の権利』1791-2やメアリ・ウルストンクラフトの『人間の権利の擁護』90によって強く批判される（彼女はまた『女性の権利の擁護』92を出版する）。人間の自律を重視したカントは，バークの影響も受けたプロイセンにおける反革命論に対して，義務を命令し実践を指示する理論の意義を強調し，『人倫の形而上学』1797において万人の自由を両立させる共和政の理念を提示した。

第2章でも言及したように，「完全な民主政治」とは「この世における破廉恥の極み」（119頁）とし，「現在に到るまで我々は，取るに足る程の民主主義の実例を見たことがありません」（158頁）とするバークの主張は現代では受け入れ難いかもしれない。しかし，民衆の無責任さやデモクラシーと暴政との共通点を指摘する彼の議論は，プラトンやアリストテレス以来の伝統的な見解を踏襲したものでもあった。そして，フランス革命は実際に，デモクラシーや共和政，平等や自由，人権といった理念だけでなく，ロベスピエールの独裁や恐怖政治，さらには国民投票によって戴冠した皇帝ナポレオンの登場を促したのである。

参考文献

ルソー『人間不平等起原論』本田喜代治，平岡昇訳，岩波文庫，改訳1972年
　　『告白』（上中下）桑原武夫訳，岩波文庫，1965-6年

『社会契約論』桑原武夫，前川貞次郎訳，岩波文庫，1954年

ロック『完訳 統治二論』加藤節訳，岩波文庫，2010年

高木八尺他編『人権宣言集』岩波文庫，1957年

ペイン『コモン・センス』小松春雄訳，岩波文庫，1976年

スミス『国富論』(III) 大河内一男監訳，中公文庫，改版2020年

ハミルトン，ジェイ，マディソン『ザ・フェデラリスト』斎藤眞，中野勝郎訳，岩波文庫，1999年

シィエス『第三身分とは何か』稲本洋之助他訳，岩波文庫，2011年

バーク『現代の不満の原因を論ず』中野好之訳（同編訳『バーク政治経済論集』法政大学出版局，2000年）

　　『フランス革命の省察』半澤孝磨訳，みすず書房，新装版1997年

中澤信彦，桑島秀樹編『バーク読本』昭和堂，2017年

15 | 西洋近代の風景

《目標&ポイント》 フランス革命と産業化を経た19世紀以降の, 自由やデモクラシー, 帝国などをめぐる「近代」政治思想の展開と, それが新たに直面した課題をトクヴィルや J. S. ミルなどの思索を中心に理解する。そのうえで,「西洋文明」において語り継がれた政治思想の過去と未来を展望する。
《キーワード》 近代, 文明, 自由, デモクラシー, トクヴィル, J. S. ミル, 帝国

1.「近代」の幕開け

アメリカの独立とフランス革命, そしてイギリスで始まった産業化は, それまでの初期近代の秩序や規範を大きく揺るがした。その後の「近代」の西洋は, これまでのシヴィリティの世界から, 蒸気機関や電信, 電気の発明などに象徴される新たな「文明」civilization の段階に進む。とくにフランス革命は, 自由や平等, そしてデモクラシーの理念を再生させ, ヨーロッパ各地に伝えた。また, それとともに政治的アクターの変化と

図15-1 ドラクロワ「自由の女神」(1830)

拡大が見られ，ミドル・クラスや労働者といった一般の民衆が政治の舞台に加わるようになる。

　ところが，フランスはその後，ロベスピエールの独裁に続いて皇帝ナポレオンが登場し，ヨーロッパ大陸を征服・支配する「帝国」に変貌した。これに対して，ナショナリズムの意識が各地で芽生え，「国民」（ネイション）による新たな共同体が想像されるようになる。たとえば，中世以来の神聖ローマ帝国が消滅し，プロイセンも敗北するといった事態を前にして，フィヒテ（1762-1814）は『ドイツ国民に告ぐ』1808を通じて国民教育の必要や「ドイツ人」の根源性を訴えた。

　また，フィヒテの後にベルリン大学教授，そして総長になるヘーゲル（1770-1831）は，死後に出版された『歴史哲学講義』1837において，ロベスピエールによる「徳と恐怖の支配」（下364頁）を批判した。しかし，その一方でヘーゲルは，フランス革命を「世界史的事件」（下367頁）とし，理性と自由の発展という「精神」の歴史的な歩みのなかに位置づける。彼はまた，『法の哲学』1821において，個人と全体の分裂を克服する倫理的な共同体として国家を捉え直したうえで，その理念の成熟を立憲君主政に見出した。

　もっとも，このヘーゲルによって「世界精神」の具現ともされたナポレオンは，大同盟を組んだヨーロッパ諸国によって失脚する。こうして，「会議は踊る」とも評されたウィーン会議1814-5での交渉を経て，革命前への復帰を理念とするウィーン体制が成立した。しかし，フランスではブルボン王朝が一旦復活するものの，その後の七月革命1830によってルイ・フィリップが新たな「国民の王」となり，さらに1848年の二月革命によって共和政へと移行する。このような一連の転回とともに，自由や平等，デモクラシーといった革命の理念をめぐる議論も，古代との時代の違いが強く意識されるとともに，個人の自由や個性，多数の暴政

第15章　西洋近代の風景　｜　**229**

などをめぐって新たな展開を見せる。

　バンジャマン・コンスタン（1767-1830）は，サロンの主宰者でも
あったスタール夫人や『ヨーロッパ文明史』1828の著者であるギゾーら
とともに，同時代の自由主義を代表する一人とされる。小説『アドル
フ』でも知られるコンスタンは，『政治原理論』を執筆し，『征服の精神
と簒奪』1814ではナポレオンを批判した。彼はまた，1819年の講演「近
代人の自由と古代人の自由」において二つの自由を区別する。彼によれ
ば，古代ギリシアやローマの自由は集団的であり，政治的な権利を行使
する市民は「都市に飲み込まれ」（21頁），個人は全体の犠牲となり，隷
従していた。「近代」に生きる彼は，このような「古代のかすかな記憶」
（42頁）に対する崇拝を警戒したのである。

　これに対し，「近代人」の自由は「個人の自由」に立脚する。古代の
共和国は小国であり戦争が日常的であったが，近代の広大な国家では平
和と商業が求められる。しかも，商業に携わる近代の個人には余暇がな
い。この点で，自由の強制を求めたルソーは時代錯誤であったと批判さ
れる。なぜなら，ルソーは自由への「きわめて純粋な愛」に動かされて
いたにもかかわらず，古代の集団的な主権を近代に移し替えることによ
り，暴政に「ろくでもない口実」を与えてしまったからである（32頁）。
しかし，だからといってコンスタンは，政治から距離を置き，権力に干
渉されない領域を確保すれば十分とした訳ではない。彼はそこで，古代
にはなかった代表制という新たな参加の形式を提示した。個人の自立を
求める「近代人」にとって，政治への参加はむしろ，古代のような全体
への隷従ではなく，自らを高める「自己完成」の最も有力な手段とされ
たのである。

2. トクヴィル

図15-2　トクヴィル

このような「近代」への時代の大きな転換を「新世界」のアメリカで目撃したのがアレクシ・ド・トクヴィル（1805-59）であった。ノルマンディーの古い貴族の出身の彼は，七月革命の余波を避け，刑務所の視察を理由として1831年から翌年にかけてアメリカを旅行する（移動には蒸気船も用いられた）。当時のアメリカは「自由の帝国」を目指したジェファソンの時代を経て，ジャクソンが第7代の大統領になり，西部への拡大とともにデモクラシー化が進んでいた。トクヴィルの『アメリカのデモクラシー』1835, 40によれば，「私はアメリカの中にアメリカを超えるものを見た」（第1巻上27頁）。すなわち，「新世界」に見られるように，「旧世界」でも平等化が進み，「大いなる民主革命」が生じている。この「抗いがたい革命」を前に，彼は「すべてが新しい社会には新たな政治学が必要である」と判断するに至った（10, 15, 16頁）。

こうして，トクヴィルは長く批判されてきたデモクラシーの見方を転換させ，その未来を受け入れる。しかも，彼にとってそれは，政体の一分類としてではなく，制度や習俗などにも影響を与える「社会状態」とされた。もっとも，貴族階層の出身である彼は一方で，デモクラシーで失われるものや，その危険性も同様に看取していた。「私はデモクラシーを知りたかった。少なくともそれに何を期待すべきか，何を恐れるべきかを知るために」（第1巻上28頁）。彼によれば，同時代の人びとが直面したのは，これまでの秩序や規範が失われた，「すべてがばらばら」で「真偽の不明な世界」でもある（25頁）。こうしたなか，人びとは平等を熱烈に求めるあまり，自由を捨て隷属を許容しかねない。また，物

質的な富や財産が追求される一方，新たな「個人主義」の広がりととも
に人びとは孤立し，家族や友人だけの小さな社会に閉じこもるようにな
る。「貴族制はすべての市民を下は農民から上は国王に至る一つの長い
鎖に結び合わせたが，デモクラシーはその鎖を壊し，環を一つ一つばら
ばらにする」のである（第2巻上177頁）。

　そして，だからこそ強く警戒されたのがデモクラシーにおける専制の
危険であった。「平等は人と人とをつなぐ共通の絆なしに人間を横並び
におく。専制はその間に垣根を築いて，人と人とを分断する」（第2巻
上181頁）。それゆえ，専制は「民主的な世紀には特別恐るべきもの」な
のである（上182頁，下263頁）。さらに，革命を経て権力の集中も進ん
だ。晩年の『旧体制と大革命』1856でも述べられたように，アンシャ
ン・レジームにおいて強大化した権力そのものは革命によって否定され
ず，むしろ「大革命の転覆した政府以上に強力な絶対的政府」が全権力
を再び掌握して「高価な犠牲で獲得した自由のすべてを圧殺し，形骸化
した」のである（『旧体制と大革命』85頁）。

　『アメリカのデモクラシー』ではまた，「多数の暴政」もしくは「民
主的専制」として，暴政や専制が装いを新たに登場することが強く危惧
される。フェデラリストやバークなども訴えたように，近代においては
一人の専制君主ではなく，多数者による少数者の抑圧という新たな危険
が生じる。トクヴィルによれば，「多数の力が絶対的であるのは民主政
治の本質に由来する」（第1巻下139頁）。しかも，この「多数の暴政」
は物理的な力を用いるだけでなく，人びとの思想と精神を支配し，同調
と画一化を強いる。「鉄鎖と首切り役人，これこそかつて暴政が用いた
野蛮な道具であった。だが今日では，文明の進歩は専制までも完璧にし
た」（154頁）のである。

　さらに，「民主的な世紀」の権力は一方で，古代とは異なって後見的

な性格を強める。それは「絶対的で事細かく，几帳面で用意周到，そして穏やか」（第2巻下257頁）であり，市民に安全や享楽を与え，日々の生活の面倒をみる。しかし，この民主的専制において，人びとは他者と関わりを持たず，いわば子供のまま苦しまずに堕落し，自由意志が奪われるのである。近代デモクラシーにおける，この「穏やかで平和的な隷属状態」を彼は次のように描いた。

> 「主権者は人間の意志を挫きはしないが，これを軟弱，従順にし，これを指導する。行動を強いることは稀だが，絶えず人の行動を妨げる。破壊はせず，誕生を妨げる。暴虐ではないが邪魔であり，人を圧迫して苛立たせ，意気阻喪させ，茫然自失の状態に追い込む。そしてついには，どんな国民も小心で勤勉な動物の群れに過ぎなくされ，政府がその牧人となる」（258頁）。

ところが，トクヴィルが見るところ，「新世界」のアメリカでは以上の危険が回避されている。その大きな要因の一つとされるのが，『ザ・フェデラリスト』でも説かれた連邦制という仕組みであった。トクヴィルはここで「政治の集権」と「行政の集権」を区別する。連邦政府に見られるように，外交や軍事など国家全体の利益に関わる「政治の集権」は国家の存立に不可欠である。しかし，個別の利益に関わる「行政の集権」は国民を無気力にし，公共精神を減退させる。ところが，アメリカでは州や郡，そしてタウンに権力が分散し，行政の姿が見えない。とくにタウンでは「真の政治生活，活発で，完全に民主的共和的な政治生活が支配していた」のである（第1巻上66頁）。

これに加えて，トクヴィルが重視するのが「一国民の道徳的ならびに知的状態の総体」（第1巻下211頁）としての習俗の役割である。アメリカでは，宗教の精神とイギリス由来の自由の精神が「心の習慣」を育ん

でいる。宗教にはとくに，人間を孤立や懐疑，物質的な享楽などから引き離す効用がある。しかも，アメリカではまた，「人間の教育全体が政治に向けられている」(243頁)。人びとは公共の問題に日常的に関与することで思考や精神を拡げ，他者とつながり，個人主義や利己主義と戦う。そして，このようなデモクラシーの「学校」として彼が着目するのが，地方自治と結社と陪審制であった。さらに，秩序や形式を好み，論理的な思考を培う法曹精神もまた，デモクラシーの逸脱を抑える「重し」(168頁)とされた。

3. J. S. ミル

『自由論』

それでは，「旧世界」のヨーロッパは，デモクラシーと専制のどちらに向かうのか。トクヴィルはその後，下院議員となり，二月革命の際には憲法草案の作成に携わり，短期間ではあるが外務大臣も務めた。ところが，フランスでは直後の1851年にルイ・ナポレオンによるクーデターが起こり，国民の圧倒的な支持を受けて帝政が復活する。『アメリカのデモクラシー』第1巻の末尾ではまた，将来の展望として，いつか「世界の半分の運命」(第1巻下419頁)を握る国民として，アメリカ人とともに，一人に全権を集中させるロシア人が挙げられていた。

もっとも，その一方で，植民地としてのアメリカを失いながらも，この19世紀において「世界の工場」となり「陽の沈まない」帝国に成長していたのがイギリスであった(1801年にはアイルランド王国とも合同する)。そこでは，文明化や産業化が進む傍ら，17世紀以来の審査法の廃止やカトリック解放法といった宗教上の改革とともに，穀物法や航海法の廃止によって自由貿易体制が整えられた。そして，これらの自由主義的な改革とともに，選挙法の改正(第一次1832，第二次67，第三次84)

図15-3　J. S. ミル

によってデモクラシー化が進み，ミドル・クラスや労働者などが新たな政治のアクターとして登場してきたのである。

こうしたなか，ジェレミー・ベンサム（1748-1832）の『道徳および立法の諸原理序説』1789などを通じて，「功利（効用）」utility の観点から快楽と苦痛を算出し，「最大多数の最大幸福」を目指す功利主義が新たに展開される。ジェイムズ・ミル（1773-1836）などを含め，「哲学的急進派」とも呼ばれた彼らは，旧来の身分制社会やコモン・ローに見られる伝統や慣習，あるいは自然法や共感などをア・プリオリに想定する既存の学説を斥け，議会や法制度などの改革を主張した。ジョン・スチュアート・ミル（1806-73）もまた，父ジェイムズによる英才教育を受け，「世界の改革者」（『ミル自伝』1873, 119頁）を目指すようになる。

もっとも，20歳の時に「精神の危機」に直面したミル（以下では息子のジョンを指す）は，詩人のワーズワースやコールリッジといったロマン派にも深く傾倒する（同時代のドイツではまた，ゲーテやフンボルトらによって人間性の完成や内面的な教養が謳われるようになっていた）。こうして「感情の陶冶」を重視したミルは効用の原理を修正する。のちの『功利主義』1863にも見られるように，「満足した豚であるよりも，満足していない人間がよい。満足した愚者よりも満足していないソクラテスがよい」（31頁）として，快楽や幸福にも質的な違いがあるとしたのである。ミルはまた，トクヴィルの『アメリカのデモクラシー』に触発され，その書評を執筆するとともに，文明の進歩によって個人の活力が減退することに危機感を覚えた。

このような思想形成の過程を経たミルは，『自由論』1859において，

イギリスのデモクラシーにおいても懸念された専制の危険に抗して個人の自由を擁護し，権力を制限する原理を示そうとする。それが，個人の自由に対する干渉について，それを自己防衛や他者に対する危害の防止の場合に限定する「自由原理」（「危害原理」）である。彼によれば，「文明社会のどの成員に対してであれ，本人の意向に反して権力を行使しても正当でありうるのは，他の人々への危害を防止するという目的の場合だけである」（27頁）。なぜなら，個人は自分自身の身体と精神に対しては「主権者」であり，「本人だけにかかわる領域では，本人の独立は，当然のことながら絶対的」だからである（28頁）。

　ミルはまた，思想と討論の自由を主張し，少数の意見に対する抑圧を強く批判した。彼によれば，①人間は無謬ではないため，支配的な意見が誤りで，抑圧されようとしている意見が真理であるかもしれない。また，かつてのソクラテス裁判やキリスト教徒の迫害のように，現在の意見も後の時代に否定されるのが常である。②真理を捉えた意見であっても，それが議論されなければ「死んだドグマ」（81頁）であり，真理は活力を失い，意見の根拠や意味が忘れられる。③誤った意見も真理の一部を含んでいるかもしれないし，支配的な意見が真理の全体であることも稀である。だからこそ，討論によって誤りを正し，真理を生き生きとさせ，真理の残りの部分を補うことが不可欠なのである。

　これらの自由を通じて「個性」を発展させ，教養を通じて「人格」character を陶冶し，美しく完成させることが高次の幸福につながる。ミルによれば，人間の本性は図面通りに作られた機械ではなく，内的な力に従って成長する「一本の樹木」（133頁）なのである。ところが，この自己発展の理想とは逆に，当時のミドル・クラスには，人間の意志を否定し神への絶対的な服従を説くカルヴァン主義が広がっていた。これに加えて，ミルが強く危惧したのが大衆や世論による支配であり，個人

が「群衆のなかに埋没」（148頁）することであった。しかも，彼によれば，ヨーロッパの進歩を促した多様性は，東洋の諸国民を停滞させてきた「習慣の専制」（158頁）によって次第に失われ，画一化が進行しているのである。

『代議制統治論』

　こうして，『自由論』において自由や個性を擁護したミルはさらに，それらを脅かす「凡庸な統治」（149頁）の問題に直面する。とはいえ，その一方で彼は，同時代のコントによって主張されたエリート専制を批判し，カーライルのような英雄崇拝を斥けた。これらに対して，ミルは『代議制統治論』1861において「善き統治」や「自由な統治」を論じ，多数が支配する「偽の民主政」に対して，すべての国民がすべての国民を統治し，少数が適切に代表される「真の民主政」を追求したのである。しかも，この作品の冒頭で彼は，政治が人間の営為であることを改めて指摘した。すなわち，彼によれば，政治制度は「人間が作ったもの」であり，「その起源も存在全体も人間の意志に負っている」（3頁）。それはまた「人間が動かさねばならない」のであり，「人びとの能力や資質の現状」に適合させる必要がある（4頁）。もっとも，人間の力には厳しい限界があり，自然の法則には逆らえない。しかし，人間は「川を逆流させられない」が，技術によって「水車」を作ることはできるのである（11頁）。

　そうした，いわば「アート」としての「善き統治」の基準は，組織化の完成度だけでなく，社会の精神的な発達を促進することに求められる。ミルによれば，市民に活気を与え，思考や能力を高め，公共精神を育む最善の統治形態は，優れた専制君主政ではなく「すべての国民が参加する」（64頁）デモクラシーである。しかし，大きな社会ではそれは不可

能なため,「社会に現存している平均水準の知性と誠実さ」と「最も賢明な社会成員の個々の知性や徳」を「集約」する代議制が理想とされた (31頁)。

とはいえ,ミルによれば,この代議制統治においても様々な問題が想定された。たとえば精神的な力量に欠ける恐れに対しては,代議制と両立する限りで官僚制の利

図15-4 女性の政治参加を求めるミル

点を取り入れる必要がある。さらに,そこではまた,多数派が「邪悪な利益」を目指し,全体を犠牲にして「階級立法」を行うことも危惧された。この弊害への対策の一つとして提示されるのが比例代表制であり,これにより教養ある少数者も数に応じて議員に選出される。ミルはまた,「十分に成熟した文明国民の中には,パーリアがあってはならない」(155頁) として,女性を含めた選挙人資格の拡大を訴えた。参加を通じた政治教育が国民の最下層にまでも及び,精神的な陶冶がなされるのが「自由な統治」の利点なのである。ただし,彼によれば政治への参加は責務であり,権利ではない。それは他者に対する権力の行使であり,それゆえ,投票も秘密ではなく公開で行われるべきなのである。

こうしてミルは,文明的な国民における政治教育や知的・道徳的な資質の向上とともに,物理的な力とは異なる「意志」や「意見」の力を重くみた。「人々がどう行為するかを決定するのは,人々が何を考えるかである」(14頁)。しかも,一人の人間の信念は九九人の利害に匹敵する。もっとも,そうした意見や判断には優劣があるとされ,選挙人にも要件が求められた。それゆえ,彼が併せて主張したのが,高度な職業に従事

する者に2票以上を与える複数投票制の導入であった。これとは逆に，読み書きや計算の能力がない者は選挙人から除外される。選挙人には地理や歴史の知識なども望ましい。そして，これと同様に質的な優劣を問題にする姿勢は『自由論』でも示されていた。彼によれば，自由原理は他者の保護を必要とする者に加え，未開の人びとにも適用されない。したがって，未開人の改善のためには専制も正当とされる，というのが彼の判断であった。

4.「文明」の政治

このミルの見解にも垣間見られるように，デモクラシー化の一方で，西洋諸国は「文明」や「自由」の名のもとに非西洋世界の植民地化を進めていた。東インド会社の一員でもあったミルは，カナダやオーストラリアなどの文明化された植民地には自治を認める一方で，インドなどの未開や半開とされた地域に対しては「自由国家」である本国イギリスによる支配を理想とする。トクヴィルもまた，アメリカにおけるデモクラシーの裏に潜む先住民と奴隷制の問題を指摘する一方で，イスラムやインドの停滞を批判し，フランスによるアルジェリアの植民に関与した。このような「デモクラシー」と「帝国」をともに生んだ「西洋文明」の経験は，「非西洋」の世界を含む政治思想の歴史に何をもたらしたのだろうか。

同じ頃，「西洋の衝撃」を受けて「開国」した明治期の日本において，「独立宣言」のみならず，ギゾーやトクヴィル，ミルなどを含む西洋思想を広く吸収したのが福沢諭吉

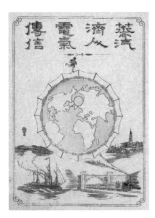

図15-5　福澤諭吉『西洋事情』初編（1866／慶應2）

（1835-1901）である。彼は『文明論之概略』1875（明治 8 ）において「議論の本位」を定め，「西洋文明」を目的とした。彼によれば，ラテン語のキウィタスに由来する「文明」は，「人間交際の次第に改りて良き方に赴く有様」（57頁）を形容し，精神の発達や「智徳」の進歩，そして「一国の体裁」を成すことを意味する。とはいえ，西洋諸国も野蛮から半開を経て現在の文明に至っており，その優越も相対的なものにすぎない。そのうえで彼は，日本における「権力の偏重」や「無議の習慣」に対して，西洋における「自主自由」や「不羈独立」，そして議論が盛んになされる「多事争論」を高く評価した。

　江戸と明治という「一身二生」を経験した福沢はこうして，西洋文明に学ぶことにより，一身の「独立」と一国の「独立」，そして文明の「始造」を説いた。また，その一方で，たとえば同時代の中江兆民（1847-1901）は『三酔人経綸問答』1887（明治20）において，デモクラシーや自由の理念を掲げる「洋学紳士」に，他国を侵略するヨーロッパ諸国の「無礼」や「非理」や「野蛮」を批判させた（125頁）。

　もっとも，これに対して西洋の内部でも，サン・シモンやオーウェンらの社会主義，あるいはマルクスとエンゲルスの『共産党宣言』1848などにも見られるように，工業化の進展とともに労働者の貧困や不平等の拡大といった新たな社会問題が生じていた。アメリカでは奴隷制をめぐって南北戦争1861-5が勃発し，この内戦の死者を追悼する「ゲティスバーグ演説」1863において，リンカーンは「人民の，人民による，人民のための統治」を訴えた。

　このような政治の空間やアクターの拡大に伴い，トクヴィルやミルなどが懸念したデモクラシーの危険も大きくなる。こうしたなか，ヴィクトリア女王の治世において選挙法改正の進んだイギリスでは，たとえばウォルター・バジョット（1826-77）が大衆の分析に関心を向け，君主

や貴族院などの「尊厳的部分」の役割を見直した。彼の『イギリス国制論』1867によれば，王や宮廷には華麗な行列などを通じて敬意を引き出し，とくに下層の労働者階級を服従させる一種の演劇的な効果がある。しかも，「王様が統治する」という物語は分かりやすい。彼によれば，こうした「偽装」や「魔法」のもと，内閣や下院といった「実効的部分」が実際に統治し，経営にも通じた教養あるジェントルマンが政治の舵取りを行うことが可能になるのである。

　もっとも，バジョットはその反面で，無知な民衆が統治の座に登り，それまでの伝統や恭順の念が失われることを強く危惧した。彼によれば，デモクラシーは「恐ろしい破滅」を経験しない限り，教養ある少数者の支配には戻らないのである（下149-50頁）。そして，第1章や第2章でも述べたように，続く20世紀に至る過程において近代の西洋文明は実際に，その存在理由を脅かす様々な危機に直面する。たとえば幸徳秋水（1871-1911）は，愛国心と軍国主義によって領土の拡張をはかる「帝国主義」を「廿世紀之怪物」として強く批判する。彼の『帝国主義』1901（明治34）によれば，それは新世紀の文明を破壊し尽くす「ペスト」であった（116頁）。その一方で，フリードリヒ・ニーチェ（1844-1900）は「神は死んだ」と述べ，ニヒリズムの到来を予言した。彼はまた，プラトン哲学や，とくにキリスト教などの西洋思想の伝統を「弱者」によるルサンチマンの産物として強く批判する。さらに，ウェーバーは『プロテスタンティズムの倫理と資本主義の精神』（論文1904-5）において，「精神のない専門人，心情のない享楽人」といった「無のもの」の登場を資本主義の未来に見た（366頁）。

　もっとも，20世紀の西洋では，とくに第一次世界大戦という総力戦を通じて「帝国」の退場が進み，それと入れ替わるようにして「デモクラシー」が「普遍」的な理念となる。しかし，世界大戦が繰り返され，全

体主義などの脅威に直面するなかで，近代の西洋（と日本）は自己喪失の危機に陥った。こうして，最後に一例だけ挙げれば，たとえば『世論』1922の執筆者であるリップマンはその後，『公共哲学』1955において「西洋の凋落」を指摘するとともに，世論の圧力による「統治の麻痺」や「デモクラシー国家の病弊」を批判したのである。

　現在では，かつてのように「西洋」を唯一の模範とし，そこに普遍的な真理の所在を当然に求めることはできない。たとえば「新たな政治学」の必要を説いたトクヴィルや「文明の始造」を試みた福沢のように，これからは，日本を含めたグローバルな視点から新たに「政治思想の未来」を語り直すことが必要となるだろう。しかし，未来は歴史に向かい合うことによって見えてくる。それゆえ，古い貴族の出身であるトクヴィルと「一身二生」を経験した福沢はそれぞれ，過去の「アンシャン・レジーム」や「文明の由来」を深く内在的に理解し，そこで蓄積されてきた教養を踏まえ，西と東の将来を展望した。本書の冒頭などで紹介したルネサンス期のマキァヴェッリも，古典古代の伝統や実際の経験をもとに祖国存亡の危機に対峙した。「西洋」，あるいは「ヨーロッパ」の政治思想はこうして，数々の「嵐」に遭遇しながらも，それを乗り越えようとしてきた。ところが，これに対して現代は，もしかすると，デモクラシーの未来を見据えるための思想や歴史，あるいは古典的な政治学を見失っているのではないか。

　政治という文明的な営為は，物理的な力や経済的な利益，あるいは抽象的な原理や科学的な法則などにはおそらく還元されない。天使でも悪魔でもない人間によって担われる政治は，古典や教養によって豊かになる。もっとも，この政治思想の歴史は単線的な進歩の過程ではないかもしれない。そこには様々な悲劇もあった。しかし，本書がこれまで探究

してきた古代ギリシア以来の長い道のりは，複数の他者と関わる政治を成立させる思考や振舞いが，人びとの多彩なオピニオンや想像によって培われ，手渡されてきたことを伝えてくれる。そして，そのような「西洋」を舞台とする政治思想の様々な物語は，歴史の文のなかで確かに息づいている。

参考文献

ヘーゲル『歴史哲学講義』（上下）長谷川宏訳，岩波文庫，1994年

コンスタン『近代人の自由と古代人の自由 征服の精神と簒奪』堤林剣，堤林恵訳，岩波文庫，2020年

トクヴィル『アメリカのデモクラシー』全2巻，松本礼二訳，岩波文庫，2005-8年

　『旧体制と大革命』小山勉訳，ちくま学芸文庫，1998年

J. S. ミル『自由論』関口正司訳，岩波文庫，2020年

　『代議制統治論』関口正司訳，岩波書店，2019年

　『功利主義』関口正司訳，岩波文庫，2021年

　『ミル自伝』朱牟田夏雄訳，岩波文庫，1960年

福沢諭吉『文明論之概略』松沢弘陽校注，岩波文庫，1995年

　『学問のすゝめ』岩波文庫，改版2008年

中江兆民『三酔人経綸問答』桑原武夫，島田虔次訳・校注，岩波文庫，1965年

バジョット『イギリス国制論』（上下）遠山隆淑訳，岩波文庫，2023年

幸徳秋水『帝国主義』山泉進校注，岩波文庫，2004年

ウェーバー（ヴェーバー）『プロテスタンティズムの倫理と資本主義の精神』大塚久雄訳，岩波文庫，改訳1989年

リップマン『公共哲学』小林正弥監訳，勁草書房，2023年

参考文献一覧

各章の内容に関連した日本語文献で，比較的入手し易いもの，近年刊行された単著や共著を中心に掲載しています（副題は省略しました）。本文中で引用した文献は各章の参考文献の欄にも記しています。

通史，概説書，資料集，事典など

山岡龍一『西洋政治理論の伝統』放送大学教育振興会，2009

川出良枝，山岡龍一『西洋政治思想史』岩波書店，2012

宇野重規『西洋政治思想史』有斐閣アルマ，2013

堤林剣『政治思想史入門』慶應義塾大学出版会，2016

小野紀明『政治思想史と理論のあいだ』岩波現代文庫，2022

髙山裕二『憲法からよむ政治思想史』有斐閣，2022

長谷川一年他『政治思想史』法律文化社，2024

小林淑憲『社会思想家はなにを追い求めたか』日本経済評論社，2024

岡﨑晴輝，木村俊道編『はじめて学ぶ政治学』ミネルヴァ書房，2008

野口雅弘他編『よくわかる政治思想』ミネルヴァ書房，2021

古賀敬太『政治思想の源流』風行社，2010／『西洋政治思想と宗教』風行社，2018

小野紀明，川崎修編集代表『岩波講座 政治哲学』全6巻，岩波書店，2014

杉田敦，川崎修編『西洋政治思想資料集』法政大学出版局，2014

古賀敬太他編『政治概念の歴史的展開』全10巻，晃洋書房，2004-17

松原國師『西洋古典学事典』京都大学学術出版会，2010

ヘイル編『イタリア ルネサンス事典』中森義宗監訳，東信堂，2003

日本イギリス哲学会編『イギリス哲学・思想事典』研究社，2007

社会思想史学会編『社会思想史事典』丸善出版，2019

日本18世紀学会 啓蒙思想の百科事典編集委員会編『啓蒙思想の百科事典』丸善出版，2023

1　西洋政治思想の探究

マキァヴェッリ「書簡」→第9章参照．

半澤孝麿『ヨーロッパ思想史における〈政治〉の位相』岩波書店，2003／『回想の
　ケンブリッジ』みすず書房，2019

アリストテレス『政治学』→第4章参照．

シュミット『政治的なものの概念』権左武志訳，岩波文庫，2022

ウェーバー『仕事としての政治』（野口雅弘訳，講談社学術文庫，2018／脇圭平訳
　『職業としての政治』岩波文庫，改版2020）

野口雅弘『マックス・ウェーバー』中公新書，2020

アレント『人間の条件』（志水速雄訳，ちくま学芸文庫，1994／牧野雅彦訳，講談
　社学術文庫，2023）

川崎修『ハンナ・アレント』講談社学術文庫，2014

丸山眞男『政治の世界』松本礼二編注，岩波文庫，2014／『丸山眞男セレクショ
　ン』杉田敦編，平凡社ライブラリー，2010

オークショット『政治における合理主義』（嶋津格他訳，勁草書房，増補版2013／
　『保守的であること』澁谷浩他訳，昭和堂，1988）

モリス『ユートピアだより』川端康雄訳，岩波文庫，2013

アウグスティヌス『神の国』→第6章参照．

ホッブズ『ビヒモス』→第10章参照．

ヒューム『道徳・政治・文学論集』→第13章参照．

ミル『代議制統治論』→第15章参照．

カッシーラー『人間』宮城音弥訳，岩波文庫，1997

テイラー『近代』上野成利訳，岩波書店，2011／『世俗の時代』（上下）千葉眞監
　訳，名古屋大学出版会，2020

リップマン『世論』（上下）掛川トミ子訳，岩波文庫，1987

バーリン『自由論』福田歓一他訳，みすず書房，新装版2018

堤林剣，堤林恵『「オピニオン」の政治思想史』岩波新書，2021

フーコー『ミシェル・フーコー思考集成IV』筑摩書房，1999／『フーコー・コレ
　クション6』石田英敬編，ちくま学芸文庫，2006

重田園江『ミシェル・フーコー』ちくま新書，2011／『統治の抗争史』勁草書房，

2018

ガダマー『真理と方法』(I-III) 轡田収他訳，法政大学出版局，新装版2012，15，21

鏑木政彦『ヴィルヘルム・ディルタイ』九州大学出版会，2002

小野紀明『古典を読む』岩波書店，2010

加藤哲理『ハンス＝ゲオルグ・ガーダマーの政治哲学』創文社，2012

コリングウッド『思索への旅』玉井治訳，未來社，1981

スキナー『思想史とはなにか』半澤孝麿，加藤節編訳，岩波書店，1990

ダン『政治思想の未来』半沢孝麿訳，みすず書房，1983

『思想』第1143号（「政治思想史の新しい手法」2019）

2　デモクラシーの系譜

プラトン『プロタゴラス』（藤沢令夫訳，岩波文庫，1988／中澤務訳，光文社古典新訳文庫，2010）／『国家』（上下）藤沢令夫訳，岩波文庫，改版2008

トゥキュディデス『歴史』（藤縄謙三，城江良和訳，京都大学学術出版会，全 2 冊，2000，3／小西晴雄訳，ちくま学芸文庫，上下，2013／久保正彰訳『戦史』中公クラシックス，2013）

イソクラテス『弁論集』（1・2）小池澄夫訳，京都大学学術出版会，1998，2002

アリストテレス『政治学』→ 第 4 章参照

クリック『デモクラシー』添谷育志，金田耕一訳，岩波書店，2004

ハミルトン，ジェイ，マディソン『ザ・フェデラリスト』→第14章参照，

バーク『フランス革命の省察』→第14章参照，

ルソー『社会契約論』→第14章参照，

トクヴィル『アメリカのデモクラシー』→第15章参照，

オルテガ『大衆の反逆』（神吉敬三訳，ちくま学芸文庫，1995／寺田和夫訳，中公クラシックス，2002／佐々木孝訳，岩波文庫，2020）

橋場弦『古代ギリシアの民主政』岩波新書，2022

宇野重規『民主主義とは何か』講談社現代新書，2020

梅澤佑介『民主主義を疑ってみる』ちくま新書，2024

3 政治と教養

アリストテレス『弁論術』戸塚七郎訳，岩波文庫，1992

イソクラテス『弁論集』（1・2）小池澄夫訳，京都大学学術出版会，1998，2002

プラトン『プラトン全集』全17巻＋別巻，田中美知太郎他編，岩波書店，1974-8
／『ソクラテスの弁明』（久保勉訳，岩波文庫，改版1964／納富信留訳，光文社
古典新訳文庫，2012）／『ゴルギアス』（加来彰俊訳，岩波文庫，改版2007／中
澤務訳，光文社古典新訳文庫，2022）／『国家』（上下）藤沢令夫訳，岩波文庫，
改版2008／『法律』（上下）森進一他訳，岩波文庫，1993

廣川洋一『ギリシア人の教育』岩波新書，1990／『イソクラテスの修辞学校』講談
社学術文庫，2020

坂口ふみ『ゴルギアスからキケロへ』ぷねうま舎，2013

納富信留『プラトン』NHK出版，2002／『ソフィストとは誰か？』ちくま学芸文
庫，2015／『プラトンとの哲学』岩波新書，2015／『哲学の誕生』ちくま学芸文
庫，2017／『ギリシア哲学史』筑摩書房，2021

4 ポリスの政治学

プルタルコス『対比列伝』（村川堅太郎編『プルタルコス英雄伝』ちくま学芸文庫，
上中下，1987／柳沼重剛，城江良和訳『英雄伝』京都大学学術出版会，全6冊，
2007-21）

クセノポン『小品集』松本仁助訳，京都大学学術出版会，2000／クセノフォン『ソ
クラテスの思い出』（相澤康隆訳，光文社古典新訳文庫，2022／クセノフォーン
『ソークラテースの思い出』佐々木理訳，岩波文庫，改版1974）

ディオゲネス『ギリシア哲学者列伝』（上中下）加来彰俊訳，岩波文庫，1984-94

アリストテレス『アリストテレス全集』内山勝利他編，全20巻＋別冊，岩波書店，
2013-）／『ニコマコス倫理学』（高田三郎訳，岩波文庫，上下，1971，73／朴一
功訳，京都大学学術出版会，2002／神崎繁訳（『アリストテレス全集15』））／
『政治学』（牛田徳子訳，京都大学学術出版会，2001／田中美知太郎他訳，中公
クラシックス，2009／神崎繁他訳（『アリストテレス全集17』））／『アテナイ人
の国制』（村川堅太郎訳，岩波文庫，1980／橋場弦訳（『アリストテレス全集

参考文献一覧 | **247**

19』))

岩田靖夫『アリストテレスの政治思想』岩波書店，2010

荒木勝『アリストテレス政治哲学の重層性』創文社，2011

5　レス・プブリカ

デモステネス『弁論集』全 7 冊，加来彰俊他訳，京都大学学術出版会，2006-22

エピクロス『エピクロス』出隆，岩崎允胤訳，岩波文庫，1959

リウィウス『ローマ建国史』（岩谷智他訳『ローマ建国以来の歴史』京都大学学術
　　出版会，2008-／リーウィウス『ローマ建国史』上，鈴木一州訳，岩波文庫，
　　2007）

ポリュビオス『歴史』（1 〜 4 ）城江良和訳，京都大学術出版会，2004-13

キケロー『キケロー選集』全16巻，岩波書店，1999-2002／『弁論家について』（上
　　下）大西英文訳，岩波文庫，2005／『キケロー弁論集』小川正廣他訳，岩波文庫，
　　2005／『キケロー書簡集』高橋宏幸編，岩波文庫，2006／『義務について』（泉
　　井久之助訳，岩波文庫，1961／高橋宏幸訳（『キケロー選集 9 』））

クインティリアヌス『弁論家の教育』（1 〜 5 ），森谷宇一他訳，京都大学学術出版
　　会，2005-

川本愛『コスモポリタニズムの起源』京都大学学術出版会，2019

國方栄二『ストア派の哲人たち』中央公論社，2019／『哲人たちの人生談義』岩波
　　新書，2022

高田康成『キケロ』岩波新書，1999

6　帝国とキリスト教

カエサル『ガリア戦記』近山金次訳，岩波文庫，改版1964／『内乱記』國原吉之助
　　訳，講談社学術文庫，1996

タキトゥス『年代記』（上下）国原吉之助訳，岩波文庫，1981／『同時代史』国原
　　吉之助訳，ちくま学芸文庫，2012／『ゲルマニア　アグリコラ』國原吉之助訳，
　　ちくま学芸文庫，1996／『ゲルマーニア』泉井久之助訳註，岩波文庫，1979

ギボン『ローマ帝国衰亡史』全10冊，中野好夫訳，ちくま学芸文庫，1995- 6

ウェルギリウス『アエネーイス』（岡道男，高橋宏幸訳，京都大学学術出版会，
　2001／杉本正俊訳，新評論，2013）

キケロー『キケロー選集』全16巻，岩波書店，1999-2002

セネカ『セネカ哲学全集』全6巻，岩波書店，2005-6／『生の短さについて』大
　西英文訳，岩波文庫，2010

マルクス・アウレーリウス『自省録』神谷美恵子訳，岩波文庫，改版2007

『聖書』聖書協会共同訳，日本聖書協会，2018

『旧約聖書』（旧約聖書翻訳委員会訳，岩波書店，全15冊，1997-2004／『文語訳 旧
　約聖書』全4冊，岩波文庫，2015）

『新約聖書』（新約聖書翻訳委員会訳，岩波書店，全5冊，1995-6／『文語訳 新約
　聖書』岩波文庫，2014）

エウセビオス『エウセビオス「教会史」』（上下）秦剛平訳，講談社学術文庫，2010
　／『コンスタンティヌスの生涯』秦剛平訳，京都大学学術出版会，2004

アウグスティヌス『アウグスティヌス著作集』全30巻＋別巻2，赤木善光他責任編
　集，教文館，1979-2023／『告白』（服部英次郎訳，岩波文庫，上下，改訳1976／
　山田晶訳，中公文庫，全3冊，2014）／『神の国』（服部英次郎，藤本雄三訳，
　岩波文庫，全5冊，1982-91／金子晴勇他訳，教文館，上下，2014）

柴田平三郎『アウグスティヌスの政治思想』未来社，1985

山田晶『アウグスティヌス講話』講談社学術文庫，1995

半澤孝麿『ヨーロッパ思想史のなかの自由』創文社，2006

田上雅徳『入門講義 キリスト教と政治』慶應義塾大学出版会，2015

鷲見誠一『中世政治思想講義』ちくま学芸文庫，2024

7　キリスト教共同体

ソールズベリーのヨハネス『メタロギコン』甚野尚志他訳（『中世思想原典集成8』
　平凡社，2002）

トマス・アクィナス『神学大全』（高田三郎他訳，創文社，全45巻，1960-2012／山
　田晶訳，中公クラシックス，全2冊，2014／稲垣良典，山本芳久編『精選 神学
　大全』岩波文庫，全4冊，2023-）／『君主の統治について』柴田平三郎訳，岩
　波文庫，2009

パドヴァのマルシリウス『平和の擁護者』稲垣良典訳（『中世思想原典集成18』平凡社，1998）

ダンテ『帝政論』小林公訳，中公文庫，2018

将基面貴巳『ヨーロッパ政治思想の誕生』名古屋大学出版会，2013

稲垣良典『トマス・アクィナス』講談社学術文庫，1999／『トマス・アクィナス『神学大全』』講談社学術文庫，2019

柴田平三郎『トマス・アクィナスの政治思想』岩波書店，2014

チェスタトン『聖トマス・アクィナス』生地竹郎訳，ちくま学芸文庫，2023

8　ルネサンスと人文主義

ペトラルカ『ルネサンス書簡集』近藤恒一編訳，岩波文庫，1989／『無知について』近藤恒一訳，岩波文庫，2010

ボッカッチョ『デカメロン』（上中下）平川祐弘訳，河出文庫，2017

池上俊一監修『原典 イタリア・ルネサンス人文主義』名古屋大学出版会，2010

サルターティ『僭主論』米田潔弘訳（『原典 イタリア・ルネサンス人文主義』）

ブルーニ『ナンニ・デッリ・ストロッツィに捧げた追悼演説』（『原典 イタリア・ルネサンス人文主義』）

カスティリオーネ『宮廷人』（清水純一他訳註『カスティリオーネ宮廷人』東海大学出版会，1987）

エラスムス『宗教改革著作集2』教文館，1989／『エラスムス神学著作集』金子晴勇訳，教文館，2016／『対話集』金子晴勇訳，知泉書館，2019／『痴愚神礼讃』沓掛良彦訳，中公文庫，2014／『平和の訴え』箕輪三郎訳，岩波文庫，1961／『エラスムス教育論』中城進訳，二瓶社，1994／

トマス・モア『ユートピア』澤田昭夫訳，中公文庫，改版1993

エラスムス，モア『エラスムス＝トマス・モア往復書簡』沓掛良彦，高田康成訳，岩波文庫，2015

ブルクハルト『イタリア・ルネサンスの文化』（柴田治三郎訳，中公クラシックス，全2冊，2002／新井靖一訳，ちくま学芸文庫，上下，2019）

ホイジンガ『中世の秋』（上下）堀越孝一訳，中公文庫，改版2018／『エラスムス』宮崎信彦訳，ちくま学芸文庫，2001／『ホモ・ルーデンス』（高橋英夫訳，中公

文庫，改版2019／里見元一郎訳，講談社学術文庫，2018）

エリアス『文明化の過程』（上下）赤井慧爾他訳，法政大学出版局，新装版2010

バーク『ルネサンス』亀長洋子訳，岩波書店，2005

下村寅太郎『ルネッサンス的人間像』岩波新書，1975

沓掛良彦『エラスムス』岩波書店，2014

ガイ『トマス・モア』門間都喜郎訳，晃洋書房，2007

スキナー『近代政治思想の基礎』門間都喜郎訳，春風社，2009

木村俊道『文明の作法』ミネルヴァ書房，2010

9 統治のアート

マキァヴェッリ『マキァヴェッリ全集』全6巻＋補巻，筑摩書房，1998-2002／『君主論』（河島英昭訳，岩波文庫，1998／佐々木毅訳，講談社学術文庫，2004／池田廉訳，中公文庫，新版2018）／『ディスコルシ』永井三明訳，ちくま学芸文庫，2011／『フィレンツェ史』（齊藤寛海訳，岩波文庫，上下，2012／在里寛司，米山喜晟訳，ちくま学芸文庫，上下，2018）

ルター『ルター著作選集』徳善義和他訳，教文館，2012／『宗教改革三大文書』深井智朗訳，講談社学術文庫，2017

カルヴァン『キリスト教綱要』全3冊，渡辺信夫訳，新教出版社，改訳版2007-9

スキナー『マキアヴェッリ』塚田富治訳，未来社，1991

ポーコック『マキァヴェリアン・モーメント』田中秀夫監訳，名古屋大学出版会，2008

厚見恵一郎『マキァヴェッリの拡大的共和国』木鐸社，2007

石黒盛久『マキアヴェッリとルネサンス国家』風行社，2009

鹿子生浩輝『征服と自由』風行社，2013／『マキァヴェッリ』岩波新書，2019

村田玲『喜劇の誕生』風行社，2016

石黒盛久編『マキァヴェッリと宗教』論創社，2024

木部尚志『ルターの政治思想』早稲田大学出版部，2000

田上雅徳『初期カルヴァンの政治思想』新教出版社，1999

住田博子『カルヴァン政治思想の形成と展開』新教出版社，2018

深井智朗『プロテスタンティズム』中公新書，2017

10 「リヴァイアサン」と「ビヒモス」

モンテーニュ『エセー』（原二郎訳，岩波文庫，全6冊，1965-7／宮下志朗訳，白水社，全7冊，2005-16）

ボダン『国家論』（抄）平野隆文訳（『フランス・ルネサンス文学集1』白水社，2015）

ボッテーロ『国家理性論』石黒盛久訳，風行社，2015

ベーコン『学問の進歩』服部英次郎，多田英次訳，岩波文庫，1974

フォーテスキュー『イングランド法の礼賛について』（1～3・完）小山貞夫他訳，『法學』第53巻第4，5号（1989），第54巻第1号（1990）／『自然法論』直江眞一訳，創文社，2012

ホッブズ『リヴァイアサン』（永井道雄，上田邦義訳，中公クラシックス，全2冊，2009／水田洋訳，岩波文庫，全4冊，1954-85／加藤節訳，ちくま学芸文庫，上下，2022）／『法の原理』高野清弘訳，ちくま学芸文庫，2019／『市民論』本田裕志訳，京都大学学術出版会，2008／『哲学原論』伊藤宏之，渡部秀和訳，柏書房，2012／『ビヒモス』山田園子訳，岩波文庫，2014

宇羽野明子『政治的寛容』有斐閣，2014

塚田富治『カメレオン精神の誕生』平凡社，1991

木村俊道『顧問官の政治学』木鐸社，2003／『想像と歴史のポリティックス』風行社，2020

アーミテイジ『帝国の誕生』平田雅博他訳，日本評論社，2005

土井美徳『イギリス立憲政治の源流』木鐸社，2006

ポーコック『島々の発見』犬塚元監訳，名古屋大学出版会，2013

小林麻衣子『近世スコットランドの王権』ミネルヴァ書房，2014

岩井淳，竹澤祐丈編『ヨーロッパ複合国家論の可能性』ミネルヴァ書房，2021

鈴木朝生『主権・神法・自由』木鐸社，1994

梅田百合香『ホッブズ 政治と宗教』名古屋大学出版会，2005／『ホッブズ リヴァイアサン』角川選書，2022

川添美央子『ホッブズ 人為と自然』創文社，2010

上田悠久『〈助言者〉ホッブズの政治学』風行社，2021

11 統治と寛容

グロティウス『戦争と平和の法』(渕倫彦「訳注：グローティウス「戦争と平和の法・三巻」(I〜II・完)」『帝京法学』第26巻第2号 (2010)，第27巻第1号 (2011)) ／『海洋自由論』本田裕志訳，京都大学学術出版会，2021

スピノザ『神学・政治論』(上下) 吉田量彦訳，光文社古典新訳文庫，2014

大澤麦，澁谷浩訳『デモクラシーにおける討論の生誕』聖学院大学出版会，1999

ミルトン『言論・出版の自由』原田純訳，岩波文庫，2008／『イギリス革命の理念』原田純訳・編，小学館，1976

ハリントン『オシアナ共和国』(浅沼和典訳「ハリントンと『オーシアナ共和国』(その二〜その5)」『政経論叢』第59巻第1・2号 (1990)，第60巻第1・2号 (1991)，第3・4号 (1992)，第61巻第3・4号 (1993))

ベール『ピエール・ベール著作集』全8巻＋補巻，野沢協訳，法政大学出版局，1978-2004

ロック『世俗権力二論』友岡敏明訳，未来社，1976／『寛容論』山田園子訳（山田『ジョン・ロック『寛容論』の研究』溪水社，2006) ／『統治二論』(宮川透訳『統治論』中公クラシックス，2007／加藤節訳『完訳 統治二論』岩波文庫，2010／伊藤宏之訳『全訳 統治論』八朔社，改訂版2020) ／『人間知性論』全4冊，大槻春彦訳，岩波文庫，1972-77／『寛容についての手紙』(加藤節，李静和訳，岩波文庫，2018／山田園子訳『寛容書簡』京都大学学術出版会，2022) ／『ロック政治論集』山田園子，吉村伸夫訳，法政大学出版局，2007

フィルマー『著作集』伊藤宏之，渡部秀和訳，京都大学学術出版会，2016

柳原正治『グロティウス』清水書院，2000

太田義器『グロティウスの国際政治思想』ミネルヴァ書房，2003

柴田寿子『スピノザの政治思想』未來社，2000

淺沼和典『ハリントン物語』人間の科学社，1996／『近代共和主義の源流』人間の科学社，2001

田中秀夫，山脇直司編『共和主義の思想空間』名古屋大学出版会，2006

ダン『ジョン・ロック』加藤節訳，岩波書店，1987

加藤節『ジョン・ロックの思想世界』東京大学出版会，1987／『ジョン・ロック』岩波新書，2018

参考文献一覧 | **253**

大澤麦『自然権としてのプロパティ』成文堂，1995
中神由美子『実践としての政治，アートとしての政治』創文社，2003
武井敬亮『国家・教会・個人』京都大学学術出版会，2016
古田拓也『ロバート・フィルマーの政治思想』岩波書店，2018

12　アンシャン・レジームと啓蒙

スウィフト『桶物語・書物戦争』深町弘三訳，岩波文庫，1968／『スウィフト政
　治・宗教論集』中野好之，海保真夫訳，法政大学出版局，1989／『ガリヴァー旅
　行記』（富山太佳夫訳『『ガリヴァー旅行記』徹底注釈　本文篇』岩波書店，2013
　／柴田元幸訳『ガリバー旅行記』朝日新聞出版，2022など）
夏目漱石『文学評論』（『漱石全集』第15巻，岩波書店，1995）
ハーバーマス『公共性の構造転換』細谷貞雄，山田正行訳，未来社，第二版1994
高濱俊幸『言語慣習と政治』木鐸社，1996
小林章夫『コーヒー・ハウス』講談社学術文庫，2000
カント『啓蒙とは何か』（篠田英雄訳，岩波文庫，改版1974／中山元訳，光文社古
　典新訳文庫，2006）
ディドロ，ダランベール編『百科全書』桑原武夫訳編，岩波文庫，1971
フェヌロン『テレマックの冒険』（朝倉剛訳，現代思潮社，上下，1969／二宮フサ
　訳『テレマコスの冒険』（『ユートピア旅行記叢書4』岩波書店，1998）
モンテスキュー『法の精神』（野田良之他訳，岩波文庫，上中下，1989／井上堯裕
　訳，中公クラシックス，2016）／『ローマ人盛衰原因論』（田中治男，栗田伸子
　訳，岩波文庫，1989／井上幸治訳，中公クラシックス，2008）／『ペルシア人の
　手紙』田口卓臣訳，講談社学術文庫，2020
ヴォルテール『ルイ十四世の世紀』全4冊，丸山熊雄訳，岩波文庫，1958-83／
　『哲学書簡』林達夫訳，岩波文庫，改版1980／『哲学書簡　哲学辞典』中川信，
　高橋安光訳，中公クラシックス，2005／『寛容論』（中川信訳，中公文庫，2011
　／斉藤悦則訳，光文社古典新訳文庫，2016）
エリアス『宮廷社会』波田節夫他訳，法政大学出版局，1981
川出良枝『貴族の徳，商業の精神』東京大学出版会，1996
押村高『モンテスキューの政治理論』早稲田大学出版部，1996

保苅瑞穂『ヴォルテールの世紀』岩波書店，2009

井柳美紀『ディドロ 多様性の政治学』創文社，2011

上村剛『権力分立論の誕生』岩波書店，2021

13　文明社会

クルタン『クルタンの礼儀作法書』増田都希訳，作品社，2017

プーフェンドルフ『自然法にもとづく人間と市民の義務』前田俊文訳，京都大学学
　術出版会，2016

マンデヴィル『蜂の寓話』『続・蜂の寓話』泉谷治訳，法政大学出版局，新装版
　2015／『名誉の起源』壽里竜訳，法政大学出版局，2022

ハチスン『美と徳の観念の起原』山田英彦訳，玉川大学出版部 1983

デフォー『ロビンソン・クルーソー』武田将明訳，河出文庫，2011など／『イギリ
　ス通商案』泉谷治訳，法政大学出版局，2010

ディドロ『ブーガンヴィル航海記補遺』浜田泰佑訳，岩波文庫，1953

コンドルセ『人間精神進歩史』全2冊，渡辺誠訳，岩波文庫，1951

ファーガスン『市民社会史論』天羽康夫，青木裕子訳，京都大学学術出版会，2018

アダム・スミス『道徳感情論』（水田洋訳，岩波文庫，上下，2003／高哲男訳，講
　談社学術文庫，2013／村井章子，北川知子訳，日経BPクラシックス，2014）／
　『国富論』（大河内一男監訳，中公文庫，全3冊，改版2020／水田洋監訳，岩波
　文庫，全4冊，2000-1／高哲男訳，講談社学術文庫，上下，2020）

ケネー『経済表』平田清明，井上泰夫訳，岩波文庫，2013

ヒューム『人間本性論』（木曾好能他訳，法政大学出版局，全3巻，普及版2019／
　『道徳について』神野慧一郎，林誓雄訳，京都大学学術出版会，2019）／『道
　徳・政治・文学論集』（田中秀夫訳『政治論集』京都大学学術出版会，2010／田
　中敏弘訳，名古屋大学出版会，2011）

ルソー『学問芸術論』前川貞次郎訳，岩波文庫，1968／『人間不平等起原論』（本
　田喜代治，平岡昇訳，岩波文庫，改訳1972／小林善彦訳，中公クラシックス，
　2005／坂倉裕治訳，講談社学術文庫，2016）／『政治経済論（統治論）』阪上孝
　訳（『ルソー・コレクション 文明』白水社，2012）

木村俊道『文明の作法』ミネルヴァ書房，2010

ハーシュマン『情念の政治経済学』佐々木毅，旦祐介訳，法政大学出版局，1985

ホント『貿易の嫉妬』田中秀夫監訳，昭和堂，2009

安藤裕介『商業・専制・世論』創文社，2014

青木裕子『アダム・ファーガスンの国家と市民社会』勁草書房，2010

永見瑞木『コンドルセと〈光〉の世紀』白水社，2018

坂本達哉『ヒュームの文明社会』創文社，1995

犬塚元『デイヴィッド・ヒュームの政治学』東京大学出版会，2004

森直人『ヒュームにおける正義と統治』創文社，2010

林誓雄『襤褸を纏った徳』京都大学学術出版会，2015

14 独立・建国・革命

ルソー『ルソー全集』全14巻＋別巻2巻，小林善彦他訳，白水社，1979-84／『ル
　ソー・コレクション』全4冊，白水社，2012／『社会契約論』（桑原武夫，前川
　貞次郎訳，岩波文庫，1954／中山元訳，光文社古典新訳文庫，2008／作田啓一訳，
　白水社，2010）／『告白』（上中下）桑原武夫訳，岩波文庫，1965-6

カリエール『外交談判法』坂野正高訳，岩波文庫，1978

カント『永遠平和のために』（宇都宮芳明訳，岩波文庫，1985／中山元訳，光文社
　古典新訳文庫，2006／丘沢静也訳『永遠の平和のために』講談社学術文庫，
　2022）／『人倫の形而上学』第一部，熊野純彦訳，第二部，宮村悠介訳，岩波文
　庫，2024

ラス・カサス『インディアスの破壊についての簡潔な報告』染田秀藤訳，岩波文庫，
　1976

セプールベダ『第二のデモクラテス』染田秀藤訳，岩波文庫，2015

ペイン『コモン・センス』小松春雄訳，岩波文庫，1976／『人間の権利』西川正身
　訳，岩波文庫，1971

ハミルトン，ジェイ，マディソン『ザ・フェデラリスト』（齋藤眞，武則忠見訳，
　福村出版，1991／斎藤眞，中野勝郎訳，岩波文庫，1999）

シィエス『第三身分とは何か』稲本洋之助他訳，岩波文庫，2011

高木八尺他編『人権宣言集』岩波文庫，1957

バーク『崇高と美の観念の起原』中野好之訳，みすず書房，1999／『フランス革命

の省察』（半澤孝麿訳，みすず書房，新装版1997／中野好之訳『フランス革命についての省察』岩波文庫，上下，2000／二木麻里訳『フランス革命についての省察』光文社古典新訳文庫，2021）／『バーク政治経済論集』中野好之編訳，法政大学出版局，2000

ウルストンクラフト『人間の権利の擁護　娘達の教育について』清水和子他訳，京都大学学術出版会，2020

福田歓一『ルソー』岩波現代文庫，2012

川合清隆『ルソーとジュネーヴ共和国』名古屋大学出版会，2007

松森奈津子『野蛮から秩序へ』名古屋大学出版会，2009

川出良枝『平和の追求』東京大学出版会，2023

中野勝郎『アメリカ連邦体制の確立』東京大学出版会，1993

石川敬史『アメリカ連邦政府の思想的基礎』溪水社，2008

岸本広司『バーク政治思想の形成』御茶の水書房，1989／『バーク政治思想の展開』御茶の水書房，2000

中澤信彦，桑島秀樹編『バーク読本』昭和堂，2017

高橋和則『エドマンド・バークの国制論』法政大学出版局，2024

宇野重規『保守主義とは何か』中公新書，2016

川上洋平『ジョゼフ・ド・メーストルの思想世界』創文社，2013

網谷壮介『カントの政治哲学入門』白澤社，2018／『共和制の理念』法政大学出版局，2018

谷川稔『十字架と三色旗』岩波現代文庫，2015

15　西洋近代の風景

フィヒテ『ドイツ国民に告ぐ』早瀬明訳（『フィヒテ全集』第17巻，哲書房，2014）

ヘーゲル『歴史哲学講義』（上下）長谷川宏訳，岩波文庫，1994／『法の哲学』（上下）上妻精他訳，岩波文庫，2021

コンスタン『近代人の自由と古代人の自由　征服の精神と簒奪』堤林剣，堤林恵訳，岩波文庫，2020

トクヴィル『アメリカのデモクラシー』松本礼二訳，岩波文庫，全2巻，2005-8／『旧体制と大革命』小山勉訳，ちくま学芸文庫，1998／『フランス二月革命の

日々』喜安朗訳，岩波文庫，1988

ベンサム『道徳および立法の諸原理序説』（上下）中山元訳，ちくま学芸文庫，2022

ミル『初期著作集』全4巻，御茶の水書房，1979-97／『自由論』関口正司訳，岩波文庫，2020／『代議制統治論』関口正司訳，岩波書店，2019／『功利主義』関口正司訳，岩波文庫，2021／『ミル自伝』朱牟田夏雄訳，岩波文庫，1960

福沢諭吉『福沢諭吉著作集』全12巻，慶應義塾大学出版会，2002-3／『文明論之概略』松沢弘陽校注，岩波文庫，1995／『学問のすゝめ』岩波文庫，改版2008

中江兆民『三酔人経綸問答』桑原武夫，島田虔次訳・校注，岩波文庫，1965

バジョット『イギリス国制論』（遠山隆淑訳，岩波文庫，上下，2023／小松春雄訳『イギリス憲政論』中公クラシックス，2011）

幸徳秋水『帝国主義』山泉進校注，岩波文庫，2004

ヴェーバー『プロテスタンティズムの倫理と資本主義の精神』大塚久雄訳，岩波文庫，改訳1989

リップマン『公共哲学』小林正弥監訳，勁草書房，2023

熊谷英人『フィヒテ「二十二世紀」の共和国』岩波書店，2019

堤林剣『コンスタンの思想世界』創文社，2009

松本礼二『トクヴィル研究』東京大学出版会，1991／『トクヴィルで考える』みすず書房，2011

小山勉『トクヴィル』ちくま学芸文庫，2006

宇野重規『デモクラシーを生きる』創文社，1998／『トクヴィル　平等と不平等の理論家』講談社学術文庫，2019

高山裕二『トクヴィルの憂鬱』白水社，2012

柳愛林『トクヴィルと明治思想史』白水社，2021

小畑俊太郎『ベンサムとイングランド国制』慶應義塾大学出版会，2013

関口正司『自由と陶冶』みすず書房，1989／『J・S・ミル』中公新書，2023

遠山隆淑『「ビジネス・ジェントルマン」の政治学』風行社，2011／『妥協の政治学』風行社，2017

渡辺浩『日本政治思想史』東京大学出版会，2010

大久保健晴『福沢諭吉』講談社現代新書，2023

掲載写真一覧

図1-1 マキァヴェッリ，所蔵：Museo di Palazzo Vecchio，写真提供：ユニフォトプレス

図1-2 アリストテレス，所蔵：Museo nazionale romano di palazzo Altemps，写真提供：ユニフォトプレス

図1-3 ホッブズ，所蔵：National Portrait Gallery, London，写真提供：ユニフォトプレス

図1-4 「オピニオンに支配される世界」，所蔵：Royal Collection of Trust，写真提供：ユニフォトプレス

図2-1 アテナイのパルテノン神殿

図2-2 ペリクレスの演説，写真提供：ユニフォトプレス

図2-3 プラトン，所蔵：Musei Capitorini, Roma，写真提供：ユニフォトプレス

図2-4 アテナイの学堂，所蔵：Musei Vaticani，写真提供：ユニフォトプレス

図2-5 バーク，所蔵：National Portrait Gallery，写真提供：ユニフォトプレス

図2-6 デモクラシーと平和の理想，所蔵：U. S. Capitol Building，写真提供：ユニフォトプレス

図3-1 のちのルネサンス期における善政の寓意，所蔵：Palazzo Pubblico，写真提供：ユニフォトプレス

図3-2 アクロポリス南麓のディオニュソス劇場

図3-3 イソクラテス，所蔵：Museo Puškin delle belle arti di Mosca，写真提供：ユニフォトプレス

図3-4 ソクラテスの死，所蔵：Metropolitan Museum of Art，写真提供：ユニフォトプレス

図3-5 プラトン，所蔵：Musei Vaticani，写真提供：ユニフォトプレス

図4-1 シチリア，アグリジェントのギリシア神殿

図4-2 リュクルゴスのレリーフ，所蔵：U. S. Capitol Building，写真提供：ユニフォトプレス

図4-3 アリストテレス，所蔵：Musei Vaticani，写真提供：ユニフォトプレス

図5-1 南仏のポン・デュ・ガール

図5-2 元老院

図5-3 キケロ，所蔵：Musei Capitolini, Roma，写真提供：ユニフォトプレス

図5-4 カティリーナ弾劾演説，所蔵 Maccari Hall, Italian Senate, Palazzo Madama, Roma，写真提供：ユニフォトプレス

図6-1 レプティス・マグナのローマ劇場，写真提供：ユニフォトプレス

図6-2 エフェソスの図書館

図6-3 アダムの創造，所蔵：Sistine Chapel, Vatican，写真提供：ユニフォトプレス

図6-4 アウグスティヌス，所蔵：Chiesa di Ognissanti, Firenze，写真提供：ユニフォトプレス

図7-1 聖母子と皇帝コンスタンティヌス（右），ユスティニアヌス（左），所蔵：Hagia Sophia of Constantinople, Istanbul, Turkey，写真提供：ユニフォトプレス

図7-2 哲学と七自由学芸，所蔵：National Gallery, London，写真提供：ユニフォトプレス

図7-3 トマス・アクィナス，所蔵：Naitional Gallery, London，写真提供：ユニフォトプレス

図7-4 ダンテ，所蔵：Galleria degli Uffizi, Firenze, Italy，写真提供：ユニフォトプレス

図8-1 遠近法による理想都市の景観，所蔵：Galleria Nazionale delle Marche, Urbino, Italy，写真提供：ユニフォトプレス

図8-2 ペトラルカ，所蔵：Galleria degli Uffizi, Firenze, Italy，写真提供：ユニフォトプレス

図8-3 善政の景観，所蔵：Palazzo Pubblico, Siena，写真提供：ユニフォトプレス

図8-4 ウルビーノの宮殿

図8-5 壇上から語る痴愚神，写真提供：ユニフォトプレス

図8-6 ユートピア島，所蔵：The Library of Congress, Washington D. C.，写真提供：ユニフォトプレス

図9-1 フィレンツェ シニョリーア広場，所蔵：Museo nazionale di San Marco, Firenze, Italy，写真提供：ユニフォトプレス

図9-2 アキレウスを教育する半人半馬のケイロン，所蔵：National Archaeological Museum of Naples，写真提供：ユニフォトプレス

図9-3 マキァヴェッリ，所蔵：Galleria degli Uffizi, Firenze, Italy)，写真提供：ユニフォトプレス

図9-4 1530年のフィレンツェ包囲，写真提供：ユニフォトプレス

図9-5 サン・バルテルミの虐殺，所蔵：Musée cantonal des Beaux-Arts de Lausanne, Switzerland，写真提供：ユニフォトプレス

図10-1 スピード『グレイト・ブリテン帝国の劇場』，写真提供：ユニフォトプレス

図10-2 チャールズ1世の処刑，写真提供：ユニフォトプレス

図10-3 『リヴァイアサン』表題頁の上半部，写真提供：ユニフォトプレス

図10-4 『リヴァイアサン』表題頁の下半部，写真提供：ユニフォトプレス

図11-1 「デルフトの眺望」，所蔵：Mauritshuis，写真提供：ユニフォトプレス

図11-2 長期議会，所蔵：The British Museum，写真提供：ユニフォトプレス

図11-3 ロック，所蔵：National Portrait Gallery, London，写真提供：ユニフォトプレス

図11-4 『統治二論』表紙，写真提供：ユニフォトプレス

図12-1 コーヒー・ハウスの様子，所蔵：The Brirish Museum，写真提供：ユニフォトプレス

図12-2 『百科全書』第1巻（1772版）の口絵，写真提供：ユニフォトプレス

図12-3 ジョフラン夫人のサロン，所蔵：Musée national des châteaux de Malmaison et de Bois-Préau，写真提供：ユニフォトプレス

図12-4 ルイ14世とペルシアからの使節，写真提供：ユニフォトプレス

図12-5 モンテスキュー，所蔵：Collection Chateau Versailles，写真提供：ユニフォトプレス

図12-6 ヴォルテール，所蔵：Musée Antoine-Lécuyer, Saint-Quentin, France，写真提供：ユニフォトプレス

図13-1　18世紀中葉のロンドン・ホワイトホール，個人蔵，写真提供：ユニフォトプレス

図13-2　ロンドン王立取引所，所蔵：Yale Center for British Art，写真提供：ユニフォトプレス

図13-3　ヒューム，所蔵：National Galleries Scotland，写真提供：ユニフォトプレス

図13-4　ルソー，所蔵：National Galleries Scotland，写真提供：ユニフォトプレス

図14-1　ルソー，所蔵：Musée Antoine-Lécuyer, Saint-Quentin, France，写真提供：ユニフォトプレス

図14-2　アメリカ独立宣言，所蔵：United States Capitol，写真提供：ユニフォトプレス

図14-3　アメリカ憲法の署名，所蔵：United States Capitol，写真提供：ユニフォトプレス

図14-4　ノートルダム大聖堂における「理性の祭典」，所蔵：Bibliothèque nationale de France，写真提供：ユニフォトプレス

図14-5　バークの諷刺画，所蔵：Yale Center for British Art

図15-1　ドラクロワ「自由の女神」，所蔵：Louvre Museum，写真提供：ユニフォトプレス

図15-2　トクヴィル，所蔵：Château de Versailles，写真提供：ユニフォトプレス

図15-3　J.S.ミル，写真提供：ユニフォトプレス

図15-4　女性の政治参加を求めるミル，所蔵：National Archives，写真提供：ユニフォトプレス

図15-5　福澤諭吉『西洋事情』初編，所蔵：慶應義塾福澤研究センター，写真提供：ユニフォトプレス

あとがき

　本書では古代ギリシアから近代までの西洋，あるいはヨーロッパを舞台とした政治思想の歴史を探究してきました。この歴史の語り方は幾通りも考えられます。本書ではとくに第3章以降，プラトンやアリストテレスをはじめとする古典との対話を織り交ぜながら，古代ギリシアからの系譜を順に辿ってきました。そうした歴史の流れや文脈を意識することで，これまでとは少し異なる風景が見えてきたのではないかとも思います。

　本書の特徴を挙げるとすれば，その一つは，デモクラシーの観点からは空白となる古代ギリシアと近代の間に少し記述の比重を置いたことにあります。言い換えれば，本書は古代から初期近代にかけての時代に育まれた政治的な教養，あるいは古典的（とも言える）政治学の所在に着目しようとしました。そこではまた，ポリスやレス・プブリカ，帝国，キリスト教共同体，都市や宮廷，主権国家や複合国家，アンシャン・レジーム，文明社会などを舞台として，レトリックや統治の技術，あるいは非政治の主張などを含め，人間の営為としての政治をめぐる多彩な理念やオピニオンが展開され，伝えられてきました。

　古典との対話に加え，西洋政治思想における歴史の役割を重視する，言わば政治学の稽古を行うという本書のスタンスは，ある意味では古代以来の教養や人文主義の伝統と重なるところがあるかもしれません。なお，その反面，本書では19世紀以降の記述が薄くなってしまいましたが，その歴史はむしろ，現代政治理論の展開として，あるいは日本などを含めた広い観点からも語り直すことができるようにも思います。

　もっとも，この西洋政治思想という巨大な山脈に沿った，その長い道

程を独りで歩くのは，やはり無謀な試みでした。筆者の力不足はもちろんですが，歴史の文脈は錯綜しており，それを通史として，あるいは一つの「物語」として編みあげることは極めて困難であると言えます。また，古典的なテクストや研究書などを読み直すなかで，数えきれない程の思い込みや誤解があったことに今更ながら気づき，その度に愕然としました。それぞれの時代や思想家を専門とする方からは，なおも多く残された誤りについて，厳しいご批判やお叱りをいただくことになるかと思います。

　予想はしていたものの，それを遥かに超える重圧のなか，幾度となく立ちすくみ，執筆を諦めかけましたが，その度に多くの方々に助けていただきました。とくに九州大学の岡﨑晴輝先生，柳愛林先生，熊本高専の遠山隆淑先生には，大変お忙しいなか原稿に目を通していただき，とても有益なコメントや貴重なご意見，そして心に染みる励ましを頂戴しました。また，この拙い講義に耳を傾けてもらった学生のみなさんに改めて感謝いたします。

　最後に，このような貴重な機会と大きな試練を与えていただいた放送大学の山岡龍一先生に深く感謝申し上げます。先生からいただいたご助言やご配慮，そして先生の書かれた『西洋政治理論の伝統』は進むべき方向を照らしてくれました。慣れない収録に際しては佐藤洋一さんに色々と助けていただきました。そしてまた，とても丁寧かつ周到な編集作業を通じて，多くの困難を乗り越えるための力添えをいただいた山下龍男さんに心より御礼申し上げます。

木村俊道

263

索 引

●配列は数字順・50音順，＊は人名（伝説や神話上のものも含む）。

●数字
12世紀ルネサンス　103, 108, 109

●あ 行
アート　18, 43, 134, 137, 141, 145, 154, 155, 159, 175, 178, 236, 250, 253
アヴェロエス（＝イブン・ルシュド）＊ 108, 114
アウグスティヌス＊　19, 26, 88, 96〜102, 112, 119, 244, 248
『アエネーイス』　91, 102, 248
悪　16, 17, 50, 67, 89, 98, 111, 131, 139, 140, 193
アクィナス，トマス（トマスだけの表記も含む）＊　103, 109〜117, 146, 161, 248, 249
『アグリコラ』　91, 102, 247
アダム＊　94, 95, 98, 99, 176
アタラクシア＝心の平静　74, 93, 102
アディソン＊　182, 198
アテナイ　27〜35, 45〜49, 52, 54, 56, 58〜61, 73〜75, 84, 86, 90, 92, 138, 142, 168, 196, 205, 208
『アテナイ人の国制』　66, 72, 246
『アテネとローマにおける貴族・平民間の不和抗争』　182, 194
アナーキー　30, 148, 151, 153, 160
アパテイア　75
『アメリカのデモクラシー』　38, 41, 230, 231, 233, 234, 242, 245, 256
アリストテレス＊　3, 11, 14, 15, 17, 23, 26, 27, 34, 35, 38, 41, 42, 44, 53, 56, 58, 60〜66, 68〜75, 79, 80, 100, 107〜110, 112〜116, 121, 123, 127, 129, 137, 142, 145, 158, 159, 169, 198, 225, 244〜247, 261

『アレオパジティカ』　167, 179
アレント，ハンナ＊　17, 26, 63, 244
アンシャン・レジーム　180, 183〜185, 189, 196, 207, 211, 222, 231, 241, 253, 261
『アンティドシス』　46
イエス＊　94〜96
『イギリス国制論』　240, 242, 257
『イギリス通商案』　199, 210, 254
イスラム　14, 16, 104, 105, 108, 116, 238
『為政者在位論』　168, 179
イソクラテス＊　32, 41, 46, 47, 51, 56, 69, 74, 80, 81, 83, 127, 168, 245, 246
一般意志　212〜214
イデア　47, 55, 56, 61
イブン・ルシュド（＝アヴェロエス）＊ 108, 114
イメージ　20, 21, 27, 36〜39, 49, 59, 60, 67, 74, 75, 89, 200, 213
『イングランド史』　204
『イングランド法の礼賛について』　156, 251
インペリウム　76, 88, 91〜93, 116, 152
ヴァッテル＊　215, 218
ヴァッラ，ロレンツォ　121, 127
ウァレリウス，ププリウス＊　78, 218
ウィッグ　24, 175, 181, 205, 207, 223
ウィリアムズ，ロジャー　216
ヴィルトゥ　138
ウェーバー，マックス＊　16, 26, 240, 242, 244
ヴェネツィア　108, 121, 134, 143, 165, 169, 211
ウェルギリウス＊　90, 102, 116, 248
ヴォルテール＊　180, 185, 186, 192〜196,

200, 210, 222, 223, 253, 254

ウルストンクラフト，メアリ* 225, 256

ウルビーノ 122, 124

運命 119, 120, 135, 138

『永遠平和のために』 184, 215, 255

『英雄伝』（『対比列伝』） 59, 72, 90, 102, 246

エウセビオス* 96, 248

『エセー』 151, 164, 251

エピクロス* 74, 80, 87, 247

エピクロス派 19, 74

エピステーメー 62

『エミール』 215

エラスムス，デシデリウス* 118, 125〜128, 130〜133, 139, 145, 182, 249, 250

演技 71, 126, 129, 131, 140

王権 37, 92, 114, 116, 132, 155, 156, 165, 167, 168, 181, 184, 185, 193, 196, 251

王権神授説 155, 175, 185, 207

王政 68, 70, 76, 78, 79, 151, 156, 181, 217, 218

王政復古 156, 165, 167, 168, 170, 172, 175, 180, 224

オークショット，マイケル* 18, 26, 244

『桶物語』 182, 194, 253

『オシアナ共和国』 169, 179, 252

オデュッセウス* 29, 130, 185

オピニオン 20, 21, 157, 158, 167, 182, 183, 193, 196, 206, 207, 220, 242, 244, 261

オリエント 30, 67, 74

オルテガ・イ・ガセット* 39

音楽 20, 55, 69, 108, 125

穏和 191, 192, 200, 206, 207

··

●か 行

カール5世* 127, 145, 146

懐疑 152, 166, 204

解釈学 22, 23

カエサル* 85, 86, 88, 90, 95, 122, 169, 247

『学問技芸論』（学問芸術論） 80, 208, 210

『学問の進歩』 155, 163, 250

カスティリオーネ，バルダッサーレ* 118, 124, 125, 127, 131, 133, 197, 249

家政 67, 199, 201

ガダマー，ハンス゠ゲオルク* 23, 26, 245

カッシーラー，エルンスト* 21, 26, 244

活動的生活 63, 80, 93, 121, 124, 131

「カティリーナ弾劾」 82, 87

寡頭政 35, 48, 55, 68, 70, 79, 178

カトリック 105, 132, 146〜148, 150, 153, 156, 157, 163, 171, 173〜175, 178, 180〜182, 233

「可能性の技術」 17, 18, 20

「神の国」 99〜101, 112

『神の国』 19, 26, 88, 97, 98, 99, 102, 244, 248

『ガリア戦記』 90, 247

『ガリヴァー旅行記』 182, 253

カリエール* 215, 255

カルヴァン，ジャン* 146, 147, 149

カルヴァン派 146, 148, 151, 156, 182

『寛恕について』 92, 93, 102, 146

観想的生活 19, 63, 74, 124

カント，イマヌエル* 183, 184, 194, 204, 215, 225, 253, 255, 256

寛容 17, 150〜152, 165, 172〜174, 178, 181, 194, 216, 252

『寛容についての手紙』 172, 173, 179, 252

『寛容論』（ヴォルテール） 194, 195, 253

『寛容論』（ロック） 172〜174, 179, 252

キウィタス 77, 80, 83〜85, 92, 99, 111, 153, 159, 160, 178, 197, 239

議会 20, 37, 156, 157, 161, 162, 165, 167,

168, 171, 178, 180, 181, 197, 223, 224, 234

キケロ（キケローも含む）* 17, 34, 44, 73, 75, 76, 79〜89, 92, 97, 99, 100, 101, 107, 119, 121, 131, 142, 166, 197, 246, 247

技術 17, 18, 20, 27, 28, 40, 45, 50, 51, 53, 169, 206, 261

貴族政 30, 68, 70, 79, 112, 190, 213, 214

ギボン，エドワード* 91, 102, 247

『義務について』 85〜87, 197, 247

『旧体制と大革命』 231, 242, 256

宮廷 12, 20, 91, 93, 109, 118, 121, 124〜127, 130, 136, 153, 164, 168, 181, 185, 192, 193, 197, 240, 253, 261

『宮廷人』 124〜127, 130〜133, 138, 197, 249

『旧約聖書』 94, 157, 160, 163, 248

教育 42, 44, 55〜57, 60, 69, 70, 76, 78, 127, 133, 139, 185, 203, 215, 237

教会 20, 95, 96, 99, 101, 103〜107, 109, 114, 116, 126, 127, 132, 146, 147, 156, 163, 164, 173, 184, 193, 196, 248, 253

教会法学 107

共感 36, 202, 205, 234

教権 103, 106, 107, 116

教皇 104, 106, 107, 114〜116, 120, 126, 128, 132, 135, 138, 139, 145〜147, 155, 187

教皇至上権 107, 114〜116

共産主義 21

『共産党宣言』 239

共通善 78, 109, 111, 113, 115, 142, 165, 170

共同体 17, 28, 60, 66, 71, 73, 83, 85, 89, 91, 95, 100, 105, 109, 111, 113, 115, 122, 132, 139, 151〜153, 159, 176, 178, 212, 213, 228

恐怖 21, 37, 52, 160〜162, 177, 191, 225, 228

共和主義 24, 123, 141, 168, 200, 217, 252

共和政 16, 36, 59, 60, 63, 70, 73, 75〜80, 85, 86, 88, 91, 93, 120, 122, 123, 141〜146, 156, 158, 164, 165, 168, 169, 184, 188, 190, 191, 200, 214, 218〜222, 225, 228

『ギリシア人の教育』 44, 57, 246

キリスト教共同体 103, 105, 106, 113, 114, 116, 126, 248, 261

『キリスト教綱要』 147, 149, 250

キリスト教人文主義 127

『キリスト者の君主の教育』 127, 133, 145

近代 4, 15, 21, 37, 40, 44, 61, 63, 66, 75, 118, 119, 150, 169, 175, 177, 183, 201, 202, 227, 229〜231, 240, 241, 244, 256, 261

「近代人の自由と古代人の自由」 229, 242, 256

クインティリアヌス* 83, 87, 247

寓意（画） 20, 43, 160, 182, 183

寓話 129, 187, 198, 210, 254

籤 30, 51, 54, 190

クセノポン* 60, 72, 246

クラウディウス* 90, 188

クリック，バーナード* 36, 41, 245

クルタン，アントワーヌ・ド* 197, 210, 254

クレイステネス* 29, 30, 32, 46

グロティウス，フーゴー* 166, 171, 198, 252

クロムウェル* 156, 157, 167〜169

君主政 32, 36, 46, 56, 112, 113, 122, 143, 145, 165, 168〜170, 178, 180, 189〜191, 206, 207, 213, 214, 219, 221, 222, 228, 236

君主の鑑　113
『君主の統治について』　112, 113, 117, 248
『君主論』　12, 120, 128, 134, 135, 137, 138,
　140〜145, 148, 250
系譜学　22, 23, 26
啓蒙　13, 166, 171, 180, 183〜185, 196, 197,
　201, 202, 204, 207〜209, 243, 253
『啓蒙とは何か』　183, 194, 253
「ゲティスバーグ演説」　39, 239
ケネー，フランソワ*　201, 210, 254
『ゲルマニア』　91, 92
ゲルマン　15, 101, 103, 104, 106, 169
『現代の不満の原因を論ず』　223, 226
ケンブリッジ学派　11, 22, 23, 25
権利章典　181
権利の請願　156
権力分立　178, 254
元老院　76, 77, 79, 84, 85, 90, 114, 142, 169,
　170, 188
公会議主義　114
公共善　176, 177
『公共哲学』　241, 242, 257
皇帝　88, 90〜93, 95, 96, 100, 103〜107, 109,
　115, 116, 127, 135, 140, 145, 152, 225,
　228
『校訂新約聖書』　127
幸徳秋水　240, 242, 257
公平な観察者　203
『功利主義』　234, 242, 257
功利主義　234
コーヒー・ハウス　20, 181, 196, 253
国制　15, 35, 39, 52, 56, 58, 59, 65, 66, 68
　〜72, 79, 109, 190, 191, 246, 256
『告白』　96, 97, 102, 211, 225, 248, 255
『国富論』　202, 203, 210, 217, 226, 254
国民国家　89
『心の平静について』　93, 102

個人　36, 39, 53, 54, 63, 66, 74, 94, 118, 119,
　152, 159, 160, 169, 174, 191, 201, 212,
　220, 228, 229, 234, 235, 253
コスモス　74
コスモポリタニズム　75, 92, 247
個性　228, 235, 236
『国家』　11, 33, 41, 42, 47, 52, 55〜57, 60,
　69, 245, 246
『国家について』　79, 80, 83, 84, 87, 89, 92,
　101
国家理性　150, 152, 154, 199
『国家理性論』　154, 164, 251
『国家論』　152, 164, 251
国教会　132, 156, 164, 170, 182
『この世の権威について』　147, 149
護民官　77, 79, 142
コムーネ　121, 124
コモンウェルス　159〜164, 167, 173, 174,
　178, 180
古来の国制　24, 92, 156, 167, 180, 223, 224
コリングウッド*　23, 26, 245
ゴルギアス*　45, 49, 81, 246
『ゴルギアス』　45, 49, 53, 57, 63, 81, 246
コンヴェンション　205
混合政体　36, 70, 73, 79, 84, 113, 142, 153,
　157, 165, 167, 169, 182, 206
コンスタン，バンジャマン*　229, 242,
　256, 257
「コンスタンティヌスの寄進状」　107, 121
コンテクスト　11, 24, 25
コンドルセ*　201, 221, 254, 255
コンフェッショナリズム　148, 151, 207
....

●さ　行
『ザ・フェデラリスト』　36, 41, 211, 218,
　219, 226, 232, 245, 255
サラマンカ学派　110, 146, 216

サルターティ，コルッチョ* 122, 123, 132, 135, 141, 249

サロン 20, 185, 186, 196, 229

サン＝ピエール，アベ・ド* 215

三王国戦争 156, 158, 165

三権分立 191, 221

『三酔人経綸問答』 239, 242, 257

シィエス，エマニュエル* 222, 226, 255

シヴィリティ 197, 207, 227

J.S. ミル* 21, 26, 39, 227〜239, 242, 244, 257

ジェイ，ジョン* 218, 226, 245, 255

シェイクスピア* 140, 148

ジェイムズ（6 世スコットランド王，1 世イングランド王）* 155〜157, 184

ジェイムズ（2 世）* 175, 178, 181

ジェファソン，トマス* 217, 230

自己愛 99, 198, 200, 203

『仕事としての政治』（『職業としての政治』） 16, 26, 244

自己保存 160, 161, 198, 209

詩人 19, 90, 116, 119, 121, 128, 234

自然 17, 66, 67, 74, 92, 95, 110, 111, 113, 153, 159, 160, 163

自然権 160, 161, 177, 218, 222, 224, 253

自然法 17, 74, 88, 92, 111, 112, 115, 152, 161, 166, 176, 177, 198, 205, 209, 210, 218, 234, 251, 254

『自然法と万民法』 198

執行権 177, 178

執政官 30, 76〜80, 82, 88, 90, 142

実践学 58, 62, 63

実践知 18

支配の秘密 154

市民 4, 29, 30〜34, 38, 43〜45, 48, 50〜52, 56, 58, 59, 61, 63, 64, 68, 69, 74, 75, 77, 83, 86, 90, 92, 93, 115, 120, 122, 139, 145, 153, 170, 198, 200, 210, 213, 217, 219, 221, 229, 231, 232, 236, 254

市民権 89

市民宗教 214, 222

市民的公共圏 180, 182

市民的人文主義 121, 123, 141

『市民論』 158, 159, 164, 251

社会契約 159, 162, 180, 201, 205, 207, 212

『社会契約論』 38, 41, 75, 211〜213, 215, 226, 245, 255

社会性 85, 111, 113, 159, 166, 198

社交 185, 186, 189, 196〜199, 201, 202, 204 〜206, 209

社交性 198

奢侈 38, 60, 187, 200, 214

社団国家 184, 191

シャフツベリ伯（第 3 代）* 198

自由 3, 13, 15, 17, 21, 26, 33〜37, 43, 55, 73, 78, 79, 84, 91〜93, 96, 98, 116, 120, 123, 142, 144, 156, 161, 162, 165〜168, 170〜174, 176, 177, 181, 183, 186, 188〜191, 193, 198, 201, 206, 209, 212〜214, 217〜225, 227〜239, 242, 248, 250, 251, 252, 256, 257

自由意志 98, 138, 158, 232

自由学芸 43, 108, 109, 120

宗教改革 119, 132〜134, 145, 146, 150, 249, 250

『自由共和国建設論』 168, 179

自由原理 235, 238

修辞学 44, 60, 62, 97, 202, 246

自由主義 25, 150, 175, 178, 180, 229, 233

自由人 31, 43, 58, 67, 69〜71, 86, 127

習俗 20, 38, 187, 190, 196, 197, 200, 208, 214, 215, 224, 230, 232

『自由論』 26, 233, 234, 236, 238, 242, 244, 257

主権 149, 152～154, 162, 177, 178, 212～214, 229, 251

主権国家 16, 115, 150, 151, 153, 154, 156, 218

主権者 152, 153, 161～164, 203, 204, 212, 213, 232, 235

守護者 54, 55, 59

シュミット，カール* 16, 244

商業 196, 199～202, 215, 229, 253, 255

小スキピオ（スキピオ・アエミリアヌス）* 78, 80, 83, 84

情念 20, 74, 171, 184, 200, 204, 205, 208, 255

『小ロレンツォ公没後のフィレンツェ統治論』 145, 148

「書簡」 12, 25, 136, 137, 141, 148, 244

初期近代 24, 36, 70, 123, 150, 154, 165, 196, 207, 210, 211, 227, 261

植民地 15, 90, 151, 155, 199, 200, 203, 216, 217, 223, 233, 238

思慮 18, 34, 43, 46, 47, 49, 62, 63, 65, 137, 141, 144, 145, 154, 155, 159, 169, 173, 175, 178

『神学・政治論』 36, 166, 179, 252

『神学大全』 109, 110, 113, 117, 248, 249

『神曲』 115, 116, 122

人権 13, 225

人権宣言 37, 217, 222, 226, 255

新ストア主義 153

神聖ローマ帝国 104, 106, 126, 134, 146, 151, 228

信託 177, 178, 212

人文学 120, 123, 153

人文主義 23, 43, 44, 76, 118, 120～128, 132～134, 136, 137, 141, 145, 146, 155, 158, 159, 166, 175, 249, 261

「人民協約」 36, 167

人民主権 38, 115, 213

『新約聖書』 94, 102, 117, 127, 133, 248

『真理と方法』 23, 26, 245

『人倫の形而上学』 225, 255

神話 20, 27～29, 42, 185

スウィフト，ジョナサン* 182, 194, 253

枢要徳 43, 54

スキナー，クエンティン* 23, 24, 26, 245, 250

スコットランド啓蒙 166, 196, 201, 202, 204

スコラ学 109, 121

ステイト 153, 154, 159, 160, 178

ストア 88, 153, 161

ストア哲学 88, 92

ストア派 19, 74, 75, 93, 247

スパルタ 29, 31, 46, 48, 55, 56, 58～60, 76, 79, 90, 142, 143, 200, 208, 211, 213

スピノザ* 36, 166, 171, 173, 179, 252

『スペクテイター』 182, 198

スミス，アダム* 196, 201～205, 207, 210, 217, 226, 254

正義 17, 28, 42, 43, 50, 52～54, 65, 100, 116, 151～153, 187, 205, 255

『政治学』 11, 15, 26, 34, 41, 58, 61, 64, 66, 68～72, 112, 244～246

『政治学六巻』 153

政治経済学 201, 203, 255

『政治思想の未来』 25, 26, 245

政治社会 169, 174, 177

政治的寛容 151, 251

「政治的判断」 18, 25

政治哲学 25, 42, 47, 49, 52, 131, 159, 162, 195, 243, 245, 247, 256

『政治における合理主義』 18, 26, 244

政治理論 25, 243, 253

正戦論 166

政体　28, 31, 36, 52, 55, 68, 70, 78, 79, 112, 113, 122, 142, 143, 152, 153, 167, 169, 189〜192, 206, 213, 214, 230

政体循環論　79, 142

政党　223

政務官　76, 77, 86, 188

世界君主政　189

絶対王政　151, 178, 184

絶対主義　151

節度　28, 43, 54, 65, 86

セネカ*　75, 92, 93, 102, 127, 146, 153, 248

ゼノン*　74

セプールベダ*　216, 255

『世論』　21, 26, 241, 244

善　16, 17, 46, 50, 55, 63〜67, 98, 111, 112, 152, 168, 178, 185, 191〜193

選挙　30, 32, 38, 70, 85, 107, 167, 214

僭主　29, 33, 34, 45, 55, 60, 67, 68, 70, 71, 79, 114, 122, 124

『僭主論』　122, 123, 132, 249

専制（政体）　67, 74, 182, 189〜191, 219, 231, 233, 235, 236, 238, 255

戦争状態　161, 176, 178, 189

『戦争と平和の法』　166, 252

『戦争の技術』　139

全体主義　13, 17, 21, 34, 47, 213, 240

想像　20, 21, 126, 136, 182, 217, 242, 251

ソールズベリーのジョン（ヨハネス）*　109, 117, 248

ソクラテス*　33, 42, 47〜52, 55, 60, 73, 81, 128, 234, 235, 246

『ソクラテスの弁明』　47, 48, 56, 246

ソフィスト　45, 48, 49, 51, 52, 246

ソロン*　29, 32, 46, 59, 145

存在の連鎖　111

●た　行

大学　103, 107〜109, 115, 116

代議制　214, 237

『代議制統治論』　21, 26, 236, 242, 244, 257

代表民主制　37

「第九書簡」　85

大権　178

『第三身分とは何か』　222, 226, 255

大衆　27, 33, 39〜41, 235, 239, 245

「第七書簡」　51, 57

『対比列伝』（『英雄伝』）　89, 208, 246

大陸自然法学　198

タキトゥス*　88, 90, 91, 93, 102, 153〜155, 247

タキトゥス主義　153

多数の暴政　39, 228, 231

ダン，ジョン*　23, 25, 26, 36, 245, 252

ダンテ・アリギエーリ*　115〜117, 119, 120, 122, 136, 137, 249

『痴愚神礼讃』　127〜130, 133, 249

秩序　17, 33, 34, 54, 95, 111, 112, 119, 134, 146, 147, 151〜153, 160, 169, 170, 172, 181, 190, 197, 200, 211, 214, 223, 227, 230, 233, 256

「地の国」　99, 112

チャールズ1世*　156, 157, 159, 169

直接民主制　29

帝権　103, 106, 107, 115, 116

抵抗権　36, 153

帝国　32, 73, 74, 88〜91, 94, 95, 101

『帝国主義』　240, 242, 257

『ディスコルシ』　75, 76, 87, 123, 134, 135, 141〜144, 147, 148, 165, 200, 250

帝政　63, 78, 86, 88, 91〜94, 153, 189, 233

『帝政論』　115, 117, 249

ディドロ，ドニ*　183, 186, 195, 200, 208, 253, 254

テイラー，チャールズ* 21, 244
ディルタイ，ヴィルヘルム* 23, 245
デカルト* 158
デコールム 86, 131, 197
デスポティズム 74
テセウス* 29, 59, 138
『哲学原理』 158
『哲学書簡』 192, 193, 195, 196, 210, 253
『哲学的註解』 171, 179, 193
哲人王 52, 54, 55, 59, 84, 130
デフォー，ダニエル* 182, 199, 210, 254
デモクラシー 3, 13, 14, 17, 22, 24, 25, 27
　〜42, 45〜48, 51, 52, 54, 55, 59, 70, 73〜
　75, 84, 89, 142, 150, 159, 165, 167, 168,
　175, 178〜180, 211, 213, 218, 220, 222,
　225, 227, 228, 230〜236, 238〜242, 245,
　252, 256, 257, 261
デモステネス* 73, 74, 86, 87, 123, 247
『テレマックの冒険』 185, 187, 195, 253
テロス 61
『ドイツ国民に告ぐ』 228, 256
トゥキュディデス* 31, 32, 35, 36, 41, 42,
　158, 245
『統治二論』 175, 178〜181, 194, 216, 226,
　252
『道徳感情論』 202, 203, 210, 254
『道徳・政治・文学論集』 26, 204〜206, 210,
　254
道徳哲学 120, 198, 201, 202
党派 36, 122, 173, 181, 182, 207, 219〜221
東洋 16, 186, 187, 215, 236
トーリ 136, 137, 175, 181, 207
徳 17, 42〜44, 51, 54, 58, 59, 65, 66, 69,
　80, 83, 85, 93, 121, 125, 128, 138, 139,
　168, 170, 187, 190, 191, 194, 198, 200,
　202, 207〜209, 228, 237, 253〜255
トクヴィル，アレクシ・ド* 38, 39, 41, 227,

230〜234, 238, 239, 241, 242, 245, 256,
　257
ドクサ 47
独裁官 77, 85
独裁政 29, 33〜35, 37, 55
独立 17, 142, 151, 176, 210, 211, 215, 217,
　221, 223, 227, 235, 239
独立宣言 217, 221, 238
都市 20, 43, 46, 75, 77, 93, 109, 113, 118,
　119, 121〜125, 129, 142, 169, 186, 196,
　206, 229
トマス・モア* 118, 125, 126, 129, 132,
　133, 249, 250
富 15, 60, 68, 187, 190, 199〜201, 203,
　209, 231
ド・メーストル，ジョゼフ* 222, 256
トラシュマコス 45, 52, 81
奴隷 29, 31, 39, 53, 67, 71, 74, 93, 95, 176,
　185, 191, 199, 205, 216, 217, 238, 239
······································
●な 行
内戦 16, 20, 36, 84, 148, 150, 156〜158,
　160, 162, 164, 167, 169, 170, 176, 180,
　184, 239
中江兆民* 215, 239, 242, 257
ナショナリズム 25, 228
ナポレオン* 34, 225, 228, 229, 233
ナント勅令 171, 193
『ナンニ・デッリ・ストロッツィに捧げた
　追悼演説』 123, 132, 249
ニーチェ* 22, 26, 53, 240
『ニコクレス』 32, 41
『ニコマコス倫理学』 58, 61, 62, 64, 65,
　72, 246
二重真理説 114
日本 12, 15, 16, 130, 165, 173, 215, 238,
　239, 241, 261

『ニュー・アトランティス』 130
『人間』 21, 26, 244
人間的教養 79〜81, 84
『人間の条件』 17, 25, 63, 244
『人間不平等起原論』 208, 210, 211, 225, 254
『人間本性論』 204, 210, 254
ネイション 89, 229
『年代記』 90, 91, 93, 102, 247

●は　行
バーク，エドマンド* 37〜39, 41, 211, 221〜226, 231, 245, 250, 255, 256
バーリン，アイザイア* 21, 26, 244
パイデイア 42
バジョット，ウォルター* 239, 240, 242, 257
パスカル* 193, 198
ハチスン，フランシス* 198, 202, 254
『蜂の寓話』 198, 210, 254
『発想論』 81, 82, 87
パトニー討論 36, 167, 179
派閥 36, 219, 220, 221
ハミルトン，アレグザンダー* 41, 218, 219, 226, 245, 255
パラダイム 14, 94, 101, 116, 158, 177, 180
ハリントン，ジェイムズ* 165, 168〜170, 179, 181, 252
半澤孝麿 13, 26, 41, 226, 244, 245, 248, 256
『反暴君論』 151
ヒエロニムス 96, 97
東ローマ（ビザンツ） 103〜106
非政治 17, 18, 63, 73, 74, 93, 95, 96, 261
ビトリア 216
『ビヒモス』 20, 26, 150, 156〜158, 164, 170, 179, 244, 251
『百科全書』 180, 183, 186, 195, 200, 253

ヒューム，デイヴィッド* 20, 26, 196, 204〜207, 209, 210, 219, 254, 255
ピューリタン 156, 171
ピューリタン革命 156
平等 17, 31〜33, 35, 37, 38, 95, 114, 123, 145, 147, 160, 161, 167, 169, 176, 177, 186, 190, 191, 214, 217, 220, 222, 225, 227, 228, 230, 231, 257
『ピリッピカ』 86
ピリッポス 2 世* 73
「ピリッポス弾劾演説」 73, 86
廣川洋一 44, 57, 246
広場 20, 28, 48, 58, 82, 85, 124
ファーガスン，アダム* 202, 254, 255
フィクション 20, 126, 182, 183
フィジオクラット 201
フィヒテ* 228, 256, 257
フィルマー，ロバート* 67, 175, 176, 252, 253
フィレンツェ 12, 115, 120〜124, 132, 134, 135, 138, 141, 144〜146, 148, 165, 250
フィロゾーフ 183
フーコー，ミシェル* 22, 23, 26, 244
プーフェンドルフ，ザムエル・フォン* 166, 198, 210, 254
フェヌロン，フランソワ* 185, 195, 253
フォーテスキュー，ジョン* 156, 251
複合国家 150, 151, 156, 170, 251, 261
福沢諭吉* 221, 238, 242, 257
父権論 67, 175
フマニタス 80
プラトン* 3, 11, 18, 21, 27, 33〜35, 41〜57, 59〜63, 69, 74, 75, 80, 81, 84, 85, 107, 119, 123, 124, 127, 128, 130, 145, 225, 240, 245, 246, 261
フランクリン，ベンジャミン* 221, 222
フランス革命 27, 34, 36〜38, 184, 210, 211,

221〜228, 255
『フランス革命の省察』 37, 41, 211, 223, 226, 245, 255
フリードリヒ2世* 109, 184, 192
ブリストル演説 223
ブリテン 16, 24, 75, 90, 91, 150, 154〜156, 164, 165, 180, 181, 184, 206, 207
ブルーニ，レオナルド* 118, 122, 123, 132, 135, 141, 146, 249
ブルクハルト* 118, 132, 134, 249
プルタルコス* 59, 72, 89, 90, 102, 208, 246
『プロタゴラス』 27, 28, 41, 45, 245
『プロテスタンティズムの倫理と資本主義の精神』 240, 242, 257
プロパティ 176〜178, 253
文明 13〜15, 46, 77, 104, 125, 130, 184, 197, 200, 201, 227, 231, 234, 238〜240, 250, 254
文明社会 20, 196, 198, 202〜204, 206, 207, 209, 211, 223, 224, 235, 254, 255, 261
『文明論之概略』 239, 242, 257
ベイコン，フランシス* 21, 90, 102, 130, 155, 158, 164, 204
ペイシストラトス* 29
平和 17, 32, 39, 43, 78, 91, 99, 100, 101, 115, 116, 139, 153, 160, 161, 166, 170, 189, 200, 215, 229, 232, 256
『平和の訴え』 127, 128, 133, 249
『平和の擁護者』 115, 117, 249
ペイン，トマス* 216, 217, 225, 226, 255
ヘーゲル* 12, 228, 242, 256
ベール，ピエール* 171〜173, 179, 193, 252
ペトラルカ，フランチェスコ* 118〜121, 126, 132, 136, 137, 249
ペリクレス* 31, 32, 42, 44, 46, 47, 51, 63, 81, 123

ペルシア 30, 31, 46, 60, 67, 73, 88, 138, 186〜189, 191
『ペルシア人の手紙』 186, 187, 195, 198, 253
ヘレニズム 63, 74, 104
ベンサム，ジェレミー* 234, 257
弁論家 32, 45, 49, 51, 52, 54, 58, 73, 79, 81〜83, 128
『弁論家について』 81〜83, 87, 247
『弁論家の教育』 83, 87, 247
弁論術 44〜46, 50, 51, 64, 81, 83
『弁論術』 44, 56, 158, 246
暴君 36, 93, 114, 137, 148, 151, 168
封建社会 105
『法の精神』 186, 189, 191, 195, 200, 210, 253
『法の哲学』 228, 256
『法律』 43, 47, 56, 57, 60, 246
『法律について』 92, 101
ポーコック，J.G.A.* 23, 24, 250, 251
ボシュエ* 185
保守主義 224, 225, 256
ボダン，ジャン* 152, 153, 162, 164, 251
ボッカッチョ，ジョバンニ* 120, 121, 132, 249
ホッブズ，トマス* 16, 20, 24, 26, 36, 61, 150, 155〜160, 162〜165, 167, 169, 170, 173, 175〜177, 179, 187, 189, 198, 205, 209, 212, 244, 251
ボテロ，ジョバンニ* 154, 164
ポパー，カール* 47
ホメロス* 29, 158
ポライトネス 197, 198, 206
『ポリクラティクス』 109
ポリス 11, 17, 28〜31, 35, 43, 45, 49, 51〜56, 58〜61, 63〜71, 73〜77, 89, 92, 95, 105, 112, 113, 126, 143, 199, 246, 261

ポリス的動物　66, 67

ポリテイア　52, 68, 70

ポリティーク派　151, 173

『ポリティコス』　51, 56

ポリュビオス*　78, 84, 87, 90, 142, 188, 247

ボリングブルック*　182

ボルジア，チェーザレ*　135, 139

……………………………………………………

● ま　行

マキァヴェッリ，ニッコロ*　11, 12, 16, 18, 25, 71, 75, 87, 89, 120, 123, 125, 128, 132, 134〜146, 149, 153〜155, 159, 165, 169, 170, 175, 188, 200, 214, 241, 244, 250

マキァヴェリズム　136

「マタイによる福音書」　95, 102

マディソン，ジェイムズ*　36, 41, 218〜220, 226, 245, 255

マナーズ　197

マルシリウス，パドヴァの*　114, 115, 117, 249

丸山眞男*　18, 26, 244

マンデヴィル，バーナード*　198, 210, 254

未開　152, 199〜202, 206, 209, 238

ミルトン，ジョン*　167, 168, 170, 178, 179, 252

民会　30, 44, 45, 50, 69, 76, 77, 79, 96, 169, 170, 214

民主主義　29, 32, 41, 225, 245

民主制　29, 37

民主政　29, 36, 38, 41, 45, 48, 56, 68〜70, 79, 112, 190, 214, 220, 236, 245

民主的専制　231, 232

『無知について』　121, 132, 249

名誉　191

名誉革命体制　180, 181

『メタロギコン』　109, 117, 248

メディチ　124, 135, 138, 141, 145, 146

モナルコマキ　151

物語　3, 11, 13, 16, 19〜22, 28, 40, 42, 105, 240, 242, 262

モリス，ウィリアム*　19, 26, 244

モンテーニュ，ミシェル・ド*　151〜153, 164, 166, 200, 251

モンテスキュー，シャルル＝ルイ・ド*　91, 102, 180, 186, 188〜190, 192, 193, 195, 200, 201, 207, 210, 212, 215, 219, 222, 253

問答法（ディアレクティケー）　47, 55

……………………………………………………

● や　行

野蛮　46, 83, 109, 152, 199, 201, 202, 216, 231, 239, 256

勇気　43, 54, 65, 185

友情　85, 128

ユートピア　126, 129〜132, 143, 160, 170, 187

『ユートピア』　129〜131, 133, 249

『ユートピアだより』　19, 26, 244

ユーモア　128, 129, 198

ユグノー　148, 151, 153, 171, 193

『ヨーロッパ思想史における〈政治〉の位相』　13, 26, 244

……………………………………………………

● ら　行

ラス・カサス*　216, 255

『リヴァイアサン』　16, 150, 157〜164, 251

リウィウス*　78, 87, 90, 119, 124, 135, 141, 142, 169, 247

利益　17, 20, 35, 48, 51〜53, 68, 78, 84, 85, 100, 142, 154, 169, 170, 173, 186, 187, 190, 191, 197, 199〜201, 203, 205, 206, 209, 213, 217, 219〜221, 223, 232, 237, 241

力量 76, 89, 138, 142, 143, 237
リシュリュー* 154
理神論 192
理性 74, 85, 92, 109〜115, 128
理性の祭典 222
立憲主義 92
リップマン，ウォルター* 21, 26, 241, 242, 244, 257
立法権 152, 178
立法者 29, 59, 76, 115, 142, 192, 203, 213, 215, 219
理念 3, 13〜17, 22, 28, 31, 36, 37, 39, 40, 79, 89, 92, 104, 105, 111, 120, 130, 142, 165, 168, 178, 184, 225, 227, 228, 239〜241, 261
リプシウス，ユストゥス* 153, 158
リュクルゴス* 59, 60, 145, 213
両剣論 106
理論 16, 19, 20, 62, 63, 106, 153, 162, 176, 190, 212, 213, 220, 221, 225
ルイ14世* 171, 184, 185, 188, 189, 192, 197
『ルイ14世の世紀』 185
「ルカによる福音書」 106, 117, 171
ルソー，ジャン＝ジャック* 3, 38, 41, 75, 80, 196, 200, 207〜215, 219, 222, 223, 225, 229, 245, 254, 255, 256
ルター，マルティン* 132, 146, 147, 149, 250
ルネサンス 12, 43, 44, 63, 103, 105, 107, 108, 116, 118〜120, 126, 132〜134, 136, 145, 150, 164, 183, 185, 197, 241, 243, 249〜251
『礼儀作法書』 197, 210
レヴェラーズ 36, 167
『歴史』（ポリュビオス） 78, 87, 247
『歴史』（『戦史』，トゥキュディデス） 31, 36, 41, 158, 245

『歴史』（『同時代史』，タキトゥス） 91
歴史哲学 99
『歴史哲学講義』 228, 242, 256
レス・プブリカ 17, 73, 77, 78, 80, 83〜86, 91, 92, 94, 99, 100, 105, 126, 129, 130, 131, 153, 159, 178, 247, 261
レトリック 20, 42, 44, 45, 47, 49, 50, 54, 58, 73, 76, 80〜83, 121, 122, 182, 223, 261
連合権 178
連邦 219, 220, 232
『ローマ建国史』 78, 87, 124, 141, 247
『ローマ人盛衰原因論』 91, 102, 188, 195, 253
「ローマ人への手紙」 95, 102
『ローマ帝国衰亡史』 91, 102, 247
ロック，ジョン* 3, 24, 67, 155, 165, 170, 172, 173, 175〜180, 187, 192, 194, 198, 204, 205, 212, 216, 218, 226, 252
『ロビンソン・クルーソー』 199, 210, 254
ロムルス 76, 78, 89, 90, 99, 138, 146

著者紹介

木村　俊道（きむら・としみち）

1970年	埼玉県生まれ
1992年	東京都立大学法学部卒業
	東京都立大学大学院社会科学研究科政治学専攻,
	東京都立大学法学部助手を経て
2000年	九州大学大学院法学研究院助教授
現在	九州大学大学院法学研究院教授　博士（政治学）
専攻	西洋政治思想史
主な著書	『顧問官の政治学』木鐸社，2003年
	『文明の作法』ミネルヴァ書房，2010年
	『文明と教養の〈政治〉』講談社，2013年
	『想像と歴史のポリティックス』風行社，2020年

放送大学教材　1539655-1-2511（ラジオ）

西洋政治思想の文脈

発　行　2025年3月20日　第1刷
著　者　木村俊道
発行所　一般財団法人　放送大学教育振興会
　　　　〒105-0001　東京都港区虎ノ門1-14-1　郵政福祉琴平ビル
　　　　電話　03（3502）2750

市販用は放送大学教材と同じ内容です。定価はカバーに表示してあります。
落丁本・乱丁本はお取り替えいたします。

Printed in Japan　ISBN978-4-595-32517-5　C1331